高校体育教学体系建设研究

韩 中 著

北京工业大学出版社

图书在版编目（CIP）数据

高校体育教学体系建设研究 / 韩中著．— 北京：北京工业大学出版社，2025.7重印
 ISBN 978-7-5639-6838-1

Ⅰ．①高… Ⅱ．①韩… Ⅲ．①体育教学－教育体系－研究－高等学校 Ⅳ．① G807.4

中国版本图书馆CIP数据核字（2019）第102360号

高校体育教学体系建设研究

著　　者：	韩　中
责任编辑：	李倩倩
封面设计：	点墨轩阁
出版发行：	北京工业大学出版社
	（北京市朝阳区平乐园100号　邮编：100124）
	010-67391722（传真）　bgdcbs@sina.com
经销单位：	全国各地新华书店
承印单位：	三河市元兴印务有限公司
开　　本：	710毫米×1000毫米　1/16
印　　张：	14.75
字　　数：	295千字
版　　次：	2021年10月第1版
印　　次：	2025年7月第4次印刷
标准书号：	ISBN 978-7-5639-6838-1
定　　价：	45.00元

版权所有　　翻印必究

（如发现印装质量问题，请寄本社发行部调换 010-67391106）

前　言

体育教学是推动体育事业可持续发展的重要和有效途径。随着社会经济的发展、科学技术的创新以及体育全球化趋势的进一步形成，培养符合时代和社会需要的新型优秀体育人才是现阶段体育教学的重要任务之一。在新的历史形势下，改革与创新成为体育教学发展的重要课题。基于此，笔者特撰写《高校体育教学体系建设研究》一书，旨在为新时期推动和促进我国高校体育教学的改革、创新与发展贡献绵薄之力。

本书以体育教学为研究对象，以体育教学的基本知识为基础，以体育教学模式思想为切入点，重点对体育教学所包括和涉及的诸多要素的改革、创新与发展进行了深入的分析和探讨，这些要素分别为体育教学内容、体育教学方法、体育教学手段、体育教学模式、体育教学设计、体育教学管理以及体育教学评价。各类体育教学要素的研究均以理论分析为指导，突出了科学性。此外，本书还对现阶段体育教学的改革、创新与发展成果进行了归纳、总结与分析。

在撰写本书过程中，笔者吸收和借鉴了部分专家、学者的一些研究成果和著述内容，在此表示衷心的感谢。由于笔者水平有限，书中难免会有不足之处，恳请广大读者批评指正！

目 录

第一章 高校体育教学概述 ·· 1
   第一节 高校体育教学的指导思想 ······································· 1
   第二节 高校体育教学体制 ··· 3
   第三节 高校体育教学现状 ·· 14

第二章 高校体育教学实施与发展 ··· 17
   第一节 高校体育教学环境的设计与实施 ······························ 17
   第二节 高校体育教学模式概述 ······································· 20
   第三节 高校体育教学改革 ·· 25

第三章 高校体育教学设计与课程规划 ···································· 35
   第一节 高校体育教学设计与计划的制订 ······························ 35
   第二节 高校体育课程结构设计 ······································· 53
   第三节 高校体育课程设计的方法研究 ································ 57

第四章 高校体育教师培养及体育资源的开发与优化配置 ··············· 65
   第一节 高校体育教师的素质现状及改进建议 ························· 65
   第二节 高校体育场馆无形资产的开发与利用 ························· 68
   第三节 高校体育经费保障机制 ······································· 72

第五章 体育教材研究 ·· 79
   第一节 体育教材概述 ··· 79
   第二节 体育教材的编定 ·· 88

第三节　新课程理念下体育与健康教材…………………………98

第六章　体育教学方法的革新与发展………………………………113
　　第一节　体育教学方法的基本理论………………………………113
　　第二节　常见的体育教学方法……………………………………118
　　第三节　体育教学方法的选择与运用……………………………126
　　第四节　体育教学方法的发展研究………………………………132

第七章　体育教学手段的革新与发展………………………………137
　　第一节　体育教学手段模式研究…………………………………137
　　第二节　体育教学手段的运用……………………………………141
　　第三节　体育教学手段的创新……………………………………147

第八章　快乐体育教学模式…………………………………………155
　　第一节　快乐体育教学模式理论…………………………………155
　　第二节　体育游戏的教学价值……………………………………163
　　第三节　快乐体育教学模式的构建………………………………170

第九章　合作学习体育教学模式……………………………………175
　　第一节　合作学习教学模式概述…………………………………175
　　第二节　合作学习教学模式在体育中的应用……………………181
　　第三节　合作学习体育教学模式的评价…………………………186

第十章　俱乐部体育教学模式………………………………………189
　　第一节　体育教学俱乐部理论……………………………………189
　　第二节　体育教学俱乐部模式现状………………………………192
　　第三节　体育教学俱乐部模式的构建……………………………199

参考文献………………………………………………………………221

第一章 高校体育教学概述

第一节 高校体育教学的指导思想

一、引言

学校体育教学指导思想是对体育教学活动起方向指导作用的,并以教学目标、任务为核心的基本观点与认识。它从体育教学角度反映了一定时期社会对学校体育、体育教学培养人才的要求,在根本上与社会的政治经济发展水平、学校体育发展水平相适应,以适应当今的社会对人才培养的新要求。按照改革开放时期党的教育方针,人们开始从多角度、多层次的系统出发,进一步确立起生物、心理、社会等多层次的学校体育观。在学校体育指导思想方面,强调学校体育在增强学生体质的同时,为终身体育求基础,为竞技运动备人才,为培养个性全面发展的社会主义现代化建设者服务。

虽然高校体育理论界开展过多次有关高校体育教学指导思想问题的讨论,但至今尚未取得一致的认识。归纳起来,主要有以下几种观点:①高校体育教学应以增强学生体质、提高健康水平为主,因此提出"体质教育"的指导思想;②"三基"教学是高校体育教学的中心环节,因此提出"技能教育"的指导思想;③高校体育教学应以促进学生德、智、体全面发展为方针,以全面完成体育教学各项目标为主导,因而提出"全面教育"的指导思想;④当前国内外教育家都十分重视学校教育中培养和发展学生的能力,所以提出"培养能力"的指导思想;⑤随着竞技体育的发展,许多高校都成立高水平运动队,于是有的学者强调高校要为发展学生竞技能力,提高运动技术水平多作贡献,因而又提出了"竞技体育"的指导思想。此外,还有"快乐体育""主动体育""终身体育"

等体育教学指导思想。从现阶段高校体育教学改革的现状看，各种指导思想都不同程度地在起作用，各种观点都有不同的针对性、时代性和强调的重点。在当前高校体育教学改革的热潮中，人们对体育教学指导思想各抒己见，观点纷呈，各种指导思想的提出和争论，是深化高校体育教学改革和活跃学术气氛的表现，这对于逐步建立具有中国特色的高校体育教学体制是十分有益的。

高校体育教学指导思想是体育教学活动的根本方向和目标，高校体育教学要落实以终身体育为指导思想，就必须立足于现实，着眼于未来，对现有的体育课程进行整体改革，重视体育理论知识的传授，建立"少而精"的体育实践教材新体系，延长开设体育课程的年限，体现"以人为本"的观念，关注学生的身心健康，为学生终身健康服务。

二、体育教学指导思想的主要制约因素

体育教学指导思想的形成和发展具有历史的和逻辑的必然性，但制约这种必然性的因素是多种多样的，这些诸多因素影响着它的产生和发展。正如恩格斯所说："历史从哪里开始，思想进程也应当从哪里开始。而思想进程的进一步发展不过是历史过程在抽象的、理论上前后一贯的形式上的反映；这种反映是经过修正的，然而是按照现实的历史过程本身的规律修正的。"尽管要理顺这些复杂的制约比较困难，但从系统论的角度把体育教学看成一个系统加以分析和概括的话，我们可以把体育教学指导思想的诸多制约因素分为外部主要制约因素和内部主要制约因素。

（一）外部主要制约因素

体育教学指导思想作为一种理性的东西，综合反映了一种社会现象，绝不是独立的存在，它必然受到某些哲学思想、教育思想和民族习惯及文化观的影响。因为思想史的研究不是单一地研究某一领域，而是站在政治、经济、历史、教育、宗教、社会这一层次上综合地、全面地论述它的理论体系和学说。体育教学本身是由社会的需要而产生的，它的思想是一种社会思潮、倾向和目的之复合的体现。这种复合体必须依托于一定社会的政治、经济、文化背景而存在，正如我们研究体育思想史时，要把某一体育思想纳入整个社会背景中去分析它的产生、发展和各种社会因素，当我们从整个社会的政治、经济、文化等背景中考虑体育教学指导思想的制约因素时，也不能忽视社会生产力发展水平，尤其是科学技术发展水平。科学技术是第一生产力，它的发达程度往往取决于教育发展水平，而教育发展水平标志着教学论和心理学的发展水准。作为学校教

育的一个重要组成部分的体育教学，当我们研究其指导思想的制约因素时，就不得不考虑这些因素。

综上所述，我们探讨体育教学指导思想的外部制约因素，必须从全面的、综合的、联系的观点出发，既考虑社会背景，又考虑社会生产力发展水平。

（二）内部主要制约因素

体育教学指导思想不仅受到外部因素的制约，同时还受其系统内部如体育教学的本质特征和功能、学生身心发展特点和规律、传统体育教学观念、学校体育教学发展不平衡和多样性、体育教师的政治水平和业务水平、学生的体育观念和体育态度等诸多因素的影响。

第二节 高校体育教学体制

一、高校体育教学目标

目标是想要达到的境地或标准。体育教学目标是体育教学活动的主体在具体教学活动中所要达到的结果或标准，是教和学双方都应共同遵循的，对教师来说是教授的目标，对学生来说则是学习的目标。理想的教学目标应该是教授目标与学习目标的统一体。是由于体育教学目标是在具体的教学活动中所达到的结果，也就意味着，具体教学活动不同，教学目标是有差异的。可以说，体育教学目标是一个系统，是由大小不等、具有递进关系的一系列教学目标组合成的。它包括教学总目标、课程教学目标、单元教学目标、课时教学目标几个层次，各个下属目标都是其上位目标的具体化。人们追求的目标，总是有特定价值的目标，有特定价值的目标又总是诱发人们的追求。总之，追求价值是人们产生行为的内在动因。高校体育教学目标也是同样，它必须有特定的价值，使人们通过选择教学内容、方法、手段等来实现这一价值。

（一）高校体育教学目标的发展过程

新中国成立 70 年以来，我国高校体育教学目标从单一追求社会需要向追求社会需要与个体需要相结合的方向发展，可以通过六次体育教学大纲的修订过程看到这一趋势。1956 年我国第一套体育教学大纲明确规定体育教学的目标是"培养学生成为全面发展的社会主义的建设者和保卫者"。1960 年高校体育教材规定了体育教学的目标是"增强学生体质，并通过体育向学生进行共产

主义教育，使学生能更好地学习、参加生产劳动和准备保卫祖国"。1976年至80年代中期学校体育教学大纲规定体育教学的目标是"增强学生体质，使之在德育、智育、体育几个方面都得到发展，成为有社会主义觉悟的有文化的劳动者"。1992年高校体育教学大纲规定体育教学的目标是"全面锻炼学生身体，增进学生身心健康；掌握体育的基础知识、基本技能，提高学生的体育意识和能力，为终身体育奠定基础；培养学生良好的思想品德，陶冶学生情操"。2000年体育与健康教学大纲规定体育教学的目标是"学校体育与健康教学以育人为宗旨，与德育、智育和美育相配合，促进青少年身心的全面发展，为培养社会主义的建设者和接班人奠定良好的基础"。2002年高校体育教学大纲规定体育教学的目标是"使大学生掌握体育与健康的基本知识、运动技能和科学健身方法；培养运动兴趣和爱好，形成终身体育的意识、习惯和能力；培养竞争意识、合作精神、坚强意志品质和良好的体育道德，增强控制情绪和抗挫折能力；养成积极乐观的生活态度和健康的行为方式；培养关注和参与社会体育与健康事务的能力"。从以上所列举的目标来看，1992年以前的体育教学目标要求学生增强体质，在德智体美几方面都得到发展，目的是为社会主义培养合格的建设人才，很明显，这一目标强调了社会需要，突出了体育教学的社会价值。1992年以后，体育教学大纲对教学目标的表述发生了很大的变化，突出特点是重视了学生身心发展，为学生终身体育奠定基础，在教学中注重陶冶学生的情操等个体的需要，尤其是2000年的体育与健康教学大纲明确指出"应以育人为宗旨"，更加明确了以学生为本的教学目标。从此，高校体育教学目标才实现了由单一追求社会价值向追求社会价值和个体价值相结合的方向发展。分析我国高校体育教学目标的发展轨迹可见，它与我国政治、经济、文化教育发展的时代要求相合拍。这个全国统一规定的教学目标，以及为实现这个目标而建立的一套体育教学的基本体系，其主要特征是：教学目标的统一性；教学要求的整体性；教材内容的系统性；教学管理的纪律性。

（二）高校体育教学目标的发展特点

任何阶段的体育教学目标的规定、发展和变化都是要与当时社会的政治、经济、文化的发展紧密相关的，都要服从、服务于社会的需要，遵循教育的发展规律。高校体育教学目标涵盖了智育、德育、美育和体育各个方面的内容，具有统一性，从而制定了统一的教学体系。体育教学目标是实现体育目标中的增强体质，增进健康的基本途径之一，在任何阶段增强学生体质仍是高校体育教学目标的首要目标。体育教学任务是体育教学目标的具体体现，高校体育教学目标的制定要完全符合全体大学生的身心发展规律和社会发展的实际需要。

(三) 高校体育教学目标的发展趋势

在倡导"以人为本""健康第一""终身体育"的教育观念的同时，高校体育教学目标也从单纯追求学生外在技能学习转向面向全体学生的身心协调发展，打破了传统的以运动技能传授为主线的教学体系，构建了以学生的个体需要、体育能力、习惯的培养、健身娱乐、体育卫生健康知识传授为一体的新的教学体系。首先，重视发展学生身体、增强学生体质，重视体育科学基础知识、体育运动和卫生保健基本知识和技能的传授；其次，在高校体育课教学中，重视学生终身体育态度意识和行为、能力的培养；最后，在高校体育课教学中，强调适应和发展学生的个性，注重培养学生对体育的爱好和享受体育学习的乐趣。

(四) 高校体育教学目标的价值取向

所谓价值取向，是人们价值思维和价值选择的方向性。体育教学目标的价值取向也就是在制定体育教学目标时对体育的价值思维和价值选择的方向性。体育教学目标是体育教学所要达到的目的，是一切体育教学活动的出发点，又是归宿，同时也是体育教学目标的价值得以实现的可能，高校体育教学目标的价值取向分为社会本位和学生本位。社会本位要求教学以社会为价值主体，满足社会需要，把学生培养成社会所需要的人。学生本位要求教学应满足学生个体的需要，教学应以学生的兴趣、需要为出发点，让学生自由地、自然地发展。

二、深入改革高校体育教学内容

(一) 体育教学内容的概念

目前关于我国体育教学内容的概念还没有一个统一的定义，体育教学内容的概念有如下三种：第一，体育教学内容是指依据体育教学目标选择出来、根据学生发展需要和教学条件进行加工的，在体育教学环境下传授给学生的体育知识原理、运动技术和比赛方法等，体育教学内容与体育教材的意思基本相同。第二，为实现体育教学目标而选用的体育卫生保健基本知识和各种运动动作。第三，体育教学内容指的是在体育教学活动中，传授给学生的体育与健康知识、技术技能，培养思想品德，发展智力、体力的总体系。笔者认为，体育教学内容是针对体育教学目标而选择的有利于促进学生身体健康的各种体育理论与运动活动的总称。

（二）体育教学内容的改革

高校传统的体育教学内容与中小学雷同，多而杂，重点不突出，无针对性。教师缺乏培养学生从事体育活动的兴趣、爱好、习惯以及独立进行身体锻炼的能力。在体育课教学内容中，轻视理论知识教学的现象非常严重，体育人文、体育锻炼等有关科学知识的传授，缺乏针对性、时效性和长远性，学生对自己的体育实践往往没有深刻认识，因此难以在课后自觉锻炼。高校体育与社会体育断层，缺乏连续性和统一性，教材选择缺乏终身受益的内容，使不少大学生大学毕业后，其体育活动也就终结了。因此笔者认为，对体育教学内容应从以下几个方面进行改革。

1. 健身性

健身是体育的本质功能，也是体育教育追求的最根本的目标。尤其是面对当今学生体质、体能下降的现状，更应选择健身强体的体育内容，如我们在每一次体育课上都加进了素质锻炼的内容。

2. 教育性

教育性即选择的内容蕴含着丰富的教育因素，对学生的体育意识、体育行为、道德品质、人格完善能产生深刻影响的内容。如教师穿插在课堂中，寻找恰当的时机讲解课的理论意义和实际意义。

3. 针对性

针对不同的教育对象，采取不同的措施，不可千篇一律，多鼓励，充分调动学生的参与积极性。

4. 娱乐性

娱乐性即选择体育内容具有趣味性、游戏性与新颖性，对放松身心、消除疲劳、调节情绪、改善心态、丰富生活具有积极作用的项目，如攀岩、定向越野等。

三、创新高校体育教学方法

长期以来，我国的高校体育教学一直以技术教学、技能教学、体能培养为主导思想，以运动成绩为主要要求，生物体育、体能体育成为高校体育建设的目标，因而注重运动教育、技能教育、体能教育，注重教学的形式、结构、内容、方法、手段、要求、考核、评价等的统一性与标准化。在新中国成立初期和社会经济大发展初期，这种体育教学适应国家建设所赋予高校体育的目标和要求，促进了体育的发展，具有积极的意义。当前国家经济转型，世界文化交流激增，旧体育思想和观念的局限性与片面性突显。高校体育教学如何与整个高等教育发展相协调，如何适应转型期体育建设的主题，如何适应人才培养的新模式，这是我们在21世纪从根本上改变现状，摆脱桎梏，创新高校体育发展模式的关键，也是能否在新形势下全面展示体育育人功能的关键。高校应结合体育的实际，从教学方法入手，慎思素质教育及"健康第一"对体育教学提出的本质要求，以实践研究为基础，突破传统教学方法中不适合时代要求的内容，重新审视高校体育教学的教育本质，强调教师的导学与导练，让学生通过高校体育的教育具备一种自学自练的体育能力，以此推进高校体育教学"课内外一体化"整体性改革进程，促进高校体育适应时代发展的要求。

（一）当前高校体育教学方法存在的主要问题

1. 教学方法单一

当前，很多高校体育教师由于受到过去传统落后的教育思想观念的影响和制约，在开展高校体育教学活动中，往往存在教学方法比较单一的问题。在教学活动过程中，一些高校体育教师仍然停留在以传授体育技术为主要教育目的的方法上，一般表现为继承讲解、示范、练习等传统落后的教学方法。这样，教学效果可想而知。高校体育教师必须进一步转变教育思想观念，继承和发扬传统体育教育的长处，不断创新高校体育教学的方法，更好地为开展好高校体育教学服务，促进学生身心的全面健康发展。

2. 传统教学思想严重影响当前高校体育教学方法的革新

传统的体育教学方法是教育者有目的、有计划、有组织地对受教育者施加各方面的影响，以期改变受教育者的心理和生理现状，使教育者达到预期教育目的的活动。这种传统的体育教学观念往往只注重强调教育者的主体作用，而忽视了受教育者的主观能动性的发挥。在推行素质教育和创新教育的今天，传统教学方法已经严重阻碍当前体育教学改革的发展。在传统的教学思想的禁锢下，学生在体育教学活动中一直处于被动、消极、受压制的地位，许多学生对体育课产生消极情绪。因此，必须改革高校体育教学方法，使学生课内与课外一样生气勃勃、积极主动。

3. 忽视学生主体作用的发挥

教学以教师、课堂、教材为中心，强调严密组织、严格纪律，重视教师"主"的作用，为了实现完整的教学进程，教师作为传授知识的主体无可厚非。在真正的学习过程中，学生是主体，教学的主要目的是让学生通过教学有所获得，所有教学方法与形式的选择应该为这个目标而服务，所以在尊重教师作为掌握整个教学进程的主体作用的同时，更要尊重学习主体，学习主体的实际需要与个体差异是教师教学的依据，只有这样，才能使教学有章可循。

（二）高校体育教学方法改革的目的

众所周知，在高校体育改革中教学改革是重点。改革体育教学方法，加强学生获取知识的能力和对学生创新精神的培养，是深化体育教学改革的重要内容，对提高办学效益，保证体育教学质量的提高，具有重要的现实意义。邓小平同志在视察北京景山学校时指出："教育要面向现代化，面向世界，面向未来。"这深刻地阐明了我国社会主义教育的战略目标。当前，从整体上看，从社会发展的观点来看，高等体育教育面临的将是信息化的社会和知识经济的社会，国力的强弱越来越取决于劳动者的素质，取决于各类人才的数量和质量，这对于培养和造就我国社会主义建设急需的一代新人提出了更迫切的要求。体育教学方法改革的目的在于适应时代发展的需要。改革的目标是培养有知识、有能力、社会认可程度高的全面发展的人才。

（三）高校体育教学方法改革的措施

1. 更新教育思想和教育观念

深入开展体育教学方法的改革，必须进一步更新教育思想和教育观念。高等学校体育教育必须树立全面加强素质教育、增强质量意识等现代教育思想和教育理念，充分认识体育教学方法改革在整个教育教学改革中的地位和作用，把以教师为中心、以课本为中心的传统教学观念转变为以学生为中心、以学习为中心的现代教学理念；把重知识传授、轻能力培养的观念转变为既传授知识，又重视能力的培养，更重视素质教育的观念。在提高认识、转变观念的基础上，把体育教学方法的改革不断引向深入。

2. 实现新型教学模式的创新

创建以学生为主体的新颖教学方法是当前高校教学改革的主要目标之一，是改变传统的教学模式，建构一种既能发挥教师的主导作用又能充分体现学生认知主体作用的新型教学模式。在这种新的教学模式下，教师是教学活动的指导者和组织者；学生是知识的主动发现者和探究者；教学过程以学生的意义构建为核心，通过创设教学情境，师生之间、学生之间开展讨论、协作，进行与理论紧密结合的实践，使学生达到发现知识、理解知识，并通过意义构建形成自己的知识结构。新型体育教学模式就是在先进的体育教学思想和教学理论指导下建立起来的适应各种类型教学活动的基本结构和框架。这些新的教学模式的出现，有的取向于各种模式的综合运用，有的取向于师生关系的建立，有的取向于教学内容，有的取向于技能学习与学生心理发展。实现学生从被动学习到主动学习，从生理改造到终身体育意识的培养，从能够学习到学习水平的提高，都是新的教学模式下教学方法的创新成果。

3. 改革体育教学的内容

体育教学内容是指为实现体育教学目标而选用的体育卫生保健基本知识和各种运动动作，它是实现体育教学目标的根本保证。方法是内容的表现形式，体育教学方法依体育教学内容而存在，它的选择和运用受体育教学内容的制约。首先，体育教学内容的形态制约着体育教学方法的选择。其次，体育教学内容的复杂程度制约着体育教学方法的选择。在一定的教学条件下，体育教学内容过多，会造成体育教学方法的单一性，而将教学内容减少或压缩一些，就会促进体育教学方法选择的多样化。所以在体育教学过程中，教师只有独立地对体育教学内容进行重新加工，真正掌握其特点，并把它们转化为自己的知识体系，才能在体育教学方法上获得选择与创新的自主权。

4. 重课堂，优化教、学、练

体育教学方法的优化，不仅仅在于体育教师教的优化，更应包括学生学、练的优化。教学家陶行知先生认为："好的先生不是教书，不是教学生，乃是教学生学。"教应该着眼于学生的学和练，优化教育教学过程应该突出学练法的研究。所谓体育教法是教师依据体育教学目标，根据体育教学内容，向学生发送信息，传授体育知识、技术、技能的方法；而学法就是学习体育的基本规律、基本方法。因此，优化教育教学方法应该从两个层面入手：第一，要通过教学方法的优化使学生"要学"；第二，要通过教学方法的优化使学生"会学"。体育教学过程中教师既要注意学习认识规律、身心发展规律、运用技能形成规律的渗透，还要及时对学练方法加以优化，努力改进教学，使学生掌握和运用学练法。一切教法都要力求使学生会看、会做、会说、会练等。当教师的教学方法着眼于学生的学与练，引导学生达到先是"要学"，继而"会学"的境界时，

"外因通过内因起作用",学生产生了兴趣,掌握了练法,体育教学的实施才能产生预期的效果。

5. 积极培养学生的创新意识

积极培养学生的创新意识,是创新高校体育教学方法的重要策略之一。首先,要创新思想认识。坚持娱乐体育与健身体育的有机结合,这是转变高校体育教育思想观念的具体体现,更是当前高校体育教学的根本任务。其次,要创新教学内容。教师应当结合实际选择一些符合学生身心健康发展的、深受学生喜爱的体育项目开展具体教学活动。这样,就可以切实改变高校体育教学内容枯燥乏味的现状。最后,要创新教学方法。教师可以结合学生的需要,采用启发式教学方式以引导学生自己动脑、动手思考和解决问题,进而不断激发和调动学生的积极主动性。教师可以运用发现式教学方法,不断培养学生发现问题、思考问题、分析问题的能力;也可以运用学导式教学方法,促使学生积极自主地学习,从而培养学生的自觉性、主动性,使学生养成自我锻炼、终身锻炼的行为与习惯。

6. 把握体育教学方法的整体性

体育教学方法的优化,不能局限于就教学方法来研究教学方法,而应用系统考虑构成体育教学方法体系中的各种因素以及它们之间的内在联系。首先,要把体育教学方法作为整个体育教学系统中一个重要因素,在体育教学过程诸要素之间考察其作用与效果。事实上,体育教学方法总是和具体的教学内容相联系并与一定组织形式相结合的。其次,要把具体的方法作为一个要素来研究,力求各要素的最佳组合。实现体育教学过程最优化,并不是将传统的体育教学方法摒弃,而是在提高质量的同时,使它们在具体的教学情境中实现最佳的组合。体育教学的特点决定了体育教学方法的多样性,它们各自的优劣只是一个相对的概念,所谓"好的教学方法",实为"最适当的教学方法",是相对具体的目标而言的。如"手把手"的教学方式用来使学生体会某些技术要领,获得"运动感受性体验"是行之有效的,但并不适用于所有技术。现代化的直观教具如幻灯等的运用大大丰富了直观教学手段,但也在一定程度上影响了学生抽象思维的发展。可见多种教学方法都有其优越性和局限性。要根据各种教学方法的相互联系和辩证关系取长补短,从而发挥体育教学方法本身的整体综合效应。现代信息技术在体育教学中的应用,不仅为教师提供了新的教学方法,同时也为教师和学生提供了很好的交流平台。根据具体情况认真研究课程建设、改革教学方法,从而创造一个现代化的教学环境是现代教育改革的必然要求。

四、完善高校体育教学评价体系

体育教学评价具有对体育教学活动及其效果进行判断,通过信息反馈调控教学过程,保证教学活动朝向和达到预定目标的功能。目前,高校体育课程的改革已成为高校体育教师论及的热点问题。其中,注重让学生体验运动乐趣和发展学生主动性的体育教学模式,正在被许多高校所推广。但是,由于教学评价在我国起步较晚,不论是理论研究还是实践操作,都还处在一个不断发展的时期,作为教育评价的一个分支,体育教学评价工作开始更晚,许多方面还处在探索之中。由于与新的体育教学模式相配套的体育教学评价体系还没有及时推出,仍采用旧的体育教学评价体系评价新的体育教学模式,因此,推出新的高校体育教学评价体系是当前急需解决的问题。

(一)传统体育教学评价分析

传统的体育教学评价方法,采用运动项目测试的成绩给学生评分,这种方法主要用来描述学生的个体水平及其在群体中所处的位置,对学生排名次,不能客观地反映学生学习的前后变化,作为体育教学效果评价不够合理。用什么样的评价方法来描述学生个体在学习过程中的变化程度,从而更合理地为学生评分,笔者认为这是研究体育教学评价的目的。

1. 体育教学目标认识的误区影响体育教学评价的方向

体育教学目标影响着体育教学评价方向。关于体育教学目标的确立,一直存在着不同的观点:在学校体育目标与体育教学目标的异同上,在体育教学中增强体质与提高健康水平的互相联系上,在提高运动技能水平与掌握锻炼身体的方法上,在提高运动技术技能与掌握手段的互相关系上,在对终身体育意识和体育能力的认识上,甚至在教师主导作用上都存在一些误区。由于体育教学目标的内涵不明确,层次模糊,导致课堂教学任务的确定、教学内容的选择、教学方法的应用都受到影响。这种体育教学目标认识的不一致,必然会在教学评价体系的具体指标中反映出来,并对体育教学的方向产生影响。

2. 注重评价指标定量化导致评价结果的片面

注重量化,强调可操作性、可比性,是体育教学评价的一种倾向。人们认为量化的东西比较客观,便于操作,其结果的可比性也很强,因此热衷于进行定量分析,忽略了对评价目的和评价理论的深入研究和认真分析,这种片面性主要表现在评价指标体系总是以能直接量化的因素为主体,如学生的技评与达标成绩、学生的达标比例、上课时学生的运动量曲线等,然后将不易量化的教

学行为采取分级量化的形式，对优秀、良好、及格、达标、不达标等级给予相应的分数，而那些在体育教学中很有意义，但很难量化的因素却被忽略了。如学生正确的体育态度的形成、情感意识的发展、终身体育意识的树立、体育能力的自我超越等，都是体育教学目标的重要因素，应该作为体育教学评价的重要内容，但大多在评价体系中没有体现。显然，这样的指标评价体系是不完整的，评价结果是片面的。

3. 结果的功利性影响评价结论的客观性

运用客观标准对体育教学进行检查，并通过认真分析和评判，得出结论，然后进行信息反馈，以进一步改善教学，这是体育教学的出发点和落脚点。教师自己主动评价时，这种指导思想容易得到体现，一旦评价的结果同教师评优、晋职等联系起来时，就蒙上功利性色彩，得出的评价结论往往变得复杂起来，评价者可能就会考虑各种与评价无关的因素，只肯定成绩，对改进教学的意见却闪烁其词，避而不谈，使评价结论失去了公正性，不能客观地反映评价的真实情况，体育教学评价就失去了它应有的价值。

（二）高校新的体育教学评价与传统体育教学评价的区别

1. 评价的指标所体现的作用不同

传统体育教学评价的作用在于学生对总量掌握了多少；而新体育教学评价除了具有传统体育教学评价的功能外，还包含学生完成目标的情况。

2. 评价对象的影响范围不同

传统体育教学评价对部分学生的影响是消极的，有的学生"不努力都行"，而有的学生"怎么努力都不行"。而新体育教学评价要求所有学生都要确立目标，影响范围广，对学生的影响是积极的，即"只要努力就行"。

3. 由终结评价向过程评价转化

传统体育教学评价定位于教学内容结束时的最后评分，而新体育教学评价考虑的是起始目标到终极目标的变化程度，是过程目标和终极目标的结合。

第一，评价从重结果向重过程转化。目标评价的目的是通过评价教学过程，从而达到督促和鼓励学生学习，修正和改进教师教学方案的效果，发挥反馈功能。

第二，评价内容从单一向多元转化。影响体育教学评价的因素是多方面的，它是对学生学习效果的多因素评价。

第三，评价方法从定量到定量与定性相结合转化。体育教学评价包含着学生的情感态度等非智力和非体力因素，定性分析纳入评价的内容，量化指标的重要性相对降低。

（三）新的体育教学模式与传统体育教学评价间存在的问题以及解决的办法

1. 主要问题

新的体育教学模式与传统体育教学评价标准间存在的主要问题，将会导致学生所学的项目与所考的项目不一致，致使学生不重视学习过程，从而挫伤了学生的学习积极性和主动性。

2. 解决方法

第一，给学生一个较大的选择空间。不论学生在每学期当中选择什么专项，除了进行专项内容的考试外，还应对几个规定的项目进行考试，他们就会自觉地去练习要考试的项目。这样可促使学生养成自觉锻炼的好习惯，从而为学生从事终身体育锻炼打下良好的基础。

第二，给体育教师一个较大的评价空间。每个学生在体育基础、体质状况等方面都存在差异，体育教师在上课时要摸清每个学生的情况，对学生评价因人而异，根据他们上课的态度、进步情况、成绩差异等进行综合评价。从另一个角度说，体育教师营造了一个宽松的上课环境，可以对那些少数认为自己体育成绩可以轻松过关而又不好好上课的学生，给予适当减分，而对那些体育基础虽然较差，但认真上课的学生，给予适当加分，这样对学生的评价就比较合理和公平。

第三，给学生自我客观评价的机会。我国现行的评价标准都是由教师完成的，体育学科应该尝试学生自我评价的形式，让学生自己做一个较全面的回顾，然后对自己的体育学习进行小结，这样对学生今后的体育学习态度和学习热情的培养十分有利。当然，学生自我评价前，教师首先要给学生强调自我评价的客观性，如果发现学生自我评价有较大的水分时，体育教师要参与其中，帮助学生端正态度，给自己一个客观的体育自我评价。

第四，引导学生互评。教师对学生的了解，不如学生之间的了解。采用学生互评方式，可使评价的真实性更高，同时，学生互评能够避免学生自我评价的较大水分。因此，将学生互评与学生自我评价、教师评价结合起来，能够使评价更客观、更全面、更立体。

第五，引入相对评价。教育部颁布的《全国普通高等学校体育课程教学指导纲要》规定，要把"学生的进步幅度纳入评价内容"。如学生在此学期开学时的体育成绩较差，经过一段时间的努力后，成绩有了很大的进步，但仍未达到现行的体育评价标准中的合格标准，这时体育教师就可以根据相对评价的原则对这部分学生进行正确的评价。

第六，将评价的标准区间值增大。我国现行的体育教学评价标准把分值划分得很细，这样容易使学生只注重体育评价的结果，而不注重体育锻炼的过程，使学生产生急功近利的思想。在国外一些著名高校的教育体系中，所有的学科成绩评价均采用 A、B、C、D、E 五个档次。笔者认为，可以将这种方法借鉴到我国的体育教学评价中来，把国外的这个标准换算成我国的百分制，20 分一个等级，制定评价标准时可以实行这样的分级制度，把学生引导到注重体育锻炼的过程中来。

（四）新的体育教学评价标准的设计

正确、合理的体育教学评价是高校体育教学改革不可缺少的一个方面，传统的体育教学评价已经不能满足新时期体育教学的需要，因此，不断探索和完善新的体育教学评价体系尤其重要。

第三节 高校体育教学现状

一、高校体育教学现状分析

（一）忽视体育科学传授

当前高校的体育理论教材不仅比重偏小，而且内容粗糙，缺乏实效性、针对性和长远性，实用价值不高，未形成一个适应现代发展的大学生体育理论知识体系及相应的教育检查和评定措施。学生对自己的体育技术技能知其然而不知其所以然，不清楚自己是否需要这些练习，故而难以在课后进行自觉锻炼。

（二）体育教学目标狭窄

高校体育与社会体育断层，缺乏连续性和统一性。两者之间尚未开辟出教育通道，过分注重学生的现实锻炼，盲目追求体育教育的近期达标效益，片面地将增强学生体质的教育目标归结为增强在校期间学生的体质，缺乏培养学生从事体育活动的兴趣爱好、终身参加体育锻炼的习惯和独立进行身体锻炼的能力。

（三）教材杂乱而不精

教材的选择过多地从运动技术角度考虑，过多地强调以运动技能为中心的教学，偏重运动外在表现形式，大多活动项目缺乏终身受益内容，远远不能适应大学生成年后的运动要求。由于缺乏一定的终生健身运动项目，不少大学生从学校毕业后体育生活也随即停止。一个大学生接受了十几年的体育教育，在他走上工作岗位后，竟与体育分别，这与体育教学忽视培养学生健身意识、能力和习惯有直接关系。

上述情况说明，高校体育教学盲目地把运动技术传授抬到至高无上的地位，忽视了学生身心发展的特点和个体差异，把许多难度高、技术复杂的竞技运动项目原封不动地搬到高校体育教学中来，并统一教学要求与考核标准，而采用的教学方法与教学步骤又是专业院校专项教学方法的浓缩，致使学生望而生畏，难以掌握技术，从而产生厌学情绪。

二、改变高校体育教学现状的设想

（一）树立全新教学观念

明确高校体育教学在当前形势下的重要职责，坚定地树立起崭新的体育教学观念。

第一，体育教学是培养21世纪人才必不可少的教育环节，高校育人的目标不单是向学生传授科学文化知识，更需要注重的是学生的德、智、体综合素质的培养。

第二，着眼于未来新时代的新要求，以终身体育锻炼取代传统的课堂体育教学观念，着重培养学生的终身健身理念。

（二）加强基础理论知识学习

高校学生应不断提高认识与学识修养，应具备不断发展的能力以适应新变化，应具有从缺憾向完美阶段前进的潜能。因此在设置体育课程的具体内容时，应增加运动原理、强健体质以及人体、物理力学等理论知识，并且要具有突出性、实效性、指导性、针对性与时代性，使学生能够在体育教学中终身受益。

（三）加强硬件设施建设与师资力量投入

体育场馆、运动器械与师资队伍的质量是培养高素质学生的必备条件，改善场馆设施是提高高校体育工作水平的当务之急。制约高校人才培养和高校体育改革的又一重要因素是学校师资队伍的质量，由于当前知识更新速度快，交叉学科和边缘学科发展迅速，所以只有适应高速发展的高素质教师才能培养出高素质的学生。因此，高校应该加强教师之间的学术交流活动，定期派遣教师到先进学校进行学习，以提高教师教学的水平与能力，并鼓励体育教师积极参与相关的科研活动。

（四）将"终身化"作为高校体育教学的宗旨

社会的发展需要终身化体育，同时也是人们工作、生活的基础性需要。从高校体育教学的实际情况以及全民身体素质的实际情况出发，增加体育课时，延长体育教学年限势在必行。高校应进行全程体育课程教学，并贯穿于四年大学教育的全过程当中，以提高学生主动健身的意识，使学生认识到终身健身锻炼的重要性，从而保证学生在毕业后依然能够熟练运用两种以上的锻炼方法和手段，真正实现体育锻炼终身化。

第二章 高校体育教学实施与发展

第一节 高校体育教学环境的设计与实施

一、高校体育教学环境的构成因素

（一）高校体育教学的物质环境

高校体育教学的物质环境是指体育场馆、体育器材等。良好的物质环境是保证高校体育教学和体育活动开展的重要物质条件，是实现体育教学目标，提高学生健康水平的重要物质支持。高校漂亮、宏伟、造型各异的体育场馆，是激发学生体育兴趣，保持参与锻炼的动力之一。

（二）高校体育教学的制度环境

制度作为约束和强化实践活动的组织内容，高校的体育制度是保证学生锻炼时间、提升体育开展约束力的重要内容。当前高校的体育制度主要指学校体育工作条例等，各个学校制定适合学校开展体育活动的制度，也是保证体育教学开展的重要依据。灵活、严谨的制度环境是提升高校体育环境建设质量的重要保证。

（三）高校体育教学的舆论环境

良好的体育舆论导向能够有效地发挥体育先进人物、先进事迹的激励作用，提高大学生从事体育锻炼的积极性。在更高的层次上，提高大学生对体育的认识、提升参与体育锻炼的动力等。体育舆论环境是实现大学生从被动接受体育转变成主动参与锻炼的条件。

（四）高校体育教学的心理环境

高校体育教学的心理环境是体育教学中无形的、动态的软环境部分，主要包括班风与校风、学校体育的传统与风气、体育课堂常规、体育教学中的人际关系等。体育教学中的人际关系主要是体育教师与学生的关系和学生与学生的关系。

二、高校体育教学环境的设计

高校体育教学环境对体育教学活动至关重要，高校体育教学环境在高校体育教学活动中处于至关重要的地位。良性的高校体育教学环境对体育教学活动起着积极的作用，这种积极的影响作用于体育教学目标的达成、教学内容的丰富、教学原则的落实和教学评价的完善。

（一）高校体育教学环境的现状

高校体育教学环境的现状并不理想。一方面是领导不重视，另一方面是部分高校自身物质环境缺乏。许多高校没有体育馆、游泳馆，部分高校体育设施不健全，还有部分高校没有良好的体育传统，高校不重视体育场地的建设和维护。另外，很多高校师生和学生之间的人际关系紧张，一半以上的学生觉得本校体育场地的布局不合理。在有体育馆的高校，在对体育馆的建设和维护上也存在多方面的弊端。总之，目前高校的体育教学环境远远达不到学生和社会的要求和期望，高校体育教学环境急需设计和优化。

（二）高校体育教学环境设计的原则

1. 教育性原则

高校是一个特殊的环境体，高校的作用在于净化身心，增长知识。因此对高校体育教学环境的设计和优化要注意教育性原则，要有利于激发学生的体育思维，有利于提高学生的体育动机，有利于陶冶学生的体育情操。

2. 科学性原则

将体育教学环境的设计与优化从体育教学目标、体育教学内容的实际和特点出发，尽可能满足体育教学活动的各种需要；体育教学环境的设计与优化要符合学校美学、生态美学、建筑美学等基本要求。

3. 系统性原则

高校体育环境构建是促进教育优质化实施的措施之一，是高校体育部门的任务，也是高校多个部门相互支持的结果。从系统观的角度出发构建体育环境，首先要求要提升环境的系统意识，以发展高等教育为目标，做好高校体育环境建设的资源开发和共享。其次要求要提升高校体育制度的有效性和适用性。最后要求要加强高校体育舆论宣传，促进学生参与体育锻炼的积极性，更好地带动高校体育环境氛围的营造。

4.区别对待原则

体育教学环境的设计与优化要考虑不同年龄、不同性别、不同身体素质的学生身心发展的基本规律，要照顾大多数学生的需要，另外要特别关注部分特殊群体的需求和个性发展需要。

5.人文性原则

所谓人文性原则是体育教学环境的设计与优化要始终以学生为本。各种体育教学物质环境的建设不仅要体现对学生的人文关怀，考虑到学生的生命安全、卫生等，还要营造出和谐的、充满人性的、民主平等的氛围。

6.实用性原则

所谓实用性是体育教学环境的设计与优化，要根据各个高校的实际情况和实际经济条件，符合经济、高效、实用的宗旨。要注重体育教学物质环境的因地制宜以及高校体育教学心理环境的独具特色，形成各个高校的特色。

三、高校体育教学环境的实施要素

（一）以学生发展为主，提升环境对兴趣的激发效果

高校要充分利用体育课程的开展，提升高校体育环境的使用和改进空间，充分保证体育环境的建设进程。通过认真组织和实施体育课，保证学生掌握体育技能的有效性，不断提升学生的体育意识和体育观念。高校要充分借助文化优势，加强对新兴运动项目、新生体育明星的宣传，更好地激发大学生参与运动的激情，保证体育环境创新特点的延续。此外，高校要不断增强体育学习内容的新颖性和适用性，在提高学生体育技能、体育意识方面，构建体育教学的环境氛围。

（二）加强高校体育制度环境的创设，提升高校体育教学的规范化

在高校体育环境创建的过程中，要在遵守学校体育工作条例的基础上，制定适合高校体育环境形成的考核办法，加强对大学生运动会、课外社团、竞技

比赛等管理制度的制定，从场地场馆使用制度到运动员选拔制度，都按照一个良性的运作过程，来提升制度环境创建的有效性。

（三）创建适合高校学生身心发展的体育环境

高校学生在接受体育教育的过程中，身体素质得到了一定的发展，如果对于一些所谓的"优秀课程"不假思索地照搬，结果就是很有可能造成学生对体育课的敷衍了事。因此，只有选择合适的体育教学内容，才能够使学生真正爱上体育课。

（四）充分利用高校的体育教学物质环境

高校要充分利用学校已有的各种有利的环境条件，创设具有特色的学校体育教学环境。在高校体育教学环境的设计与优化中，各个高校要充分挖掘、精心设计，开创和突出各个高校的体育教学特色，合理地变通，将不利的体育教学环境转化为有利的体育教学环境。

（五）加强体育课堂教学管理，营造宽松、和谐、民主的体育课堂氛围

高校应从基本的规范中强化课堂的教学管理，同时发挥骨干的作用，帮助学生进行自我管理，提高学生在体育教学活动中的自我约束能力。此外，高校应培养学生主动参与体育学习的态度和习惯，让学生主动参与到体育教学活动中，注重课堂教学活动中的人际情感交流，形成教师与学生互相激励、互相鼓舞的良好情感氛围。

第二节 高校体育教学模式概述

学校体育是国民体育的战略重点，这是我国体育理论界早已达成的共识。高校体育是学校体育的最后一环，与社会体育紧密相连，其教育效果与整体发展水平对我国正在实施的全民健身计划起着举足轻重的作用，因而应站在历史的高度，以战略的眼光来认识高校体育教育改革的重要性和迫切性。教育改革应以教学改革为核心，而教学改革的核心则是课程设置和教学内容的选择。笔者在本文中把高校体育的目的和任务定位于健康教育与终身体育意识的培养和发展上，并以此为基点，力图构建一个理论依据充分、实效性和可操作性较强的高校体育教学课程模式，并对这一课程模式的整体运行机制做初步探讨。

教学模式是按照一定原理设计的一种具有相应结构和功能的教学活动组合或策略，它既是教育系统和教学过程的具体化和实践化，又是教学形式和教学方法的综合载体。

一、高校现行的几种体育教学模式

高校现行的体育教学模式见表1-1。

表1-1　目前高校体育教学模式

序号	类型	特征	形式	优点	缺点
1	三基型	注重传授体育基本知识、基本技术和基本技能	多以原教学班为单位	注重发挥教师的主导地位，使学生扎实掌握"三基"，教学规范	一味重技术，轻理论
2	一体化	注重培养学生体育锻炼习惯	把早操、课外活动和教学有机结合	有利于培养学生体育锻炼习惯，增强体质，使体育场地、器材得到充分利用	教师工作量大
3	分段型	基础课、选项课、选修课并存	以原班级或分班级为单位	既重视"三基"，又重视体育能力的培养	学习不易深入
4	快乐型	注重学生心理体验	以原班级或分班级为单位	能调动学生对体育的兴趣，使学生在体育活动中身心得到健康发展	教学随意性大
5	康乐型	重视学生身心健康	根据学生兴趣划分	既能兼顾学生对体育的兴趣，又能使学生的身心健康得到协调发展	对体育知识了解单一
6	俱乐部	高校体育与社会体育接轨	分班分层次	有利于树立学生终身体育思想，培养终身体育习惯	只进行单一的体育活动，身体机能难以协调发展

二、目前普通高校体育教学模式存在的问题

构建一个完整的体育教学模式包括教学思想、教学目标、教学结构和教学方法等诸多方面，因此改革体育教学模式，实质上就是对体育教学过程的重新

整合，其结构是否合理主要看教学的组织形式和方法是否适应学生的需要，是否最大限度地实现教学目标。目前普通高校体育教学模式存在着以下问题：一方面众多体育教学思想一齐涌入体育课堂；另一方面高校体育为体现有别于传统的教学思想，在教学中尽可能多地接纳新的教学思想，造成体育教学主题分散、华而不实、负担过重。目前高校广为采用的以班为群体形式，虽然整齐划一，秩序井然，便于教学管理，却不易于对大学生的个体差异、兴趣爱好、掌握技术的能力等进行卓有成效的教育与培养，这显然不利于教学目标的实现。

三、构建高校体育教学新模式的对策

第一，明确高校体育教学应遵循和坚持的指导思想。

第二，依据指导思想，改革体育教学内容与教材。

第三，改革体育教学班的组成方式，让学生在不同的学段选择参加不同项目组合的教学班。

第四，改进教学方法。当前，应着重研究如何根据多样化的课程内容和针对不同的教学对象采用有效的教学方法。

四、适应素质教育要求，树立正确的体育教学观念

从以上几种模式可以看出，教学模式越来越重视发展能力，重视学生的主导地位。各种教学模式应互相借鉴，共同发展。高校要想充分发挥教学模式的作用，优化教学结构，必须树立正确的体育教学观念。

（一）树立全面育人的体育教学观念

高校体育教学应当从培养跨世纪的德、智、体全面发展的高素质人才出发，给予大学生全方位的教育，即体育教育、健康教育、竞技教育、生活教育和娱乐教育等。

（二）树立主动体育的体育教学观念

在体育教学中，既要充分发挥教师的主导作用，又要注意发挥学生的主体作用，努力调动学生学习体育和锻炼身体的主动性和积极性，激发学生对体育的兴趣，让学生主动地、自觉地体验体育学习的乐趣，从而促进学生身心健康发展，培养学生终身从事体育锻炼的习惯。

（三）树立三维综合评价的体育教学观念

在评价体育教学效果时，不能仅仅以提高生理机能为标准，追求生物学改

造的效果，而应该从生物、心理和社会三维的角度来综合评价体育教学的效果。三维体育的教学观，反映了体育教学是一个多功能、多目标的动态系统，它通过大量的体育教学实践取得效果。

五、新的体育教学模式的设计

（一）第一学年：基础课

以全面锻炼和提高身体素质为主，通过体育基本知识的传授和基本技能的培养来实现高校体育的目标。可根据具体的场地器材等条件，充分发挥教师的主导作用和能动作用，使学生身体素质和身体技能得到全面发展，为参加第二学年的选项课打下基础。考核时，以全面的素质指标和技能指标为主。

（二）第二学年：选项课

根据学校场地、器材和师资等情况，按项目开设若干个选修班，由学生根据自己的特长和兴趣，选择项目和教师。在具体的实施过程中，每个项目根据学生掌握技术的情况可分为初、中、高级班，既可满足学生初选，又可满足再选。考核时，以技能指标为主，结合一定比例的素质指标。

（三）第三、四学年：俱乐部协会制

俱乐部教学模式使高校体育与社会体育接轨，它在树立学生终身体育思想和培养终身体育习惯方面的作用是其他教学模式难以替代的。可集中开设一些项目，以学生自我锻炼为主，开展有偿性教学。这不仅有利于增强大学生的体育意识，培养经常锻炼身体的习惯，也有利于把大学生的体育教学过程延伸到高等教育的全过程，保持体育教学与课外活动的统一性和连贯性。

六、新的体育教学模式构建的依据

（一）新时期对传统体育教学模式变革的需要

新的《全国普通高等学校体育课程教学指导纲要》要求"把健康第一的指导思想作为确定教学内容的基本出发点，同时重视教学内容的体育文化含量"。面对新时期社会、经济、文化的快速发展，学生在学校所学的知识很可能在离校不久便过时了。因此体育教学应该使学生了解终身学习的重要性，培养学生终身学习的习惯，使其走向社会后，能够成为终身学习的实践者。

（二）新时期对高校体育教学改革的要求

高校体育教学改革必须做到：体育的终身化、体育的民主化、体育的多样化和体育的个性化。体育的终身化就是打破学校体育的原有空间和时间的限制，把体育扩展到社会和人生的每个阶段。体育的民主化就是打破不平等、不民主，改变以教师为中心，学生被动服从的教学关系。体育的多样化就是在体育教学中采取多种教学方法，提倡师生之间、学生与学生之间的多边互动活动，努力提高学生参与的积极性，最大限度地发挥学生的创造性。体育的个性化就是在体育教学中每个学生所显示的各种不同的运动本能、素质、价值取向、集体荣誉等。

（三）新时期为高校体育改革提供了条件

高校体育自改革开放以来取得了令人瞩目的成就，集中体现为四大优势：一是人才优势；二是信息优势；三是物资优势；四是地位优势。这四大优势说明，高校体育教学模式的改革具有坚实的基础。

（四）高校学生对体育教学模式的选择需要

笔者曾经对湖北经济学院、武汉大学、华中科技大学、武汉工程大学、湖北大学等院校 750 名高校学生就喜欢的体育教学模式进行问卷调查，结果选择以全面发展身体素质为主的"基础课"的有 37 人，占 4.9%；选择与社会接轨的俱乐部协会制的有 156 人，占 20.8%；选择以兴趣爱好为主、能够自由选择教师的"选项课"的有 185 人，占 24.7%；选择一年级"基础课"，二年级"选项课"，三、四年级俱乐部协会制的有 372 人，占 49.6%。调查结果表明，第一学年"基础课"，第二学年"选项课"，第三、四学年俱乐部协会制是最受高校学生喜爱的教学模式。

七、高校体育教学模式的发展趋势

体育教学模式是体育教学活动赖以开展的必要条件，但体育教学模式并不是一成不变的，必须明确是由内容决定形式，而绝不是由形式决定内容。

（一）体育教学模式的开放化

目前，全国各大高校体育课教学模式不尽相同，各校根据校情不同会采用不同的适合自己的体育课教学模式，大的改革方向还是一致的，都是朝开放式的、更加符合当代大学生心理和生理特点发展的方向进行的。开放式体育教学模式是今后一个发展趋势，特别是社会的发展和进步，电子产业和信息技术的迅猛发展，使输送信息的手段更加灵活和开放。

未来的高校体育将采用多种途径、多种方法、多种形式来满足学生的不同体育要求，向社会开放，向国际开放，体育课堂也将扩展到社会，扩展到大自然。

（二）体育教学模式的多元化

随着学校教学由应试教育向素质教育的转轨，高校体育应从学校的"阶段体育"向"终身体育"转变，从片面的生物学评价或运动技术评价向综合性评价转变。体育价值观从单一的健身向健身、健心、娱乐等多元价值观改变，单一的体育教学模式无法满足多元的体育教学目标的需要，因此要从单一的教学模式向复合式的、具有现代性和科学性的教学模式转变，并且多种教学模式相互渗透、互相依存将是未来高校体育教学的发展趋势。

第三节 高校体育教学改革

伴随着我国改革开放的脚步，高校体育课程教学走过了四十多年的风雨历程。站在科学发展观视角，回顾改革的历史，探讨改革的得失，分析目前的状况，寻求发展的策略，无论是对高校体育课程理论体系的建设，还是对推进教学改革实践的深化，都具有积极的意义。

一、高校体育教学中普遍存在的问题

（一）教学目标理论与实践不完全一致

现行的高校体育课程教学目标涵盖了"运动参与、运动技能、身体健康、心理健康、社会适应"五个领域的内容。从理论上看，它充分关注了学生的健康成长和人的全面发展，体现了"以人为本"的时代理念。但在实际操作中，由于教学内容、教学组织形式、学生个体水平不同，要通过有限的教学时间（144学时）完成五个领域的教学任务是极其困难的。

（二）教学效果测量与评价不科学

教学效果测量方法与评价标准的改革步履维艰，至今仍未走出"生物体育"的怪圈。测量与评价课堂教学效果的通行方法是监控学生的心率变化，无论什么类型的体育课，也不管课的教学内容、教学任务是什么，无一例外地是通过

"摸脉"获取学生心率的变化情况,由此推断其生理负荷,进而评价教学效果。至于教学目标中运动参与态度、知识技能掌握、心理品质培养等方面的指标,或是因为课时计划(教案)中原本就没有设计具体的达成路径与措施,或是因为根本就没有切实可行的办法进行操作而不得不将其束之高阁。

(三)教学改革重心偏移

长期以来,国家、省(部、委)重点资助的高校体育课程改革研究项目主要集中在"985""211"大学,教学改革的试验区也局限在位于中心城市且办学条件好、生源质量高的重点大学。真正能够代表我国高校主体的地方院校(占高校总数80%以上),始终被搁置在边缘地带。教学改革实践中,站在教师"如何教"的角度,进行"教法"改革的项目与成果俯拾即是,而站在体育课程学习主体——学生的角度,研究"如何学"的问题,进行"学法"改革项目与成果寥若晨星,改革的重心偏失。

(四)课改试验事倍功半

课程改革试验是对未知领域的探索,是走前人没有走过的道路,局部乃至整体的失败都是在所难免的,即使是失败了,至少也可以为后来者提供借鉴,从这个意义上讲失败是成功之母。但对传统教学理论近乎是颠覆性的"新课改"试验,自2001年开始在全国38个国家级试验区试行,至今未见到任何试验区的任何试验失败的报道,高校体育教学改革亦是如此。事实上,"新课标""新纲要"的教学理论还远未成熟,在用以指导体育课教学实践时经常会遇到捉襟见肘的尴尬。这些"尴尬"长期被好大喜功的心态屏蔽,致使课改试验事倍功半。

(五)理论研究缺少争鸣

在体育课程改革研究中,对上级主管部门的指示和意见,非高声赞颂即积极响应,罕见应有的学术质疑。对专家、学者提出的某种新观点或学说,紧随其后的通常是对它的注释和佐证,没有不同观点的争鸣与批判。这种近乎"跟着疯子扬土"式的学术风气,使得改革实践中涌现出来的一些极具发展前景的学术观点和实操范例,在无所节制的滥用和沸沸扬扬的炒作中早期夭折。长期以来,缺乏争鸣与批判,已成为体育教学改革与研究领域久治不愈的"顽症",严重地阻滞了学术发展,是我国至今未能形成具有本土特色的、完整的体育教学理论体系的根本原因。

（六）教师管理导向错位

现行的高校教师工作绩效评价与职称晋升制度中，学术论文的数量是衡量教师业务水平、决定其职称升迁的硬性指标。没有在学术期刊尤其是核心期刊上发表一定数量的论文，就无法在教师队伍中立足，至少是无法迈进精英队伍——高级职称的行列。面对关乎自身生存发展的选择，体育教师不得不放弃深入探求体育教学规律、不断提高教学水平的价值追求，而将大量的精力用于揣摩学术刊物的"口味"，研究与本职工作毫无实际关系的"纯理论"问题，致使大量教学改革的实际工作处于被动应付的境地。

二、高校体育教学改革的具体措施

根据教育部大学体育教学基本要求的精神，结合我国高校体育教学的现状，并借鉴成功的国际体育教学经验，我国高校体育教学改革应从教学大纲、教学模式、课程设置、教学评估以及师资队伍建设五个方面入手。

（一）制定有本校特色的教学大纲

各高校应根据本校学生的特点，结合本校的办学特色和人才培养方向，参照全国统一的教学大纲的要求，制定本校的科学化、系统化、个性化的体育教学大纲及具体实施方案和细则，指导本校的体育教学工作。

（二）转变教学思想，改革教学模式

当前高校体育教学应由传统的"以教师为中心"向"以学生为中心"转变，强调师生互动，发挥学生的主体作用和教师的主导作用，充分调动学生的学习积极性，使学生实现由要我学到我要学、进而达到我会学的根本性转变。在新的教学模式下，教师的角色理应发生革命性的转变，教师应由过去单纯的体育技术的传授者转变为教学内容的设计者、教学活动的组织者、教学过程的监控者、教学结果的检验者以及学生能力的培养者。改革教学模式时，应实施分层与分流教学、普修与专修教学相结合，课堂教学与课外体育锻炼相结合，大班上理论课与小班上技术课相结合，课堂教学与开放式自主教学相结合，传统教学与多媒体辅助教学相结合等多种方式。学生可在同年级、多种教材范围内自由选择上课。在考试方面，进一步建立体育理论与实践试题库，以抽签形式确定考试内容，并对结果给予评价。在完成体育教学任务的同时，增加体育选修课程，为培养学生的终身体育意识打好基础。

（三）改革高校体育课程设置

从我国高校体育教学的实践中不难发现，一方面，体育课的教学内容和学时不能满足学生兴趣和锻炼身体的需要，学生总是围绕达标、考试而进行学习锻炼，这在一定程度上抑制了学生的个性发展；另一方面，高校体育教学仍沿用传统的"运动训练法"和"普通教学法"，即通过教师的讲解示范、学生的模仿练习，以达到应付达标和考试的目的。课程结构、教学内容与教学方法仍然停留在一种"大学名称、中学内容、小学组织"的模式中。由于长期以竞技体育知识为中心或过分强化了其知识、技能在体育教学内容中所占的比重，而导致了学生竞技知识与健身能力之间的失衡。显然，这种重竞技知识、轻健身能力，重共性、轻个性的课程设置模式与素质教育的理论相背离，不利于现代社会创新人才的培养。因此高校体育课程的设置，在内容上要充分考虑学生的兴趣及其运动习惯的养成。在高校课程安排上应相应地减少体育必修课的比例，增大选修课的比例；应该加强课外体育锻炼的组织与实施，建立以健身为主要内容的新体系。体育的课程内容需要增加大量的休闲运动，尤其是终身体育的内容要不断地增大，使学生体会到运动的价值不仅仅在于提高运动技术水平，更重要的是要掌握健康运动的科学方法，为增进自身健康服务。高校应增设学生喜爱的体育休闲项目，提高其参加体育活动的兴趣，激发其锻炼的动力，充分发挥学生的积极性和创造性。

（四）改革高校体育教学评估体系

教学评估是教学过程的一个重要环节。全面、客观、科学、准确的教学评估体系对于实现课程目标至关重要。它既是教师获取教学反馈信息、改进教学方法、提高教学质量的重要依据，又是学生调整学习策略、改进学习方法、提高学习效率的重要手段，它还是教学管理者调整和制订教学计划、合理安排课时分配的重要参考依据。而传统"一刀切"的考核与评价方法，对考查学生的全面发展程度和各项身体素质的提高都存在着很大的局限性。单一的成绩评定容易挫伤部分学生的学习积极性，不利于学生形成正确的现代体育意识和健身观。因此，对学生体育成绩的考评应从以下三个方面进行：一是注重学生学习过程的考查。学生学习和练习过程的质量在很大程度上决定了其结果的质量。因此，那种只重视结果而不注重过程的做法是不妥的。二是要重视发展个性的考评，以考促学。学生在身体条件、运动爱好和运动技能等方面的个体差异是客观存在的，应根据这些差异来确定目标和评价方法，并提出相应的教学建议，以确保绝大多数学生都能完成学习目标，使之成为促进学生学习的动力。高校要重视对身体素质达标情况和体育理论知识学习水平等内容的考评,可以加强体育教学评价与考核方法的研究,使之符合素质教育的要求,同时,增强学生的体育意识,促进学生综合体育素质的提高和能力的培养。这种教学评估体系的转变将极大地调动学生学习体育的积极性,全面提高学生的身体素质和运动能力。

(五)提高体育教师队伍的整体素质

首先要从源头抓起,严把教师录用关。其次要加强对教师的培训,通过培训来提高他们的教学水平和教学技巧,使其学会如何激发学生的学习兴趣,如何鼓励学生全身心地投入学习活动中去,如何适当地纠正学生学习过程中出现的错误等。同时,通过培训,教师掌握必要的教学理论和教学技能,从单一的"技术型"向"复合素质型"转变,从而推动素质教育的成功进行。

三、高校体育教学改革的回顾

(一)教学指导思想与教学目标的探索阶段

1979年,教育部、国家体委、卫生部、共青团中央联合召开新中国成立以来规模最大的一次全国体育卫生工作经验交流会,颁布了《高等学校体育工作暂行规定(试行草案)》。在"调整、改革、整顿、提高"方针的指引下,高校体育课程改革全面启动。1990年2月,国务院批准发布实施的《学校体育工作条例》规定,"普通高等学校的一、二年级必须开设体育课。普通高等学校对三年级以上学生开设体育选修课"。同年10月,国家教委颁发了《大学生体育合格标准》和《大学生体育合格标准实施办法》。1991年国家教委开展了对全国高校体育课程的评估。1992年国家教委颁布了《全国普通高等学校体育课程教学指导纲要》,将体育课的教学目标确定为"通过科学的体育教学过程和体育锻炼过程,使学生增强体育意识,具有体育能力,养成体育锻炼的习惯,受到良好的思想教育,成为体魄强健的社会主义事业的建设者和接班人"。

(二)教学内容与教学模式的改革阶段

1995年6月28日国务院颁布了《全民健身计划纲要》。同年8月29日第八届全国人民代表大会常务委员会第十五次会议通过的《中华人民共和国体育法》第十七条规定:"教育行政部门和学校应当将体育作为学校教育的组成部分,培养德、智、体全面发展的人才。"随即国家体委又推出了《全民健身121工程》,要求学校"保证学生每天参加1次健身活动;每年组织学生开展2次远足野营

活动；学生每年进行1次身体检查"。伴随着"121工程"的推进，各种健身、娱乐体育内容走进学校体育课堂。1999年6月中共中央、国务院颁发了《关于深化教育改革全面推进素质教育的决定》要求"学校教育要树立健康第一的指导思想"。同年10月教育部在江苏无锡召开了全国学校体育卫生工作经验交流会，要求认真落实学校教育要树立健康第一的指导思想，切实加强体育工作。随后出现的"俱乐部模式""运动处方模式""三自主模式"，开启了教学模式多样化发展的格局。

（三）教学理念与课程目标的创建阶段

2001年6月，国务院颁发的《国务院关于基础教育改革与发展的决定》提出了"加快构建符合素质教育的要求的基础教育课程体系"的任务。2001年秋季开始，基础教育《体育与健康课程标准》在全国38个国家级试验区试行，2002年秋季试验范围进一步扩大到全国近500个县（区）。2002年8月教育部颁布了《全国普通高等学校体育课程教学指导纲要》。新纲要秉持以人为本、全面发展的教育理念，规定了由运动参与、运动技能、身体健康、心理健康、社会适应构成的课程目标。2006年12月，教育部、国家体育总局在北京召开了全国学校体育工作会议，颁发了《关于进一步加强学校体育工作，切实提高学生健康素质的意见》。同期，教育部、国家体育总局、共青团中央联合下发了《关于开展全国亿万学生阳光体育运动的通知》，力争用3~5年的时间，使85%以上的学校能全面实施《国家学生体质健康标准》，85%以上的学生能做到每天锻炼1小时，达到《国家学生体质健康标准》及格等级以上，掌握至少两项日常锻炼的体育技能，形成良好的体育锻炼习惯，体质健康水平切实得到提高。

四、高校体育教学改革的现状和趋势研究

为了适应社会对人才的需求，全国各高校在探讨体育教学目标、体育教学思想的基础上对体育课程设置、教材内容、教学方法、体育教学的组织、教学的模式、教学的评价等方面进行了全面探索和改革。

（一）体育教学目标呈现多元化

高校体育教学目标的主要观点包括：①以改善健康状况，增强体质为主要目标；②以学习和掌握体育知识技能为主要目标；③以竞技教育，提高运动水平，为国家培养优秀运动员为主要目标；④以培养学生体育能力为主要目标；

⑤以满足学生娱乐心理，享受体育乐趣为主要目标；⑥以奠定学生终身体育观念为主要目标；⑦以提高学生的心理素质和体育文化素养为主要目标；⑧以体育锻炼为手段，以对学生进行思想品德教育，培养优良品德为主要目标；⑨以身体练习为手段，促进学生身、心发展，达到育人的目标；⑩以学生掌握锻炼身体的方法为主要目标。体育教学的诸多目标都是围绕着育人的总目标，在体育教学过程中，根据教学任务、教学内容、学生的实际和教学条件所提出的具体目标或者是阶段性的目标。要实现育人的总目标，教育者必须科学地选择教学内容，根据现有的教学条件，分阶段、分层次、合理地选用教学方法进行教学。

（二）体育教学指导思想多样化

我国高校体育教学思想呈现多样化和综合化，其主要观点包括：①全面教育的指导思想；②以体育教育为主的指导思想；③以培养学生运动能力为主的指导思想；④以快乐体育、娱乐体育为主的指导思想；⑤以终身体育为主的指导思想；⑥以竞技体育为主的指导思想；⑦以增强体质为主的指导思想；⑧以技能教学为主的指导思想；⑨以发展学生个性为主的指导思想。

以上研究表明，高校体育教学思想随着社会发展，有越来越"泛化"的趋势，各种体育教学思想之间有着逻辑上的紧密联系，它是围绕着两条相对稳定的主线（体质与运动能力），着眼于身心全面发展的。

（三）课程设置和体育教学内容的选择成为高校体育教学改革的核心

高校体育教学改革必须以改革课程设置和科学合理地选择教学内容为切入点。高校体育教学内容和课程设置的改革要以高等教育体育教学目标、现代体育发展的需要、学生的兴趣、爱好、场地设施为主要依据，确立以增强体质，促进身心全面发展为主的指导思想。20世纪80年代初，随着我国改革开放，许多高校在大学二年级相继开设专项课，1992年国家教委颁发《全国普通高等学校体育课程教学指导纲要》，正式对普通高校体育课程设置做出了规定，将体育课分为基础体育课、选项体育课、选修体育课、保健体育课四种类型。体育教学也从单一型发展到多种课型并举，较好地克服了传统单一课型忽视受教育者的个性心理特征及主体作用的弊端。目前，高校体育教学内容和课程设置的模式为一年级以必修课为主，安排了提高身体素质、配以各类基本技术的教材体系，以弥补中学体育教学的不足，完成中学至大学的合理衔接和过渡。二年级开设专项课，学生可选择课程、教师。开设选项课，以满足学生兴趣、爱好和选择的要求。三、四年级开设选修课，以休闲课和娱乐课为主，增加专业

性的内容，采用俱乐部制。例如，地质院校增加了登山运动、负重行军等内容；商业院校增加了保龄球、台球等内容。形式多样、内容丰富的教材，不仅有健身、娱乐之功效，而且能够使学生适应毕业后的生活与工作。此外，高校可适当地增设体育理论知识课程，让学生明确学习的目的，端正学习态度；了解人体发展和运动生理、卫生知识；掌握各项运动的知识和锻炼身体的方法。但在改革中也存在着一些共性问题。例如，教学目标宽泛、模糊，教材的选编、课程的设置存在着较大的随意性；在教学内容的安排上，运动项目主要是解决手段问题，重视方法不够；运动的内容欠全面，重运动，轻养护。

（四）体育教学方法的改革正逐步向"启发学生主动学习"的方向发展

体育教学效果很大程度上取决于教学方法应用的科学与否。目前，体育教学方法的改革十分活跃，如主体教学、发展式教学、自学式教学、启发式教学、快乐式教学等，从整体改革的思路来看，大都能体现"启发学生主动学习"的思想，这表明"以教师为中心"的传统观念正在转变。但在改革中，许多研究者没有清楚地认识到教学方法两重性的特点，即功能性和局限性。因为教学过程是一个结构复杂、多阶段、多因素的动态过程，教学有法、教无定法、贵在得法。教学必须要针对学生的实际，既有利于发挥教师的主导作用，又必须尊重学生的主体意识，周全地考虑教学方法运用的针对性、时效性、全面性。

（五）体育教学组织形式呈现多维性

体育教学的组织工作是否严密、合理，直接影响教学效果。有关研究表明，目前，大多数高校采用的是分组不轮换的教学组织形式，分组是根据"三向"交往的理论来进行的（教师与学生之间；学生与学生之间；教师与学生、学生与学生之间的交往）。根据这一理论，目前主要有以下几种教学组织形式，一是散点式；二是"小群体"式；三是自然分组式；四是按运动能力分组（搭配式、分级式）；五是俱乐部组织形式。总的来讲，体育教学的组织是多维的，上面叙述的是目前研究比较多的组织形式，各种组织形式都有其各自的特点，它们的共性在于能发挥学生的自主性、积极性，有利于发展学生的个性和创造性。但教学的组织形式受教学条件的制约，还有待于在更大范围内做更缜密的研究。

（六）体育教学模式具有针对性

体育教学模式的研究是当前体育教学论和体育教学改革的重要课题之一。近几年，对体育教学模式的研究日趋活跃，这表明高校体育教学改革已开始进入综合研究阶段。目前，中国体育科学学会学校体育专业委员会提出了主体教学模式、成功教学模式、合作竞争教学模式。上面多种教学模式不是孤立存在着，各种不同类型的体育课，因其特性和要完成的任务不同，就需要有多种教学模式去适应。由此看来，教学模式既可以组合，又允许创造，但设计任何教学模式都必须以科学的理论为先导，并通过实验对比才能对它的合理性、可行性和可操作性进行评价。

（七）教学评价的双向性

教学评价是获得反馈信息的重要手段。目前，高校体育教师比较重视教学评价的研究，尤其重视师生的双向评价。通过教师评价学生的学习，每个学生都能够从教学评价中得到新的目标和新的动机，通过学生评价教师的教学，促进教师科学安排和控制教学程序。但教学评价的研究多数停留在理论研究上，付诸实施的较少。

综上所述，当前高校体育教学改革表现出以下特征：①教学目标开始朝着"多目标""多功能"的方向转移，既追求近期效益，更追求远景目标。②教学思想从"生物体育观"逐渐向由生物、心理、社会方面因素构成的"三维体育观"转变，从而拓宽了它的健身、娱乐、竞技、文化、社会等方面的功能。③课程设置和教材建设已成为高校体育教学发展的核心动力。近年来高校围绕着课程设置、课程类型、课程内容、教学定位、教学大纲、教学模式和教学体系等内容进行了改革，课内外一体化已经形成。④教学方法的改革显得格外活跃，从规律性的思路看，大都能体现"启发学生主动学习"的思想，表明"以教师为中心"的传统体育教学正在逐步转变。⑤高校体育教学组织形式的改革根据"三向"交往方式，由表浅向着深层次发展。⑥高校体育教学模式的研究已通过许多具有内涵丰富结构的研究模式表现出来，但目前这种教学改革实践滞后的现象却比较普遍。⑦教学评价的研究从身、心两方面效果考虑，采用定性和定量相结合的评价方法，在一定程度上可以适应现实的需要。

第三章　高校体育教学设计与课程规划

第一节　高校体育教学设计与计划的制订

体育教学设计是实现体育教学效果最优化的规范计划工程与操作程序，它对于体育教学的组织与开展具有非常重要的意义。本章将首先对体育教学设计与体育教学计划进行概述，然后分别对体育教学策略设计、体育教学媒体设计、体育教学过程设计以及体育教学计划的制订进行分析。

一、体育教学设计概述

（一）体育教学设计的概念

体育教学设计遵循教学设计的基本思路，根据体育教学的特点与目标的要求，运用系统方法，对参与体育教学的各个要素进行分析和策划，制订未来体育教学活动方案。

体育教学设计在指导思想、基本思路以及基本程序上与其他课程教学设计是一脉相承的。但是，在对具体操作方案进行设计时，我们要根据体育教学自身的特点，充分考虑学生身体和心理发展的基础和相互关系，结合体育教学的环境和条件，分析现状，对未来体育教学过程中可能出现的问题进行预测，对未来师生活动进行规划、准备，从而制订相应的计划方案。

（二）体育教学设计的特点

具体来讲，体育教学设计的特点主要体现在以下几个方面。

1. 超前性

体育教学设计是在进行体育教学之前事先对体育教学所做的一种安排或策

划。也就是说，体育教学设计在前，体育教学在后，因此体育教学设计会表现出一定的超前性。例如，体育教师在上一堂体育课之前，必须设计出这堂课的教学方案。体育教学设计事实上是对即将进行的体育教学中可能产生的问题进行分析，是根据体育教育、教学理论和学生的学习需求，针对可能发生的问题提出解决方法的一种设想。

2. 差距性

体育教学设计是在体育与健康课程理念和体育学习需要指导下所形成的一种实施方案，在方案实施过程中会出现一系列难以预测的情况。由于体育教学设计者对体育教学中可能出现的问题的理解、对现有条件的分析、所采取的解决问题的方法等都具有一定的差异性，因此体育教学设计方案总会与体育教学实践活动有一定的差距，在实施过程中还需要对方案进行合理调整与改进。

3. 创造性

体育教学设计的过程不仅是一个解决教学问题的过程，同时也是一个创造性的过程。体育教学的多元化目标、体育教材的多功能特点、体育教学方法手段的多样化以及这些要素之间存在的复杂关系，使得体育教学过程具有复杂性和不确定性。

此外，体育教学也是一个发展学生创造能力的过程。要培养学生的创新精神，应该使用能够培养创新精神的方法或策略，在创造性学习中培养学生的创新精神。因此，创造性体育教学设计主要要求设计者必须具备一定的文化基础知识和较扎实的专业知识，形成适合自身学习的学习方式和创新意识。只有具备创造性的想象力和创造性的思维等综合能力素质，才能创造出完美的教学设计方案。

（三）体育教学设计的原则

体育教学设计原则是根据体育教学的基本规律和系统论的方法学原理制定的，对体育教学设计具有重要的指导意义。一般来讲，体育教学设计的原则主要包括以下内容。

1. 目标性导向原则

目标性导向原则指的是体育教学设计应该紧扣体育教学目标，所有教学环节的设计都要以目标为导向，体育教学设计方案要保证教学行为与目标保持一致。

体育教学目标是由体育与健康课程目标所决定的。体育教学的目的就是帮助学生从起始状态最终达到目标状态。因此，体育教学设计的每一个环节、每一个步骤都要考虑对教学目标的实现的功能和作用效果。体育教学设计就是一个通过解决问题以实现体育教学目标的准备过程。

2. 简明性原则

简明性原则是指体育教学设计过程与方法应该是简便易行的。很多人认为教学设计是一项非常复杂的教学技术，使用起来也不方便，一线体育教师没有能力与精力顺利完成教学设计。实际上，教学设计重要的作用之一就是提高教学的效率与效果。因此，体育课堂教学设计是一项指导教师教学的简明技术、手段，它不应该给教师增加额外的负担，而应使教师易于掌握，使用起来简单明了，有利于学校体育教学工作指导的实现。

3. 灵活性原则

灵活性原则是指体育教学设计必须针对不同的课型、不同的学生、不同的教学条件进行不同的设计。

体育教学目标的多元化、体育教材的特殊性，以及各地区和各个学校体育器材、设施条件的差异性决定了体育课类型、模式结构的多样性和体育教学设计的灵活性。一方面，体育教学活动会受到外界环境的很大影响，如场地、季节、气候等影响；另一方面，体育教学过程中师生、学生之间人际交往复杂，角色不断发生变化。体育教学系统的动态性表现为体育系统处于不断地运动和发展之中。此外，学生的身体、心理也在不停地变化，所有体育教学设计方案应充分遵循灵活性原则。

4. 可操作性原则

可操作性原则是指体育教学设计方案应该在体育教学具体实施过程中具备便捷、实用、低耗、高效的特点。体育教学设计就是对体育教学实践方案进行设计，而体育教学实践方案则是用于指导具体教学活动的文件。因此，体育教学设计的可操作性是体育教学设计的最终目的，是为了提高体育教学效率。

体育教学设计应该具备可操作性，在设计过程中，不能生搬硬套教科书上的案例和模式，要在进行体育教学背景分析的基础上，制定切合自己学校及班级特点的教学目标，安排与现有教学条件相适应的、可操作的教学内容。因此，体育教学设计的过程与成果必须是可操作的，如果教学设计的成果难于付诸实践，那么教学设计就失去了意义。

5. 整体优化原则

整体优化原则是指在进行体育教学设计时，应该在对体育教学过程各个因素优化设计的基础上处理好体育教学系统内部各子系统之间的关系，将各因素进行科学的整合，充分发挥体育教学的整体功能，从而达到最好的教学效果。

在体育教学设计过程中，应该从整体最优化的目标出发，使体育教学系统的每一个要素、每一局部过程以及每一环节都置于系统的整体设计之中，从而协同实现体育教学设计整体功能的最优化。同时还应该特别注意要素之间结构与功能的相互匹配，从而设计出最优的教学方案。

6. 系统性原则

系统性原则是指在体育教学设计的过程中，自始至终都应该贯彻系统论的思想，从而使其成为一个有机体。系统论是教学设计的核心理论基础，因此体育教学设计过程也应该遵循系统性原则。

体育教学设计就是应用系统的观点，从整体出发来对体育课堂活动中的基本要素以及各要素之间的相互关系进行分析研究，对各种不同要素组合所产生的效果进行比较，从而选择最优化的教学方案，获得最佳的教学效益。

（四）体育教学设计的意义

体育教学设计对学校体育工作进行实用指导具有非常重要的实践意义，具体体现在以下几个方面。

第一，体育教学设计能够更好地突出学生的主体地位，更好地满足学生的个体差异。

第二，体育教学设计为教师提供科学合理的体育教学设计的方法。

第三，体育教学设计有利于促使体育教学理论与教学实践的有机结合。

第四，体育教学设计有助于发现体育教学中的各种问题，积极思考与探索解决问题的办法和思路，从而使教学设计方案更具实效性。

第五，体育教学设计促进体育教学工作的科学化，同时促使教师的教学从经验型向科学型转变，从而提高体育教师的专业化素质。

第六，体育教学设计是显著提高体育教学效率和教学效果的有效手段之一。

二、体育教学计划概述

（一）体育教学计划的概念

体育教学计划是体育教学设计的表现形式，是根据国家颁发的体育教学指导文件，参照学校所选用的体育教科书，结合学校的体育教学实际而制订的体育教学指导方案和教学过程实施方案。具体来讲，体育教学计划包括学段体育教学计划、学年体育教学计划、学期体育教学计划、模块体育教学计划、单元体育教学计划和学时体育教学计划（教案）等。将以上这些要素综合起来，并依据体育教学的基本规律制订出一套切实可行的方案，即体育教学计划。

体育教学计划一般分成学年体育教学设计、学期体育教学设计、单元体育教学设计、学时体育教学设计四个层次。体育教学计划与体育教学设计既有相同点，又有不同点，具体表现如下。

1. 相同点

第一，教学计划和教学设计同是对体育的研究和筹划。

第二，教学计划和教学设计的工作对象都是体育教学的过程。

第三，教学计划同教学设计的工作有时是交叉进行的。

2. 不同点

第一，教学计划是研究的成果，而教学设计是研究的过程。

第二，教学计划完成的标志是方案的形成，而教学设计完成的标志是思路的形成。

第三，教学计划通常来说具体而细致，而教学设计宏观而全面。

（二）体育教学计划的原则

1. 科学性原则

体育教学计划应该遵循科学性原则，具体应该做到：树立"健康第一"的指导思想，培养"终身体育"的意识；合理选择教材内容；教材安排要全面、系统，具有可行性。

2. 教育性原则

体育教学计划的合理性需要通过体育教学实践来检验，教学计划与体育教学两者是不可分割的统一体，教学计划的教育性是通过体育教学过程体现出来的。

体育教学具有教育、健康和娱乐三大功能，而其教育性则包括思想教育、情感教育、个性教育等。在体育教学过程中不仅要锻炼身体、增强体质，还要使学生从体育哲学的高度充分认识到体育与生命、社会、人类乃至世界的关系，让学生在进行体育锻炼时充满热情与活力，不断提高自己的竞争意识与拼搏精

神。由此可见,体育教学必须要加强教育性。

3. 艺术性原则

艺术性是体育教学进行科学性教育的有效方法,在体育教学中应该密切结合教学计划中的具体内容,合理选择教学方法,不但要让学生了解每一个技术动作的结构原理,同时还应该使学生明白掌握技术动作的方法。

(三)体育教学计划的意义与要求

科学的体育教学计划有助于体育教学工作有序地进行,提高体育教学的质量,从而保证体育教学目标的顺利完成。因此,每个教师都应充分认识到体育教学计划的重要意义,同时制订出切实可行的、有利于学生发展的教学计划。

体育教学计划的制订要求教学计划应该符合教学的目的与条件,内容繁简得当,从而规范并满足教学需求,能有效地指导课堂教学,便于执行。在制订体育教学计划的过程中,体育教师要遵循体育教学的基本规律和原则,认真负责地制订体育教学计划,发挥集体的优势,依靠共同的智慧来制订教学计划,在制订的过程中还要发挥学生的能动作用,充分听取学生的意见,使体育教学计划具有统一要求和灵活性,以适应复杂多变的体育教学过程。

三、体育教学策略设计

(一)体育教学策略的概念

在教育学中,"策略"一词指的是教学活动的顺序安排与师生之间的交流。而体育教学策略是策略在体育教学当中的一种应用。

当前学术界对于教学策略还没有形成一种统一的认识,主要观点包括以下三种:把教学策略理解成为实现某种教学目标而制订的综合性教学方案;把教学策略看成一种教学思想、一种教学观念与原则,需要通过教学方法、教学模式和教学手段等加以实现;认为教学策略与教学模式、教学方法、教学步骤含义相同。其中,第一种观点被大多数学者所采用。因此,我们将体育教学策略的含义理解为:体育教师为有效地完成体育教学目标而采用的体育教学活动准备、体育教学行为和体育教学组织形式选择、体育教学媒体选择等因素的总体考虑。

体育教学策略设计是体育教学设计工作过程中的重要环节,它能够很好地解决衔接教与学的问题。只有采用正确的体育教学策略才能有效地完成预期的体育教学目标。

（二）制定体育教学策略的依据

具体来讲，制定体育教学策略的依据主要包括以下几个方面。

第一，从体育教学目标出发。体育教学策略是完成特定体育教学目标的方式，因此有什么样的体育教学目标就应该选择能实现这个体育教学目标的教学策略。

第二，依据学习和教学理论。体育教学策略是保证教学成功、促进学习发生的方法，同时还应该遵循学习的规律以及体育教学的规律。

第三，符合体育学习内容。由于内容决定方式，因此体育教学策略就是完成体育教学内容的方式。

第四，符合教学对象的特点。由于不同的学生具有各自不同的学习风格，因此我们应该采取符合学生特点的体育教学策略。

第五，考虑体育教师本身的条件。应该采用体育教师能够驾驭的体育教学策略，有的体育教学策略虽然有效，但不能有效驾驭，仍然发挥不了作用。

第六，考虑当地教学的客观条件。体育教学策略的实行会受到各种条件的影响，因此在制定体育教学策略时应该对已经具备的各种客观条件进行全方位的考虑。

（三）体育教学策略的结构

体育教学策略包括对体育教学过程、内容的安排，体育教学方法、步骤、组织形式的选择。由于这些因素的组合方式多种多样，因此对于体育教学策略的使用就存在着结构问题。而体育教学策略的结构指的是教学策略各组成要素之间相对稳定的联系方式、组织秩序及其时空关系的内在表现形式。一个切实可行的体育教学策略通常包括以下要素。

1. 体育教学指导思想

体育教学指导思想是指某一体育教学策略所依据的理论基础。体育教学指导思想能对具体的体育教学策略做出理论解释，以体育教学策略的核心理论作支撑。在体育教学策略的制定和实施过程中，教师具有不同的教学思想，同时也会采取不同的教学策略。

2. 体育教学目标

任何一种教学策略都是指向一定的教学目标的，体育教学目标是体育教学策略的核心要素，对其他体育教学要素具有制约的作用。

对于体育教学策略的运用，不管是活动内容还是活动细节、活动方式，都是为达成体育教学目标而存在的。在体育教学中，体育教学目标不同，所采用的体育教学策略也有所差别。体育教师在制定体育教学策略时必须明确，通过教学使学生在本单元、本课时应达成什么体育目标，怎样去达成这些目标。对体育教学目标进行分析，是制定和选择有效体育教学策略的关键。

3. 实施程序

体育教学策略是针对一定体育教学目标相互组织起来的程序，实施程序有其自身的操作序列。

体育教学活动具有复杂性与特殊性，体育教学策略的实施程序只能是基本的和相对稳定的，但并不是一成不变的。也就是说，体育教学策略的实施程序有一定的先后顺序，但不存在定式，能够根据教学条件的变化和教学的进程及时调整和变换。

4. 操作技术

操作技术就是体育教师运用教学策略的方法与技巧。要保证体育教学策略的有效实施，就需要提出切实可行的操作要领，操作要领的具体内容一般包括以下几个方面。

第一，体育教师方面，包括体育教师教学策略中的角色、作用或对教师的要求。

第二，体育教学内容方面，包括体育教学策略的依据和对体育教学内容的处理。

第三，体育教学手段方面，除通常体育教学所运用的体育教学手段外，还包括运用本策略所需的特殊体育教学手段。

第四，使用范围方面，包括本策略适用的问题、性质或学生的年龄特点等。

体育教学过程是具体而复杂的，所要完成的体育教学任务是多方面的。在实践当中，体育教师应该根据不同的教学目标、教学情境以及教学环节，采用对应的体育教学策略。在制定或选择体育教学策略中，体育教师不仅要重视对体育教学目标和学生起点水平的分析，同时还要发挥体育教师的主观能动性，根据体育教学的客观实际情况创造性地对体育教学进行组织，灵活理解并运用多种体育教学策略，最终实现提高体育教学效果的目的。

四、体育教学媒体设计

（一）体育教学媒体概述

体育教学媒体指的是用于存储或传递以教学或学习为目的的信息的媒体。教学媒体用于教学信息从信息源到学习者之间的传递，它有明确的教学目的、教学内容以及教学对象。

当媒体用于传递和储存以体育教学为目的的信息时就被称为体育教学媒体。体育教学媒体也就是载有体育教学信息的物体，是连接教学者与学生双方的中介。体育教学媒体是用来传递并获取体育教学信息的工具，包括书本形态的，如教科书、教学指导书、图表、挂图等；非书本形态的，如模型、幻灯、投影、录音、录像、计算机课件等。

体育教学媒体在体育教学中有很重要的作用，具体表现为：提供感知材料，提高感知效果；启发学生思维，发展学生智力；增强学习兴趣，激发学习动机；增加信息密度，提高教学效率；提供多种方式，促进自主学习；调控教学过程，检测学习效果。

1. 体育教学媒体的共同特征

具体来讲，体育教学媒体的共同特征主要包括以下几个方面。

第一，固定性。教学媒体能够记录和存储信息，同时还可以用于再现需要。

第二，扩散性。教学媒体可以将各种信息在一定的距离内传播，使信息在扩大的范围内再现。

第三，重复性。教学媒体能够被重复使用，同时还能够生成复制品，在不同的地点同时使用。

第四，组合性。若干种教学媒体能够组合起来使用，从而达到相互促进信息表达的效果。

第五，能动性。能动性就是教学媒体在特定的时空条件下能够离开人的活动独立发挥作用。

第六，工具性。教学媒体是人们获取信息以及传递信息的工具。

2. 体育教学媒体的个别特征

具体来讲，体育教学媒体的个别特征主要表现在以下几个方面。

第一，传播力，即教学媒体在传播范围和传播速度方面具有的能力。

第二，表现力，即教学媒体在表现事物空间、时间和运动特征方面的能力。

第三，受控性。这是指教学媒体接受使用者操纵的难易程度。

第四，参与性，指的是教学媒体发挥作用时学生参与活动的机会。

在现代教学当中，教学媒体是实现高质量教学（学习）的一种重要手段，同样也是教学过程中的重要因素，它与教师、学生以及教学内容之间存在着密切的关联。

（二）体育教学媒体选择时考虑的因素

教学媒体的选择指的是在一定教学要求与条件下选出一种或者一组适宜可行的教学媒体。美国大众传播专家施拉姆总结了媒体选择应该考虑的因素，主要包括以下几个方面。

第一，学习任务因素。其主要包括学习目标、学习内容等。一些媒体对于教学活动要达到预期的目标有着非常独到的作用。

第二，学生因素。其是媒体选择应该考虑的因素，具体包括学生的智能特征、认知结构、年龄、动机和兴趣、学习经验等。

第三，教学管理因素。其包括教学规模、教师能力以及教学安排等内容。选择计算机等现代教学媒体经常受教师素质和教学安排等的影响。使用视听等多媒体教学手段，不仅能够达到声形并茂的效果，同时也能够让教学充满乐趣，但是管理不善也会造成教学的失控。因此，多媒体的使用不仅要对课堂组织进行周密的安排，教师也应当具备把控课堂学习氛围的能力。

第四，媒体因素。

媒体资源：现有储备及添置的可能性。

媒体功能：媒体呈现信息方面表现的不同属性能否满足教学的需要，这些属性包括图像、色彩、动态、声音及音像的连接等。

操作情况：操作的难易程度以及学会操作所需的准备时间。

组合性：几种媒体配合使用的可能性及效果。

使用环境：媒体使用的场所是否支持或提供所需媒体。

第五，经济因素。经济因素是媒体选择时必须要考虑到的因素，因为若待选的媒体都能达到近似相同的教学功效，它们的代价常常会很悬殊。如果能够用最便宜的教育媒体上课，且其效果与价格高的教育媒体一样好，就不要选择价格高的媒体来上课，此时的媒体使用选择应满足"最小代价"。一般认为，学习任务和学生这两个因素是最重要的，其中学习任务、目标必须优先考虑，因为它们与教学有着直接而又密切的联系。

（三）体育教学媒体的选择程序

在体育教学过程中，不同目标、不同的教学内容、学生不同的特征以及学校现在的教学设备，为选择不同性能的教学媒体提供了很好的参考。在教学设计的实践当中，科学选择适当的教学媒体应该依照一定的程序进行，其中每一个程序都应该遵循媒体选择的原则，同时还需要有一定理论依据的相应支持。

一般来讲，体育教学媒体的选择程序如下。

第一，通过对教学目标以及教学内容的分析，并根据学生的特征，最终确定必须由媒体表现的教学内容。

第二，明确有哪几种可供选择的教学媒体能够表现既定的教学内容。

第三，确定最佳媒体。这里所说的最佳并不是表现力方面的最佳，而是综合各方面因素最适合的。

第四，根据整体的教学设计确定不同教学环节以及不同内容所使用的不同媒体，同时将这些媒体整合到教学过程的流程中。

五、体育教学过程设计

体育教学过程的设计就是以流程图的形式计算简洁地反映分析和设计阶段的结果，表达教学过程，对体育教学过程中教师、学生、学习内容、教学媒体等各要素之间的关系进行直观描述，给体育教师提供具有参考价值的教学设计方案。

（一）体育教学过程的概念

学术界对于体育教学过程有着不同的认识与界定。有的从教师的角度来分析，有的从学生的角度来阐述；有的从一个侧面去概括，有的从整体去概括；有的侧重于教学过程的归属分析，也有对教学过程的特点与功能的分析。体育教学过程的本质指的是体育教学过程本身所固有的，由其内在矛盾的特殊性决定，是体育教学过程与其他学科教学过程区别开来的根本属性。因此，对于体育教学过程的认识应该从多角度把握，这样体育教学过程的理论才能指导体育教学实践。

一般来讲，我们可以这样理解体育教学过程："体育教学过程是在教师的指导下，学生积极主动地掌握系统的体育和卫生保健知识、技术与技能，增强体质、增进健康、促进身心全面发展的认识与发展过程。"体育教学过程存在于体育实践活动当中，是统一教学体不断实现体育目标的一个过程。这个过程对教师而言是一个有目的、有计划、有组织、有领导地对学生进行教导的过程；

而对于学生来讲，则是一个自觉地、积极地掌握知识、发展能力、增强体质、增进健康、发展身心与接受教育的过程。

总之，体育教学过程是一个系统运行的过程，它由教师与学生共同参与，由确定目标、激发动机、理解内容、进行身体反复练习、反馈调控与评价等环节组成。体育教学过程是特定时空连续运行的过程，同时具有向前运行、阶段性以及层次性的特点。

（二）体育教学过程的基本因素

1. 教学目标

教学目标是指一个教学过程预期所达到的结果。体育教学目标包括社会目标与学生个人目标，前者是教学大纲规定的，而学生个人目标是根据学生具体情况来制定的。社会目标使得一个群体有一个统一的方向和标准，便于各地区、各单位和个人之间进行比较，个人目标是微观的，要更适合学生的实际水平。

2. 教学内容

在教学过程中，教学内容是实现教学目标、完成教学任务的关键因素，教学内容会直接关系到教学过程的最终结果。因此，应该做充分的调查研究，把握好学生的一般情况与特殊情况，讲授学生易于接受的教学内容。组织学生学习，根据教学任务安排好一个教学过程中的理论与技术、机能与素质的内容搭配，使教学过程结束以后能全面完成体育教学任务，从而最终实现体育教学的目标。

3. 人际关系

体育教学中的人际关系包括体育教师与学生之间的关系、学生与学生之间的关系，以及学生体育干部与小组成员之间的关系。在教学过程中，有时还会有场内学生与场外观众、队员与裁判之间的关系等。如果能够形成一个集体，有共同的目标认识并相互协调，就可以取得良好的教学效果。

在体育教学过程中，学生是体育教学的主体，教师具有主导作用。体育小组长对教师具有辅助作用，在一个小集体中起组织作用。教师应该协调好各方面的关系。

4. 教学组织、方法以及教学媒体

教学组织与教学方法是教学过程的重要因素，没有科学的教学组织形式与教学方法，教学过程就不能够实现有序的运行，相应地教学任务也不能够完成。

对于不同的教学对象、教学环境以及教学任务，应该采用不同的教学组织与教学方法。

教学媒体指的是完成教学任务所借助的体育场地、器材以及电化教育等体育教学设施，这些都是教学过程中不可或缺的。

有经验的体育教师常常能够很好地利用各种教学媒体，同时运用语言、示范、纠正错误、保护与帮助等方法完成教学任务。体育教学四种因素的协调运作就是体育教学的发展过程，这些因素在教学过程中互相联系并互相制约，任何一个环节出问题都可能造成整个教学过程的失败。在这些因素当中，体育教师与学生是最为活跃的因素，只有教师和学生一起努力才能够创造出一个生动的体育教学过程。

（三）体育教学过程设计的原则

1. 教师主导性原则

在体育教学中，体育教师是教学信息的传递者。体育教师在体育教学中的主要任务就是讲解，使学生掌握相应的体育知识。

随着现代科学技术在课堂教学中的广泛应用及课堂教学改革的持续深入，教师的作用除了进行信息编码以及讲解内容之外，同时还在课堂教学中发挥着主导作用，从单纯的知识讲解转变为引导学生掌握知识内容。事实上，体育教师的主导作用并不是知识的传授，而应该体现为引导学生自行获取知识与培养能力。

2. 学生主体性原则

学生是教学信息的接受者，同时也是体育课堂教学活动的主体。在体育教学过程中，学生的主体作用主要表现在能够充分发挥学生的学习积极性，让他们有更多的参与机会，同时实现体育教师与学生之间的良好沟通与交流，真正做到动脑、动口、动手，使学生不仅"学会"，而且"会学"，从而让学生由被动地接受知识转变为主动地获取知识。

3. 媒体优化的原则

在对怎样运用体育教学媒体进行设想时，应该考虑到各种媒体的优化组合。教学媒体系统功能的充分发挥是通过多种媒体组合后形成的优化结构最终实现的。

各种体育教学媒体应该"各施所长，互为补充，相辅相成"，从而形成优

化的媒体组合系统。

4. 遵循学生认知规律的原则

一般来讲，学生的认知规律与特点主要是由他们的年龄心理特征决定的。年龄较小的学生知识、经验比较少，感知能力比较差，同时具有很强的依赖性，无意注意占主导地位，以具体形象思维为主。随着他们的逐渐成长，其知识、经验也在不断增加，感知能力不断提升，能够通过一定的意志努力集中注意力参与学习活动，其思维也由具体思维过渡到抽象思维。

在设计体育教学过程中，应该认真遵循这些认知规律，只有这样才能够获得满意的设计效果。

5. 体现体育教学方法的原则

体育教学方法是体育教师与学生为共同实现体育教学目标所采取的方式，它包括体育教师教的行为以及学生学的行为，两者之间是相辅相成的关系。具体来说，应该结合体育学科特点与学习内容、教学目标、学生的特点及选用媒体的特点选择相应的体育教学方法。

六、体育教学计划的制订

我国学校体育课程的改革在不断深入，社会对于学生综合素质的要求也在不断提高，这些都给学校体育教学工作带来了很多新的教学理念与思考。因此，科学合理地编写体育教学计划就成为当前学校体育教学中的热点问题之一。本部分分别从学年体育教学计划、学期体育教学计划、单元体育教学计划、学时体育教学计划四个方面来阐述体育教学计划的制订。

（一）学年体育教学计划

1. 学年体育教学计划的概念

学年体育教学计划指的是以年级为单位，根据体育课程的标准、教材和学生身心发展的特点及规律，以及两个学期的气候条件，将教学大纲规定的年度教学内容分配到各个学期，并确定每学期的考核项目与标准的教学文件。

学年体育教学计划的特点主要包括以下几个方面。

第一，教学计划的制订相对比较宏观。

第二，教学计划主要是依据各年龄阶段学生的身心发展的特点及规律来制订的。

第三，教学计划要求与学年工作紧密配合，与季节有着密切的关系。

2. 学年体育教学计划制订的内容及要求

（1）学年体育教学计划制订的内容

第一，设计教学目标。根据大纲规定的本学年的体育教学目标、教材的特点以及学生身心发展的特点，同时结合学校的场地器材条件等确定本年度的体育教学目标。另外，设计教学目标时还应该考虑到学校年度的各项工作，如军训、夏令营和各种校园体育活动等。

第二，分配教学时数与内容。教学计划中教学时数与内容的分配是否合理，对体育教学工作的开展具有重要的影响。学校全年实际授课的时数是按周数来分配的，在选定体育教学内容后，要根据一定的体育教材排列理论将全年的体育教学内容合理地分配到各个学期中去，并确定各个教材的教学时数。

第三，设计年度考核和评价。根据对全年教学效果的预测制订出年度和各个学期的技能与体能考核方案与标准，并对其进行评价。

第四，提出具体的教学要求。体育教学计划编制完成之后，还应该根据大纲规定的年度体育教学目标，针对体育教学内容的实际情况提出相应的教学要求。

（2）学年体育教学计划制订的要求

第一，系统性。学年体育教学计划与上下学年体育教学计划要有机地衔接在一起，学年体育教学计划的制订需要考虑多方面的因素，如教学目标如何分解、教学内容如何排列、教学时数如何分配等。因此，学年体育教学计划不仅要注意学段中各个年级体育教学计划的关系，还要注意学年内两个学期体育教学计划之间的关系等。由此可见，学年体育教学计划的制订必须具备很强的系统性。

此外，体育教材的安排也要考虑是否具有系统性，如顺序与搭配要由易到难、由简到繁，同时处理好教材的纵横关系。

第二，全面性。在整个学年阶段，体育教材应如何安排，安排什么教材、在哪个学期、出现几次、教材内容之间具有什么样的关系等都应着重加以考虑。另外，在安排两个学期的教材时，要注意不同性质教材之间的搭配，防止同类教材过于集中在某一个学期。

第三，季节性。体育教材内容的选择与安排应该充分考虑到学校所处地区的季节性特征，根据季节情况合理安排相应的体育教材。例如，夏天可安排游泳、野营，冬天可安排滑冰和长跑等。

(二)学期体育教学计划

学期体育教学计划是进行学期体育教学工作的指导性文件,它是学年体育教学计划的深化,要想制订出优秀的学期教学计划,就应该根据年度体育教学计划与该学期的气候条件,合理地选择学期体育教学的内容。

1. 学期体育教学计划制订的概念及特点

学期体育教学计划就是根据学年体育教学计划和本学期的气候条件,将教学大纲所规定的本学期的主要教学内容,按照教学时数组成不同的教学单元,同时制定出单元评价项目的教学文件。一般情况下,学期体育教学计划是由各学校的体育部门和体育教师共同来制订的。

具体来讲,学期体育教学计划的特点主要包括以下两个方面。

第一,学期体育教学计划是教学进度的核心。它是教师编写单元体育教学计划的主要依据,因此,学期体育教学计划安排得是否得当对下一体育教学计划的制订有着直接的影响。

第二,学期体育教学计划具有明显的季节性特征。学期体育教学计划要依据学期所在季节合理地安排体育教学的内容,因此具有明显的季节性特征,与其他教学计划相比,学期体育教学计划因季节的变化会有较大的差异。

2. 学期体育教学计划制订的方法及要求

(1) 学期体育教学计划制订的方法

具体来讲,学期体育教学计划制订的方法主要包括以下内容。

第一,以教学大纲规定的学年教学目标为基本依据,根据体育教学的基本内容和学生的具体实际情况,来确定本学期的体育教学计划。

第二,计算出各项体育教材在该学期出现的次数。

第三,根据体育教学目标以及教材的性质,决定各个教材的单元规模和内容。

第四,将本学期各个教材的出现次数组合成不同规模的单元,可以形成"单一教材单元"和"组合教材单元"。

第五,要考虑本学期季节的因素,将本学期的各主要单元(以技能教学为主)安排在学期的各周之中。

第六,将锻炼性和介绍性体育教材等小单元安排在各个大单元之中。

(2) 学期体育教学计划制订的要求

第一,充分考虑系统性与连贯性。在安排教材的先后顺序时,应该注意选择那些同动作技术有联系的教材，在有联系的旧教材基础上安排新教材。在对技术上互相有干扰的教材进行安排时，应该考虑有一定的间隔时间。

第二，注意本学期的季节性特征。对于季节性较强的教材应该安排在合适的季节进行，从而有利于学生更好地学习技术。

第三，科学安排不同形式的教学单元。根据体育教学的目标，安排不同形式的教学单元。在技能教学单元的基础上，安排必要的发现式学习单元、活动性单元等；另外，还要根据体育教学的目标和标准等，安排"超大单元""大单元""中单元""小单元"以及"超小单元"等规模不同的各种单元。

（三）单元体育教学计划

1. 单元体育教学计划的概念

单元体育教学计划又被称为"单项体育教学计划"，它是根据本学期体育教学计划对各个单元的编制，把各个部分的教学内容按照某种教学模式安排到具体的各个课次的教学文件。单元是体育教学过程的实体，是一个体育教材完整的教学阶段，它最能反映技能"学理"的过程，同时它也是孕育各种有特色的体育教学模式的教学过程，因此要十分重视单元体育教学计划的制订。

2. 单元体育教学计划制订的特点及要求

（1）单元体育教学计划制订的特点

第一，形式与规模的多样化。单元体育教学计划具有形势和规模的多样化特征，这充分体现在单元教学与设计上。因此，单元体育教学计划在形式上和篇幅上都具有多样化的特征。

第二，学理性特点。单元体育教学计划主要依据各个运动项目的特点来制订，因此该计划具有很强的学理性特点，它主要围绕着运动教材和学习原理来设计，不同类型的运动项目可以形成不同类型的体育教学计划方案，这一运动项目也可以形成不同的单元体育教学计划。

（2）单元体育教学计划制订的要求

第一，具备明确的教学指导思想。同一个教材用什么教学思想去指导，就会有不同教学设计和教学计划，也会有不同的教学效果，这样就形成了不同的单元体育教学计划。

第二，认真钻研体育教材。首先，要制订出好的单元体育教学计划，首先就要认真钻研体育教材，把握该教材的技术结构、重点和难点；其次，要把握该教材与学生发展之间的联系；最后，要把握该教材对每次课的分配，每次课

前后的联系、每次课的重点与教材重点之间的联系。

第三，认真设计教学过程。要根据有限的体育教学的时数，精心设计教学过程，使其能发挥出最大的教学效益。要充分利用学校场地器材资源，使学生在有限的教学时间里获得更多的学练机会，提高自己的运动机能水平。

第四，全面掌握学生的情况。全面分析学生的体育基础、体育活动能力、兴趣爱好以及身体素质等情况，做到心中有数、有的放矢。

（四）学时体育教学计划

1. 学时体育教学计划的概念及特点

学时体育教学计划又被称为教案，它是根据单元体育教学计划的整体安排，对某一节课进行教学过程设计的教学文件。学时体育教学计划是教师备课和统筹教学的具体教学方案。

具体来讲，学时体育教学计划的特点主要包括以下几点。

第一，学时体育教学计划是教师最常用的，指导性最强、最全面的教学文件。

第二，学时体育教学计划是用分钟来计算的最为具体的教学文件。

第三，学时体育教学计划是包含内容最多的教学文件。

2. 学时体育教学计划分类

依据体育课的类型，体育课教案可以划分为理论课教案与实践课教案。

（1）理论课教案

理论课教案是体育教学的各方面内容在时间上有序展开过程的书面形式，具有不同的格式。

（2）实践课教案

第一，文字式教案。文字式教案的具体形式为：

①教材内容。

②任务及要求。

③场地器材。

④教学步骤。

⑤生理负荷。

⑥练习密度。

⑦课后小结。

第二，表格式教案。表格式教案是指运用图表的形式将教案的内容合理地分配到每一栏当中，体育教师大都采用这种形式的教案。

第二节　高校体育课程结构设计

一、体育课程结构概念的界定

课程结构是教育工作者经过漫长的教育实践，特别是21世纪以来经过不同学派的课程经验和他们之间的反复论战而逐步发展起来的，因而课程结构属于人为结构。从课程结构的形态看，它包括纵向课程结构和横向课程结构。纵向课程结构由教学计划（课程计划）、教学大纲（课程标准）和教材三个层次组成，即怎样从最宏观的课程目标具体化为最微观的课程形式。而横向课程结构要解决的问题是根据培养目标设置哪些课程，如何设置这些课程，各种内容、各种类型、各种形态的课程的相互结合如何达到整体优化的效应，从而构成横向课程结构的要素即课程类型、课程内容和课程比例等，它们之间存在着同一水平的关联性。笔者对本文的研究主要以横向课程结构为视角，将体育课程结构界定为在体育课程的设计与开发过程中将所有体育教育的课程要素（课程类型、课程内容、课程比例等）和各组成部分组织在一起，并对其相互关系进行处理所形成的课程体系的结构形态。这种形态的形成要按体育课程目标的规定，为达成体育课程目标服务。

二、高校体育课程结构设计的理论取向概况

（一）学科中心的课程结构设计

将有组织的学科内容作为课程结构设计的基本依据，即学科中心的课程结构，这种设计方式长期占据课程结构设计的主导地位。学科中心的课程结构设计的第一个重要特点是对课程内容的组织和选择，强调对学习内容进行合乎逻辑的组织；第二个重要特点是课程计划预先为学生设计好，强调的是学生掌握那些预设需要学习的内容。在这种理论指导下建构的课程结构，比较强调课程的"学科教育"特征，课程实施的模式主要体现为传习式教学，从而造成设计上容易走向僵化，尤其是在促进学生个性发展方面有弊端。

（二）学生中心的课程结构设计

学生中心的课程结构设计是把学生作为设计占主导地位的或唯一的依据。在这种设计中，学生的能力发展、需要、兴趣和已有的经验是课程结构设计的基础。与学科中心的课程结构设计相比，其课程要素之间的关系比较松散，学

习活动通常未经充分组织，课程不能保证提供任何确定的学习范围和顺序。另外，教师处于比较被动的位置，在学生自发学习过程中很难随时满足学生的各种需要，如果完全以学生的兴趣、需要为依据来设计，那么教师这一职业就失去了存在的意义。

（三）社会中心的课程结构设计

社会中心的课程结构设计把社会作为占主导地位的或唯一的依据，设计者把这种设计作为实现他们了解和改进社会的一种途径。社会中心的课程结构设计强调内容的统一性和实用性，更多的是让学生适应社会而不是改进社会。这种设计的缺陷在于课程的范围和顺序没有确切的规定，设计中缺乏有组织的内容，更多针对现实而忽略文化遗产，并且教师很难对这种设计做系统准备，学校的课程材料通常也难以适应这种设计。而课程结构设计的理论取向有助于我们在课程结构设计中减少盲目性，增强课程结构设计的主动性。在借鉴国内外关于课程结构设计的理论取向时，应注意到社会背景的差异，结合我国高校体育课程的实际分析应用有关成果，从而开阔视野，更新观念。

三、高校体育课程结构设计板块

必须把体育课程结构设计的视角从关注学生的当前扩展到关注学生的未来；现有的体育课程结构体系必须重新组织，使之具有足够的灵活性、多样性，以适应学生的选择；体育课程内容的设置必须与中学体育、社会体育等内容相联系，具有整体性和连续性。因此，高校应顺应课程发展的思潮，改革单一的体育课程结构，重新建立一个以"健康第一"为指导思想，以学生发展为本的体育课程结构，并将常规性课程（课内体育教学）、拓展性课程（校内课外体育活动）以及开放性课程（校外体育活动）三部分作为一个整体来考虑，常规性课程侧重于学生的共性教育，拓展性课程侧重于学生的个性教育，开放性课程侧重于学生的适应性教育，从而构筑高校体育课程结构。

（一）常规性课程的设计

1. 增加课的类型

由于目前中小学体育课程改革的力度较大，新的课程标准扩大高中阶段的教学单元，选项课一般以半学期或一学期为一个教学单元。因此，高校体育课程应与高中体育课程相衔接，确保课程内容的连续性、完整性，并逐渐取消或减少现有的基础课。大学一年级体育课程在基础课或选项课的基础上，可逐步对具有一定体育能力的学生开设俱乐部分级教学课或指导课，对身体或心理存在或出现某种疾病或障碍的学生开设体育医疗保健课等。

2. 改进课的开设时间、方式

课的开设时间、方式应趋向灵活机动，有些课可集中与分散相结合，与社会、自然结合。如游泳、水球、救生等水上项目的课可相对集中在夏季；滑雪、滑冰等项目的课可相对集中在冬季；定向运动、野外生存、登山（攀岩）等项目的课可结合休假期、双休日、春假以及暑假、寒假等组织教学。另外，球类教学课可采用三段教学单元，即基本技术教学、基本战术教学、教学比赛。前两个教学单元时间不变动，第三个教学单元可进行平行班的教学比赛或集中在双休日的教学联赛。这种机动灵活的开设方式，一则能充分利用各种设施为教学服务；二则能增加学生多项选择的机会，提高积极性；三则可利用更多的机会让学生接触社会、接触自然，有利于学生终身体育观念的培养。

3. 增加课的实践内容和理论内容

课程内容应根据各校的实际情况及专业特点，增加新的教学内容，加大选择余地，加强课程内容与社会、生活的紧密联系。实践部分应增加娱乐类、休闲类、冒险类、救生类、养生保健类等内容，并融入体育文化、体育美学、体育欣赏等。理论部分应侧重使学生掌握健身原理、心理卫生、健康教育、体育美学和保健学等基本知识，可以采用讲座、体育知识或网上学习的形式等，使学生对体育有更深层次的认识。特别是高年级学生的体育课程应尽量多增加与社会体育相接轨的实践内容和理论内容。

（二）拓展性课程的设计

笔者在本书研究的拓展性课程专指在校园范围内，学生在课余时间里，运用各种身体练习的方法，以发展身体、增强体质、活跃身心、提高运动技术水平和丰富业余文化生活为目的而进行的体育教育活动。课程目标以实践活动、竞赛为主，注重发展学生的个性，培养体育锻炼的习惯。课程的组织形式丰富，包括课外体育俱乐部或协会、假日体育活动、早操、运动队训练、体质健康测试、校运会、学校体育节以及各种课外竞赛活动等。

1. 成立各单项体育俱乐部

开设课外俱乐部活动课。课外俱乐部活动课的开课形式以自主活动、指导课为主。课外俱乐部活动课应根据学校的场馆设施和师资等具体情况统筹安排，

以学生自定目标、自选内容和自主实践活动为主，定位于提高学生的体育实践能力和培养学生体育锻炼的习惯。指导课主要用来帮助学生巩固和运用必修课上所获得的知识、技能，以学生自练为主，以教师指导为辅，使体育教学与辅导从课内延伸到课外，将教与学自然地衔接起来。活动课的时间安排应在双休日、课外时间，每个单项俱乐部安排一两名专业的指导教师，学生可随时得到指导教师的指导，也可采用网上咨询的方式。

2. 组建体育社团

高校的体育社团是由各活动项目负责人组织管理、自由参加的大众性的体育团体。一般由学生会、团委出面发起组织，得到学校体育部的支持和指导，注册成立自由体育协会，并允许他们免费或交少许费用即可使用学校的场地设施。大都以单项体育协会的形式出现，如乒乓球协会、篮球协会、游泳协会、网球协会、健美协会等。学生根据协会章程，自愿报名参加，缴纳一定的会费，民主选举管理人员，实行会员制的自我管理。

3. 丰富课外的体育竞赛活动

第一，校体委直属竞赛活动。以学校体委牵头的重大赛事，具体由各学院（系）、团委、学生会、体育部协助进行的院（系）际的竞赛活动。如校运动会、体育节、学校传统体育项目的比赛等。

第二，院（系）际的竞赛活动。由各院（系）组织的班际竞赛活动及班级组织的各类竞赛活动，如各类小型的、游戏型的、趣味型的竞赛活动，可采取师生同队、男女同队。其目的是吸引更多的学生、教师参加此类活动，以竞赛促锻炼。

第三，校园或宿舍楼际的竞赛活动。由学工部、团委等组织的各校园或宿舍楼之间的各项竞赛活动。如体育知识竞赛、辩论演讲比赛、棋类、桥牌、体育摄影、体育征文等智力性的竞赛活动。

第四，宿舍楼层际的竞赛活动。由各楼层的学生体育骨干牵头组织的各项小型的趣味性浓厚的竞赛活动。如不同项目的"擂台赛""对抗赛""邀请赛"（拔河、三人制篮球赛、各种花样跳绳比赛）等。

4. 开设课外兴趣指导课

由体育部开设的各项体育锻炼指导课，指定有经验的教师指导各个项目的实践学习。在学生自愿报名的基础上开设科目，并且以教学以外的一些技术和技能项目，实施有偿与无偿相结合的教学。如健美操、跆拳道、散打、游泳、体育舞蹈、裁判等级学习等内容采取有偿教学,而以提高身体素质以及参加各种娱乐活动为主的则不收费。

5. 组建校运动代表队

通过组建校运动代表队,把那些运动技术上具有一定水平并取得优秀成绩的学生选拔出来,组成单项代表队(或单项俱乐部队),进行系统的训练。

6. 成立体质健康测评中心

一、二年级学生的体质健康评定由任课教师负责,三、四年级学生的体质健康评定可采用阶段管理的办法进行。首先由院系发动宣传并组织学生参与课外体育锻炼;其次是体育部集中安排测评时间,集中教师进行一段时间的辅导、测试;最后是因特殊情况没能按时参加测试或测试不合格者,由院系教师或体育教师个别进行辅导并测试。也可成立学校测试中心,利用周末或课外时间集中测试。这样的运行体系,使体质健康评定有人抓,有人管,保证了体质健康评定工作有序进行。

(三)开放性课程的设计

笔者在本文研究的校外体育活动是指社区体育活动中心、社会体育俱乐部、野外体育活动场所等由学校体育活动机构对学生进行的多种多样的、有目的、有计划、有组织的体育活动。课程目标以实践活动、欣赏、感受为主,旨在提高体育能力,并完善体育知识。课程组织形式包括野外体育活动、体育旅游、校外体育俱乐部、冬令营、夏令营、体育观摩交流等。

第三节 高校体育课程设计的方法研究

正如社会的急剧发展带给学校教育的深刻反思一样,当今的高校体育课程应当更加关注大学生体育学习的可持续发展,使他们在现实体育生活的体验与感悟中激发起对体育生活的主动探寻。为此,高校体育课程以提升大学生体育学习力、促进体育学习活动融入日常生活为核心目标,且目标达成依赖于多种有计划、途径下的体育文化传递与熏陶以及大学生自身的运动体验。

课程设计是对课程未进入实施阶段前的存在形态的设计,它主要包括课程目标的确立、课程内容的选择、课程结构的规划以及学习方式的安排与建议。高校体育课程设计是高校体育课程基本理论向实践转化的中介与桥梁,其意义

不仅仅在于探讨课程的理论观念，更在于为高校体育课程实践提供有形的方式。为了进一步丰富高校体育课程理论，笔者在本文中拟从价值取向的确立、设计路线的论证以及设计原则的制定三个方面对高校体育课程设计的方法进行探究，以便为高校体育课程模式的多元化发展提供参考。

一、价值取向的确立

（一）价值取向的回顾与前瞻

课程设计的价值取向是指在课程设计过程中制约课程设计活动的价值准则。它是课程设计的核心，是理论层面的方法论，也规范着课程目标的性质以及内容选择的范围和领域。课程设计者的观念和立场不同，将直接通过价值取向反映在不同的目标、内容、结构以及学习方式等具体的设计结果上。进行高校体育课程设计研究，必须首先明确课程的价值取向，否则就有可能陷入盲目之中，导致研究结果的模糊与混乱。受体育"手段论"和体育"目的论"的影响，体育课程的价值取向也存在着分歧。手段论价值观强调体育学科的自身知识逻辑，重视体育知识和技能的培养，重视运动中的合理负荷，强调规范的课堂教学。而目的论价值观，则把学生进行体育运动获得的满足作为价值取向，重视学生的体育兴趣、情感、态度、价值观的培养，反对程序化和模式化的课堂教学，提倡学生的主体性发挥，课程与教学的组织结构形式也较为灵活。可见，不同的体育课程价值取向，将形成不同的体育课程培养模式，学生因体育课程而获得的能力与效果也将出现不同的特征。随着时代的发展，现代课程的基本理念呈现出新的特点。现代课程设计要解决的核心问题是发展学生个性的问题，促进学生个性自主和谐地发展是现代课程应有的最大价值。科学与人文相结合、社会需要与学生需要相统一，是当代课程设计价值取向的基本趋势。

（二）体育文化与生活取向的考证

科学主义支配下的课程价值取向，强调学科本身逻辑体系的科学作用。人本主义支配下的课程价值取向，强调学生情感、意志、价值观的培养。受这两种价值取向的影响，体育课程的价值取向也可以划分为科学主义体育课程价值取向和人本主义体育课程价值取向。前者突出知识与技能、技术与方法、负荷与原理、体质与健身；后者强调兴趣与情感、精神与理想、体验与感悟、人格与个性。受科学主义教育与人本主义教育走向融合的影响，体育课程设计的价值取向也应当从体育的科学价值和体育的人文价值中探求新的统一。高校体育课程力求培养大学生的体育学习力,并且使他们能够具备终身体育学习的动力和能力。它同时关注体育的科学文化价值和体育的人文文化价值,因此,学习活动过程应强调体育文化价值取向。通过体育课程的培养,力求大学生具备较高水平的体育文化素养,能够从体育的知识技能、过程方法以及情感、态度和价值观的学习活动过程中取得身心的良好变化与和谐发展。由此看来,体育文化价值取向融合了体育的科学价值和体育的人文价值。同时,当今高校体育课程更加关注大学生的健康生活方式,重视大学生的主体性发展,关心其精神需求。在体育学习活动过程中,大学生能够享受活动参与所带来的乐趣、体验努力坚持所收获的成功、理解交往合作所产生的意义、领悟探究创新所拥有的审美。这种以生活着的方式所进行的体育学习和在体育学习过程中所拥有的生活体验,促进了大学生的全面发展。可以说,高校体育课程不能缺少生活的价值取向。为此,高校体育课程设计的价值取向应当是体育文化与生活,这不仅显示出培养社会所需要的高素质全面发展的人才要求,同时也反映出大学生主体性发展、个性丰满、人格健全、体验人生和超越自我的自身需求。

二、体育课程设计路线的论证

(一)体育课程路线的设计

体育课程的路线设计是指课程设计基本思路的逻辑展开,不同的路线设计体现出不同的价值取向。当今最具有影响力的是目标模式课程设计和过程模式课程设计。目标模式课程设计将明确而具体的行为目标作为课程设计的中心,具有逻辑的严密性和系统性以及操作的简便性和实用性等特点。过程模式课程设计主张课程设计应当详细说明所要学习的内容以及所要采取的方法,提倡对目标采取灵活的态度,强调学生主动参与学习活动,注重自己发现、自行探究的学习过程。应当说,目标模式的设计路线有其值得参考的地方。因为在确立目标的过程中是以考虑社会需要、学生需要和学科功能为基础而进行的。在目标模式课程设计的思维视野里,让学生系统、高效地掌握体育的知识、技能与方法,并通过学习活动以促进其身心健康,这也是高校体育课程所引导和培养学生的一项重要任务。但是,正如过程模式所反对的一样,目标模式以严密的行为目标来统领整个体育课程设计,将会容易导致忽视学生的主体性发挥,容易忽视体育学习活动过程中学生的能动性和创造性,从而使体育课程失去灵性和生机。为此,在体育课程设计中应当兼顾目标模式和过程模式设计路线的优点,以目标作为课程设计的开端。不仅重视行为目标的作用意义,而且同样关

注过程性目标和表现性目标的设计表述,由此来展开课程内容、课程结构以及学习方式的设计,并充分考虑学生的主体能动性、创造性的发展以及个性的发挥。

(二)体育课程设计的逻辑起点

进行高校体育课程设计,不仅需要考虑社会对未来人才的需求特征,同时还要重视对大学生主体性发挥的积极关注。为此,高校体育课程设计的逻辑起点应当是提升大学生的体育学习力。这就要求体育学习力中必然蕴含着科学文化要素和人文文化要素,必然凝结着个体适应社会发展要求的特征和个体对体育学习过程本身的需求特征。对于大学生的体育学习来说,不仅是一个体育知识、技能和方法的获得与掌握过程,也是一个运动体验的过程,同时还是体育情感、体育态度和体育价值观朝着积极方向发展变化的过程。因此,体育学习力是个体进行体育学习所拥有的风格魅力,它具体体现为学习的动力与能力。体育学习风格是体育学习动力与能力集中在个体身上的一种持久稳定的、带有个性特征的学习方式,形成体育学习风格是个体具备体育学习力的标志,而凝结在体育学习风格中的则是来自体育科学素养和体育人文素养的积累与沉淀。可见,体育学习力凝结着浓郁的个性色彩,是个体在体育学习过程中主动性学习、策略性学习和创新性学习的结果。课程设计的逻辑起点从提升大学生的体育学习力着手,本身就包含着体育科学文化培养的要素和体育人文文化弘扬的要素。这一逻辑起点,从一开始就融合了目标模式课程设计和过程模式课程设计的优势因素,使大学生体育学习的动力和能力在个性发展的轨道上有指导地进行。

(三)体育课程设计的逻辑展开

高校体育课程设计以提升大学生的体育学习力为逻辑起点,为设计路线贯穿了一条明晰的主线,即围绕着提升大学生的体育学习力以形成具有个性特征的体育学习风格而展开后续的具体设计。因此,为落实传承文化和体验生活的价值取向,就需要通过蕴含科学性和人文性的课程内容、突出社会化和生活化的课程结构以及关注经验与体验的学习方式等具体设计的进一步展开而实现。

蕴含科学性和人文性的课程内容是指选择的教育素材应具有丰富的科学价值作用和人文价值作用。考虑到体育课程设计旨在提升大学生体育学习动力和能力的要求,就需要通过研究把它们选择整理出来,这正是课程设计逻辑展开的第一步需要面对的问题。接着就是这些课程内容在怎样的组织结构形式中存在并发挥作用的问题，这就需要贯彻突出社会化和生活化的课程结构设计。前者要求学科课程、活动课程与隐性课程的有机统一，要求多种组织形式的共同影响与协调配合；后者要求健身、竞技、休闲等教育素材在各种组织形式中的合理安排，这是课程设计逻辑展开中需要重点探讨的关键。

最后，需要把课程中的学习方式给予明确的说明，这是课程设计走向课程实施的桥梁。围绕着传承文化和体验生活这一逻辑展开的核心主题，本文提出关注经验与体验的学习方式。关注经验，就是重视大学生体育学习活动的知识、技能与方法。关注体验，就是重视大学生体育学习活动的内心感受、反应、联想与领悟，关注大学生在体育人文文化熏陶中的培养与发展，它是生活化学习方式的根本体现。因此对关注经验与体验的学习方式的建议，是课程设计走向实践的具体方法操作指南。上述关于以传承文化和体验生活为实体的课程设计逻辑展开，更加突出了过程培养的设计意义，从而使课程的目标与过程有机地联系在一起。

三、体育课程设计的原则

（一）突出鲜明的设计理念

高校体育课程设计的理念一方面必须依据社会、学生和体育学科自身发展的需求，另一方面也要结合学校所在地区和所属学校种类的现实背景和客观条件。高校体育课程设计理念由它自身的价值取向所决定，是体育课程设计的具体化。就时代背景和教育背景看，为了有效引导大学生进行体育学习活动，就必须在课程目标、课程内容、课程结构的设计上，体现并贯穿"健康观""文化观"和"生活观"的鲜明理念。

（二）确立多维性的设计目标

高校体育课程在目标设计上应当兼顾社会需求与学生需求的和谐统一。社会需求主要表现在需要能够在社会中健康生活和发展的毕业生，而学生需求是希望通过体育课程的学习实现个人的愿望与理想，体会和享受学习中的精彩与快乐。所以说，在确定体育课程设计目标时，既要重视体育文化的不断传承，又要考虑学习过程的主观感受；既要遵循体育课程的科学逻辑性与某些整体性目标的相互融合，又要体现学生的多样化需求和体育课程的特殊人文教育功效。这种多维的设计目标具体表现在：从层次上看应具有基础目标和发展目标；从形式上看，应具有行为目标和过程目标；从内容上看应具有动力目标和能力目标。

(三) 注重功能性的设计内容

体育学习内容多种多样，选择体育学习内容应当反映高校体育课程所期望的内在价值以及所蕴含的科学性和人文性。尽管从理论上来分析，单个项目在作用上具有多元化价值，但在实际操作中，单个项目的多元化价值却难以发挥，由此出现了部分选项课教学未能达到促进大学生心理健康的目标。因此，高校体育课程在设计内容上应该从项目功能上进行分类设置，诸如休闲类、健身类、竞技类、野外拓展类等。在此基础上构建具有各自优势功能的项目板块，从而建立起具有互补效应的多功能的内容体系。

(四) 创建系统性的设计结构

在进行高校体育课程设计时要注意发挥出课程设计的整体优势，系统性设计的实质核心是确保课程结构各要素的完整性及形成相互之间的有机联系。课程设计结构的要素，从宏观来看需要考虑显性课程与隐性课程；从种类来看需要考虑学科课程与活动课程、必修课程与选修课程、正式课程与非正式课程；从学习活动的组织形式看需要考虑体育课教学、体育俱乐部、体育协会、专题讲座与讨论、校园体育网络、社会体育交流、业余训练与竞赛等，课程设计的重点和难点就是把这些要素整合起来以发挥出系统的最优化效应。北京大学的"完全开放式"、清华大学的"三自主分层教学"、湖南城建职业技术学院的"俱乐部教学模式"、长城旅游学院的"定向拓展、成套组合"以及福建师范大学的"主、副项制"等，这些体育课程模式说明，由于学校所在地区和所属学校种类的现实背景和客观条件不尽相同，导致课程结构诸要素的安排与组合不同，使课程结构设计具有很大的灵活性，这也是体育课程模式多样化的主要原因。为此，高校体育课程需要依据课程理念目标，结合地区或学校的条件背景，对课程结构中的诸要素进行有机组合，建立系统性的设计结构，以实现特定的功能。

(五) 体现生活性的学习方式

探讨体育课程设计中的学习方式，目的是使大学生运用最有效的学习活动的组织形式去感知、理解、体验和享受学习内容，从而获得知识并理解其中的科学价值和人文价值。因此，学习方式要体现出生活性的设计原则，使高校体育学习走向生活化。生活化的体育学习，并不只是从事自己所喜爱的体育项目，而是在学习过程中有观察与模仿、有接受与尝试、有交往与合作、有体验与探究、有突破与创新。生活性学习方式不仅体现在大学生的现实体育生活里，也体现在大学生的可能体育生活中。现实体育生活是多彩生活的直接体现,关注的是体育学习过程中的真实情感;而可能体育生活则是通过体育学习活动获得更有价值和意义的新的体育生活方式,是超越现实体育生活、追求价值与意义的体育学习活动。引导大学生探寻未来体育生活的价值,促进其主动与自主学习是高校努力的方向。

第四章　高校体育教师培养及体育资源的开发与优化配置

第一节　高校体育教师的素质现状及改进建议

高校体育是高校教育的重要组成部分，是实施素质教育、提高人才培养质量的重要手段，对提高大学生的多元化素质具有特殊作用。而作为担当重任的育人教师，高校体育教师任重道远。提高高校体育教师的自身素质，是实施体育教学改革的最根本保证。

一、高校体育教师素质现状分析

1. 学历偏低

在学历职称结构上，多数教师还处于本科层次，硕士研究生相对较少，体育博士研究生也就更稀罕，具有高级职称的教师数量也较少，即便有些单位部门的教授与副教授相对多一些，但学历和职称含金量都不是很高。虽然近几年通过多种途径加强了对体育教师的培养，但和其他学科相比，现在高校体育教师的学历职称仍处于相对落后状态。

2. 知识结构不够合理

据调查显示，多数体育教师对专业掌握较为熟练；对体育原理等掌握不够牢固和全面；对教育科学、文化科学基础知识如教育学、心理学、学科教学论和现代教育技术的掌握比较贫乏；对一些相关学科、边缘学科的掌握和运用能力不够理想。因此，当前高校体育教师应努力完善自身的知识结构。

3. 教学及科研能力不强

高校体育教师一般认为自己只是一门公共课的教师，只要教好自己的课就可以了，不像专业教师要求高、学术性强。所以很多教师只做平淡的教书匠，教学方法老套，知识体系陈旧，没有把关键因子——科学研究提到较高的位置上来，始终感觉搞科研实在太累，致使真正出现在体育领域的具有高质量的科研成果并不多，这不利于体育学科的发展。

4. 运用现代教育技术手段不够

多数高校体育课程都是在室外进行的，这就决定了高校体育教学中运用现代教育技术手段的机会比较少。但是，这并不能作为高校体育教师不去掌握现代教育技术的理由。高校体育课程也会有室内课，如何上好这些课程是值得教师思考的一个问题，是墨守成规、照本宣科，还是运用各种技术手段使得课堂生动。由于多数高校体育教师对计算机网络、多媒体等知识的掌握不够熟练，在高校体育教学的课堂上诸如计算机网络、多媒体、数码摄影、录像与放音等电化教学手段运用率普遍偏低。因此当前高校体育教师对现代教育技术知识的掌握和运用有待提高。

二、高校体育教师需具备的基本素质

1. 思想素质

要培养全面的人才，要求教育者具有较高的思想素质。因此，体育职能部门，即体育教学部、体育研究室应全面落实《中华人民共和国教育法》《中华人民共和国教师法》的有关规定，通过增强教师的敬业精神，塑造普通高校体育教师的师德风范；把师德建设纳入规范化、制度化的轨道，提高普通高校体育教师的育人水平，进一步形成正确的教育观和教育方针；建设一支"政治坚定、思想过硬、知识渊博、业务素质优良、品德高尚、精于教书、勤于育人的体育教师队伍"。

2. 文化素质

高校体育教师的文化素质的高低，直接影响到一个教师的教学水平和教学质量。因此，作为高校体育教师，除了必须受过高等教育，还要不断更新、发展、丰富自己的知识结构。同时，借助新的教学技术和手段武装、充实、发展自己，从而提高体育教学质量。此外，高校体育教师还必须开展教学研究，其目的是活跃思想，拓展思路，转变观念，更新知识，提高教法，强化和深化自身的教学个性，以提高自身的文化修养。

3. 身体素质

身体素质一般指速度、力量、耐力、灵敏、柔韧、平衡、协调性等。一位高校体育教师应该有良好的身体素质，只有这样才能在正常的教学中，以良好的示范动作，给学生留下一个正确的动作概念，从而影响学生的审美情趣。因为21世纪的现代大学生，不仅满足于增强体质，同时也要求从教师的动作示范中得到艺术上的享受。身体素质是思想素质和文化素质的物质基础。毛泽东同志曾用唯物主义观点阐明了"体者，载知识之车而寓道德之舍也"。只有拥有健康的体魄、良好的身体素质，才能在不断变化的信息时代占有一席之地。

4. 业务素质

学识的多少与教学能力的强弱不一定成正比。知识渊博的人不一定是理想的教师。捷克教育家夸美纽斯说过："教师的职责是用自己的榜样教育学生。"体育教师有更多的机会与学生接触，教师不仅要讲解动作的要领与做法，还要示范、组织并参与学生的活动。体育教师的品德修养、治学精神、生存观点对学生也起着示范作用。这就要求体育教师必须不断地提高自己的职业道德修养水平，热爱本职工作，立志为高校体育事业努力奋斗。

5. 心理素质

体育教师心理素质的好坏，也可以影响学生。因此，作为体育教师要有较强的心理素质。体育教学不同于其他专业教学，它不仅要在语言上教，还必须有正确、美观的动作示范。另外，绝大多数高校的体育教学在室外场地进行，教师与学生的直接接触较多，教师良好的心理素质可以正面引导学生；反之，脆弱的心理素质可导致学生学习中出现畏惧情绪，从而影响教学质量。21世纪是一个充满竞争的时代，适者生存，劣者淘汰。因此，跨世纪的人才必须具备良好的心理素质，能承受挫折和失败的考验，勇于接受挑战，乐于接纳新事物，能够在短时期内适应环境的变化。然而，心理素质培养是一个长期的自我教育、自我改造、自我锻炼、自我斗争、自我提高的过程。高校体育教师只有具备良好的心理素质，才能担当起教书育人的重任。

三、提高高校体育教师素质的几点建议

第一，针对高校体育教师普遍学历偏低的现状，鼓励教师进修，或是开设相应的人才培养机构对高校体育教师进行针对性的培训，以提升个人的学历水平。

第二，针对教师知识结构单一的现状，注重丰富教师的知识和能力结构，应该克服教师在教学过程中注重技术实践，忽视专业基础理论、相关教育理论、相关操作知识以及一些相关边缘学科知识的学习。否则教师就不可能形成合理的知识结构，不能很好地认识客观规律，难以用理论指导实践。当然知识只有通过实践的系统化才能形成能力。为了适应当前社会的发展和高校教育改革，高校体育教师要通过自学、在职培训、短训、进修、观摩、经验交流会和各种科学论文报告会等多途径、多渠道进行再学习，以大力完善高校体育教师的知识结构与能力结构，从而为提高高校体育教师的业务素质奠定坚实的基础。

第三，作为体育教学的特色，教师起码要做到身体力行，会讲会教会做。由于当前高校大量扩招，学生人数增加较快而使体育教师的课时工作量加大，如果把课后的校内体育活动和校际的体育活动包括在内，那么体育教师的身心负荷就更大，因此，教师如果没有良好的身体素质作保障就很难圆满完成任务。再者，在教学中轻松优美的动作示范及精力旺盛的教态等都需要有过硬的身体素质。为了延续运动寿命，终生奋斗在教学第一线更需要有扎实的身体素质。由此可见，良好的身体素质是一个体育教师搞好体育工作的基本保证。具备良好的身体素质、过硬的基本技术和技能、一专多能的业务能力的体育教师，是最受学生喜欢的体育教师，同时也最能发挥体育教师的聪明才智，树立体育教师在学生心目中的形象和威信。因此，高校体育教师应该加强身体素质和过硬的基本技术和技能的巩固与提高。此外，高校体育教师应加强师德师风建设，树立既教书又育人的思想。体育教师应该是一个具有开阔的心胸、远大的理想、高尚的师德师风、知识渊博、业有专精、富有创造精神和开拓能力的人。

第二节　高校体育场馆无形资产的开发与利用

随着教育社会化和产业化的发展，高等教育也迈入市场经济的领域，高校体育场馆作为高校资产的重要部分，也逐步向产业化方向发展。而体育场馆的多元化运营与管理，已成为当前高校体育设施的热点问题之一。

一、高校体育场馆开放现状

（一）高校体育场馆的开发现状

通过调查发现，我国高校体育场馆无形资产（品牌的开发、社会化开放、竞赛表演市场的开发等）开发存在着明显的不足，95%的高校都是空白，这主要是因为场馆资源不足,高校体育场馆主要用于教学,基本无法保证高校师生的课外体育活动,更无法满足市民的体育锻炼需求。

(二)高校体育场馆存在的问题

第一,利用低。高校中的许多体育场馆是国家投资修建的,其目的就是给体育教学、运动队训练和比赛、课外体育活动等提供必要条件,是一项福利性设施。高校体育场馆的开发利用,一定要在保证以上功能的顺利完成情况之下,利用场馆及教职工空闲时间才能进行。因此在接待社会团体和个人进行体育消费时,会因为时间上的冲突而造成一定的矛盾。

第二,资金不足。各高校均存在不同程度的体育场地设施缺口、器材旧、资金不足等现象。特别是扩招和一些新校区的建设,使一些高校负债累累,导致在体育场馆建设投资上捉襟见肘。

第三,管理薄弱。高校体育场馆在产业化运作的组织管理上还比较薄弱,如体育场馆有偿服务活动与高校的有关规章制度的配套、衔接,以及教育部门与高校有关领导、部门间的协调关系需进一步加强,与高校体育工作诸多环节的配套工作还需理顺。

第四,无形资产产业化开发不够。通过对全国32所高校体育场馆的调查来看,高校体育场馆无形资产走产业化开发是完全可行的,但也存在一些问题。首先,政策还有待完善,我国在高校体育场馆方面虽然制定了不少政策,但在有关高校体育场馆的政策法规方面过多地重视了规划、建设,未充分认识到对现有高校体育场馆进行无形资产产业化开发的重要性。其次,高校开展产业化经营和有偿服务的面不宽,还没有形成多渠道、多形式、多层次的服务网络,高校体育场馆、设施及教师优势还远远没有得到发挥。大部分高校的体育场馆设施多以教学、训练为主,基本上不对外开放。

二、高校体育场馆实现产业化经营的对策

(一)充分利用高校体育场馆

现行高校体育场馆使用率不高,大多数高校的体育场馆闲置严重,同时还存在随意挪用和侵占体育场馆等不合理的现象,最终使体育场馆陷入经营困境,以致成为一个庞大的废弃物,造成较大的资产流失和经济损失。体育场馆产业化经营的好处就在于可以尽可能有效地利用各种资源,物尽其用,这才是体育场馆健康可持续发展的正确道路。

（二）完善管理结构和手段

大多数高校体育场馆由于缺乏相应的经营管理人才，缺乏先进的科学管理手段，使体育场馆产业化的经营管理停留在较原始的状态。而缺乏经营管理人才是制约体育场馆管理水平提高的重要因素，也直接影响体育场馆的经营绩效。实行体育场馆产业化经营将会是一个很好的选择，它不仅是对于实物资源的整合，同样也为人力资源的相互交流提供了一个合作的平台。通过对体育场馆进行产业化经营，经营管理人才之间相互学习，在一定程度上进行流动，有助于提高和调整经营管理人员的结构和水平，最终提高体育场馆的经营绩效。

（三）高度重视体育场馆的安全

安全问题已成为全球体育场馆经营过程中的首要工作。当体育场馆举办大型竞赛和活动时，人群蜂拥而至，加上媒体的推波助澜，体育场馆更是公众注目的焦点。历史上国内外体育场馆内发生众多流血伤亡事件仍记忆犹新。因此，必须采取切实有效的管理措施，随时防范各种突发事件的发生，以确保体育场馆运营过程中的安全。

（四）以市场为导向，不断适应和满足市场的需求

高校体育场馆产业化经营过程中必须随时对市场的变化以及学生和市民的消费动机、消费行为和消费心理进行研究和预测，明确市场定位，以不断满足他们日益高涨的体育需求。

（五）突出品牌，兼顾综合经营

高校体育场馆产业化经营应以创建自己的品牌作为奋斗方向，这已成为现代体育场馆经营者的共识。同时注重各类体育商品服务的综合经营，并不断开发新的体育商品服务，以满足消费者的多种需求。此外，高校还应设法以体育场馆作为营销平台，在推销体育商品的同时，尽量延伸体育场馆与其他市场热点产业的合作，如举办演唱会、大型人才招聘和咨询会等，以提高体育场馆的使用效率。

（六）经营计划的制订必须以市场调研和预测为前提

要制订切实有效的体育场馆经营计划，明确经营的眼前和长远目标、经营的内容和策略、资源配置、目标顾客等，必须认认真真进行市场调研和市场预测，细致地了解高校内部的体育需求和外部周边环境的变化及对体育场馆无形资产产业化经营的影响，在此基础上制订的场馆经营计划才既有针对性和前瞻性，

又有可行性和实效性。

（七）坚决树立"效益第一"的观念

改变以往大学体育场馆只讲投入、不计产出的做法。高校体育场馆无形资产产业化经营如能成功，将为创建当地经济新的亮点和品牌作贡献。高校体育产业是近年来新兴的产业，有较大的市场和广阔的发展前景。体育和经济挂钩，不仅会实现高校体育资源的最大化利用，还会为高校创造可观的经济效益。

三、影响高校体育场馆产业化经营效益的因素

（一）高校位置与规模对产业化经营效益的影响

通过对全国32所普通高校体育场馆的调查得知，其产业化经营效果的好坏与高校规模以及地理位置有显著的关系。高校规模越小，效益越差，反之，效益越好；地理位置位于市中心的高校效益较好，反之较差。规模大的院校在场馆条件和资金投入方面有较大优势，其场馆资源条件更为优越，为场馆经营打下良好的硬件基础。

（二）经营思想对产业化经营效益的影响

通过对全国32所普通高校体育场馆调查得知，对体育设施实行单纯的行政管理，是我国体育设施使用率低、严重亏损的重要原因。因此为正确处理体育设施服务中的各种物质利益关系，调动职工的积极性，在采用行政管理手段的同时，必须采用一定的经济手段。

第一，制定价格战略。高校场馆开放的价格一般有三种情况：一是校内校外统一价格；二是校内外两种价格，校内有优惠；三是校内外三种价格，校内学生享受更优惠的待遇。调查表明，采用第三种价格的效益较好。

第二，运用经营手段。要经营好体育场馆，应采用适当的宣传方式，以扩大影响，吸引更多的体育消费者，营销方式已是目前商界普遍适用的一种有效手段。"市场营销观念的表现，最主要的是以顾客为中心，创造、产出和递送顾客所需要和认为有价值的产品，并且这些产品的条件和价格比竞争对手更具有吸引力。"调查发现，营销手段能带来很好的效益，采用营销手段的高校比无营销手段的高校产业化经营效益显著。

第三节 高校体育经费保障机制

一、高校体育经费保障的途径

目前我国高校体育经费的来源有高校财政拨款、与其他单位合作得到经费、自筹资金几种途径。调查统计显示,完全由高校财政拨款来保障体育经费的高校达 66.73%,有 26.01% 的高校在高校财政拨款外通过自筹获得一定的资金作经费补充,仅有 7.26% 的高校靠高校财政拨款和与其他单位合作得到少量经费。由此可以看出,财政保障是当前我国高校体育经费保障的主要途径。除个别有条件的高校外,一般高校财政划拨的体育经费每年 15 万元左右,而这有限的体育经费既要保证正常高校体育教学和群众体育工作的开展,又要用于开展课余体育训练。可见,经费保障途径的相对单一在一定程度上造成了高校体育经费紧张的状况。

(一)我国高校体育经费保障机制存在的主要问题

虽然已进入社会主义市场经济时代,但由于几十年的计划经济模式和体制的影响,行政指令性管理在我国教育运行中仍发挥着主导作用。缺乏激励、竞争等机制,造成高校体育经费的保障机制沿用的仍是计划经济体制下的模式。高校体育经费过度依赖财政保障,高校很少积极主动地借助于市场化的运作和社会的支持进行自我补给。市场经济要求的经济性、竞争性、创造性、灵活性在当前高校体育经费保障机制中还没有充分体现,非常不适应经济社会发展的要求。

1. 以财政保障为主,资金缺口较大

从当前我国高校体育经费保障的途径可以看出,经费保障途径相对单一,以财政保障为主、以自我补给保障为辅,财政承担了保障经费的主要责任。应该说财政保障对于保证高校体育经费的来源及稳定增长,对于政府部门有计划地统一和集中使用体育资金,加快高校体育事业的发展具有非常重要的作用。但财政保障投入资金有一定的计划性,所需经费是由财政预算保障的,而且受国家经济发展水平的制约,教育的预算经费也是有限的,不可能随心所欲地拿出巨大的资金投入高校体育这一项工作中来。因此,在经费保障途径比较单一的情况下,就造成了资金缺口较大的局面。

2. 体育资源经营不善，经费难形成增量

当越来越多的人对体育产生兴趣时，高校体育部门应认真考虑以开发丰富的体育资源筹集资金的可行性，为经费自我补给开辟一条重要途径。目前，高校体育在社会主义市场经济条件下作为准公共产品，确保其公益属性的同时，应有的产业属性并未得到很好体现。不少可以引用市场机制进行企业化运作的体育资源，因收益微薄或者根本无收益，再加上高校对开发体育资源并不重视，体育部门缺乏开展市场性经营的内在冲动，而陷入经营不善的尴尬境地，使我们在经费保障不足的同时还存在着大量的体育存量资源整体浪费、利用效率和效益不高等问题。从当前我国高校体育资源经营的情况来看，其基本形式也就是体育场馆设施开放，被动接纳周边社会单位、团体人士和校内外学生参与体育锻炼，适当收取一定的费用。这种被动等待的经营方式显然缺乏自我补给的内在动力和活力，并不能有效激发人们参与体育健身娱乐活动的积极性和主动性，难以培养出稳定的体育消费群体，从而进一步促进体育消费的繁荣，也就不能逐步提高收益率、盘活存量，使经费形成增量。

3. 赛事未有效开发，获取经费甚微

大量成功的体育赛事案例说明，充分挖掘赛事的市场潜力，不仅可以解决筹办赛事的全部费用，还能成为体育组织经费的重要来源。但我们也应该清楚地看到，企业（含个人）参与投融资活动是以市场的动态变化为投资取向的，投资动机是追求投资回报，实现企业经济活动投入产出的良性循环。企业投资的动机要求体育竞赛活动应为企业的合理利润追求创造良好的经营环境，否则，企业介入投融资活动的可能性就很小；同时，虽然随着居民收入水平的不断提高和消费结构的不断变化，人们对竞赛活动的观赏需求将进一步提高，消费者群体也会越来越大，但是如果赛事产品质量得不到保证，顾客花了钱而需求得不到满足，这种潜在的增长趋势也就难以变为现实。现阶段，我国大学生体育竞赛水平较低，观赏价值不高，竞赛不系统，比赛少，也没有充分与媒体合作对赛事进行包装和宣传，导致社会影响力低，关注程度低，目标市场规模小，不利于企业实现提高公众对其产品的意识、塑造产品形象和企业形象、促进销售、提高市场地位和获得竞争优势等目标，同时也缺乏投融资中介服务机构参与赛事营销策划和运作，造成赛事不能有效地开发，也就不能从出售媒体报道权、门票、商品、特许和赞助等方法中获取更多的经费。

（二）推动高校体育经费保障机制建设

当前我国高校体育发展所需经费除积极争取财政保障外，缺口还要各高校体育部门自己解决。因此，在完善高校体育经费财政保障增长机制的同时，还必须努力构建高校宏观政策调控和发挥市场对高校体育经费的配置作用相结合的高校体育经费自我补给保障机制。这种自我补给保障机制既能克服过多的高校行政干预或过度的市场化带来的弊病，又能使高校宏观政策调控和市场机制的作用得以充分发挥，从而促进自我补给活动的良性发展。通过规划、引导和政策支持，建立较完善的高校体育经费自我补给保障的激励、约束和竞争等机制，以制度进行有效合理的宏观调控，进一步调动校内外各方面的积极性，规范自我补给活动的市场行为，处理好为高校服务与为社会服务的关系，兼顾社会效益与经济效益，促进自我补给活动与市场结合的进一步活跃，从而实现充分利用市场手段促进高校体育经费的自我补给。自我补给保障机制的运作要求高校应加强对自我补给活动的政策性引导，加大财政投入，以财政保障为主带动市场自我补给保障；同时，高校体育部门也要主动为自我补给活动创造良好的环境和条件，改善现有的自我补给渠道，积极探索新的自我补给途径，有效动员社会资源投入进来，并积极高效地使用所配置的资源，逐步提高自我补给活动的市场化程度，增强经费自我补给能力。

1. 充分利用体育资源优势，努力使经费形成增量

近年来，随着人们生活水平的提高，参与型体育消费者群体日趋壮大，单靠社会力量已不能满足广大人民群众对体育健身娱乐的需求。高校体育部门应充分发掘自身的潜力和优势，提高体育资源的经营水平，改变被动等待的经营方式，采取各种有效措施，提高体育资源使用效率和效益，以达到盘活体育存量资源的目的。因此，高校体育部门可合理利用体育场馆设施较完善、体育师资专业水平较高、体育项目齐全等优越条件，积极兴办各类经营性健身娱乐俱乐部，承接企事业单位、社会团体的各种体育竞赛和文艺演出等活动，以富有内在吸引力的服务产品为市场新的卖点，促进顾客市场的发展，努力使经费形成增量。

2. 科学开发赛事产品，有效获取更多经费

在诸多可替代产品组成的领域，提供较高价值的产品已经变得越来越重要，只有提高产品的价值，才能增强竞争优势和市场销售能力。因此，我们只要在努力提高大学生体育竞技水平的同时，能够根据市场消费特点，选择合适的竞

赛项目，科学合理地进行赛事组织管理，积极开发大学生体育竞赛活动的系列产品，本着对利益群体认真负责和满足他们需求的态度，提高赛事营销规划和实施能力，降低市场运作的风险，确保利益群体参与投融资活动的权益，打造出自己独特的体育赛事品牌，就能有效地引导他们参与大学生体育赛事的投融资活动并建立长期关系，逐步拓展市场自我补给的规模，获得更多的经费。

二、建立高校体育经费保障机制

第一，更新观念，树立"健康第一"的指导思想，加大高校体育经费投入力度，是提高高校领导者的办学能力、发展能力和竞争能力的一个综合体现。

第二，保障高校体育经费，不仅应从宏观层面规定国家财政对高校教育的投入比例，从源头上保证高校办学经费的充足，而且应从微观层面规定政府和教育部门以及高校用于体育工作经费的比例，保证在进行经费分配时，切实保障经费的足额投入。以法律和制度化的形式规范经费预算支出比例，可使高校体育经费保障有法可依，并拥有健全的制度和实现有效的管理。

第三，改革传统的经费预算编制方式，按照事权和财权统一的原则，在财政预算中对体育经费的预算进行单独列项，给体育部门以独立的经费支配权。提高经费的预算等级，赋予经费预算的编制权，在平衡需求和供给的基础上编制经费预算。将经费的分配和管理权划归体育部门，由他们真正行使经费在工作中分配、管理和监控的权利。

第四，政府对高校经费拨款可采用定员定额核定方法，逐步提高生均教育经费拨款标准，使高校教育经费与学生同比例增长，从而促使高校保障生均体育经费的同比例增长。

第五，通过高校体育资源的开发和赛事营销等多种经营活动，不断获取富有创意的收益，并制订有远见、适宜的规划，与利益群体建立深厚的关系，走一条通向成功的长远战略路径。

第六，建立激励和监督制度。通过改革分配制度激励教师重视教学。高校应在教师工资和福利分配方面正确处理好教学、课外活动、群体训练、竞赛与科研等工作的关系，引导教师将工作重心投入本职工作中去，提高他们的业务能力和水平，正确发挥经费的实质作用。

第七，时代的变革、社会的进步对高校体育的发展寄予了厚望，然而经费保障不足又严重制约着高校体育发展的速度和规模。这种状况的形成，除受经济发展水平的影响外，更多的是高校体育经费保障机制建设的相对滞后所致，沿用的仍是计划经济体制下的模式，过度依赖财政保障，而没有充分运用市场

经济的办法有效地进行自我补给保障。要真正解决资金困难问题，就必须深化高校体育经费保障工作的各项改革，建立与社会经济发展水平相适应、符合高校体育工作实际的经费保障机制。

第八，在完善高校体育经费财政保障增长机制的同时，构建高校体育经费的高校宏观政策调控和市场机制相结合的自我补给保障机制应是今后解决我国高校体育经费保障不足的重要途径。一方面建立财政保障持续稳定增长机制，并通过高校宏观政策调控引导高校体育部门自我补给活动的发展，积极引用投融资专业服务机构，提高高校市场自我补给的积极性，增强社会投资主体的信心，形成一个以市场为导向的、长期良性发展的自我补给环境，以促进高校体育部门多元化、多渠道、多形式广纳社会资金；另一方面高校体育部门要加强自我补给活动的研究，掌握其基本规律，完善现有的自我补给渠道，探索开辟自我补给的新路子，形成以体育为桥梁，以需要为基础，以爱好为导向，供需结合，合作开发，互惠互利的新形势下市场自我补给的运作模式，从而逐步实现自我补给渠道的多元化，满足新时期高校体育发展的需求。

三、加大高校体育经费投入

（一）观念和指导思想

改革开放以来，高校体育教育事业的改革与发展取得了令人瞩目的成就，但面对新的形势，由于主观和客观等方面的原因，高校体育的教育观念、教育体制、教育结构、人才培养模式、教育内容和教学方法仍相对滞后。

21世纪"素质教育"观念下的现代化高校管理者，必须具有从加强高校体育教育方面积极探索、挖掘人才素质潜力和全面提高广大青少年学生整体素质的思维特征。转变领导体育观念、树立"健康第一"的指导思想、加大体育资金投入，是当前乃至今后一段时间确保高校体育教育工作相对稳定、健康发展的重要前提。从激发高校办学活力的高度提高认识，从投入产出的观点出发，把有目的、有计划地增加高校体育经费投入同完善高校教育功能、提高自身办学能力有机地结合起来，逐步实现突出特色，打造品牌的办学目标。

（二）法规、制度与管理的保障功能

高校体育法规、制度是高校体育管理的依据和规范。高校体育事业的发展，需要法规、制度指引方向、明确要求和提供保障。多年来，为了保证高校体育方针政策的贯彻落实和高校体育目标的实现，国家制定并颁布实施了一系列高

校体育法规和重要文件,提出进一步完善高校体育工作保障机制,切实加大经费的投入力度,为高校开展体育活动提供必要条件。但是,我国高校体育法规的横向覆盖面尚不完整,在实践中急需的关于经费保障的法律法规尚未出台,导致相关方面无法可依,从而影响依法治教的进程。

（三）经费预算编制方式

在编制高校体育经费支出预算时,以坚持"统筹兼顾,量力而行,量入为出,综合平衡,不搞赤字预算"为总原则,科学、合理地安排体育经费的各项支出。在安排预算支出时,首先要保证正常维持经费的支出,再安排基本建设经费的支出。在正常维持经费支出中,应首先满足体育教学、师资培训、课外群体活动、场地器材维修等经费项目的支出,在此前提下妥善安排与之相关的、次要的、非重点的项目支出。安排收支项目不合理,或者导致赤字预算,使高校陷入困境,或者导致出现经费配置"错位"现象,失去良好的发展机会。

（四）财政拨款方式

现阶段,我国高校教育资金来源渠道实行的是以上级财政拨款为主的方式,这对于保证体育经费的投入及其稳定增长、有计划地统一和集中使用资金是完全有必要的。要保障体育经费的投入,应改革高校教育的资源分配方式,即改革财政拨款方式。具体而言,政府应改变对高校单纯投资、不问效率的态度,加强对经费投入状况及工作效率的监督和评价,并将评价的结果与高校资源的分配联系起来,在保证高校基本教育经费的同时,建立类似企业的激励机制,使经费投入充足、工作效率高的高校获得更多的教育拨款,按照市场经济规律,高校可通过吸引更多的生源而获得更多的财政拨款和学费收入。市场经济条件下的高校体育,也将受价格体系的影响,促使服务水平实行按质定价、按需定价出售,服务水平和质量的高低将决定高校体育的市场份额。

（五）多元化投融资模式

深化高校体育投融资工作改革,增资开源,建立与社会经济发展水平相适应、符合工作实际的投融资模式。坚持财政投融资主体职责,建立财政投入持续稳定增长机制,通过高校宏观政策调控引导高校体育投融资活动的发展,积极引入投融资专业服务机构。提高市场融资的积极性,增强社会投资主体的信心,树立主动走向市场的新观念,形成以市场为导向、长期良性发展的投融资环境。通过各种途径广开财路,向社会和自身筹集经费,实现经费来源的多元化。

（六）弱势补偿原则

高校教育资源分配的不公是教育不平等的重要原因，在知识教育中，这一点就更为突出。有研究者指出，在教育资源分配上有三种倾向，一是一视同仁，达到形式上的公平；二是补偿原则，向弱势倾斜；三是向强势倾斜。在当前高校教育中，最重要的是补偿原则，即向弱势倾斜，特别是向高校体育工作倾斜。高校教育资源投入政策不仅仅是一个分配型政策，更应成为一个再分配政策或调控政策，利用政策的强制性特征，使优势财富流向弱势，实现高校教育工作的均衡发展，最终实现其价值目标——社会正义。高校体育工作弱势补偿本质上追求的是分配的正义，也是矫正的正义，是对以往"重智轻体二元政策"的纠偏。

（七）激励和监督制度

经费投入情况关系着高校两大利益主体——教师和学生的利益。首先，学生是直接监督者，学生接受教育依赖于一定量的学费，民众对高校开支透明化的要求越来越强烈，要求学生的付费应与高校提供的教育教学服务相匹配，学生向教育付费，理应有权对教育服务的质量进行监督。其次是教师，经费越充足，教学资料就越丰富，工作条件就越完善，工作效率和积极性就越高，教师就可以用更多的时间进行研究和创新，创造更多的工作业绩，也就更容易获得经济上和精神上的满足。教师作为受益主体，对经费的投入是否充足具有较强的监督能力。政府通过财政拨款发展高校体育事业，但这些获得财政拨款的高校能否有效地将经费用于高校体育工作是值得我们注意的问题。

第五章 体育教材研究

第一节 体育教材概述

一、教材的基本属性

教材是一个广义的概念，体育教材应该包括学生用书、教师用书、教学挂图、幻灯以及多媒体电子教材等多种形式。实际上，从体育课程的视角来看，多种多样、丰富多彩的体育场地、器材和校内外体育资源等，也与教材一样，都是可以广泛开发和利用的重要课程资源。因此，无论从编写的完整性上，还是从专家或行政权力机构审查的权威性上看，其都是学校体育中最重要的教材，或者说是系列教材的主体部分，是衡量一个国家和地区基本教育水平的重要标志。从这一意义上说，那种把教科书视为唯一的、绝对的教材的观念是不恰当的，而轻视或放弃教科书的观念也是错误的。

关于教材的概念和定义，至今仍没有一个权威的说法。《教育大辞典》将教材定义为教师和学生据以进行教学的材料，教学的主要媒体。通常是按照课程标准（或教学大纲）的规定，分学科门类和年级顺序编辑。也有学者认为，教材是个比较广义的概念，它应当包括教师指导学生学习的一切材料。其中包括教科书、讲义和讲授提纲、参考书刊以及教学辅导材料（如图表、教学电影、幻灯、录音带、录像带和各种多媒体软件），其中教科书、讲义是教材整体中的主体部分。还有学者认为，教材这一概念包含着三个基本要素。①作为学生的知识体系所计划的事实、概念、法则、理论。②同知识紧密相关，有助于各种能力与熟练技巧的系统掌握。③知识体系与能力体系的密切结合，奠定世界观基础的，表现为信念的、政治的、世界观的、道德的认识、观念及规范。

随着教育的发展，教材的外延不断扩展。这里讲的教材，是使学生达到课程标准所规定目标要求的内容载体，是教师教学和学生学习的主要工具，包括纸制教科书和电子教材，以及广泛的课程资源转化而成的教材。其中，教科书（包括教师用书）是主体部分，集中反映了国家的要求和教育理念，其他介质的教材和课程资源转化而成的教材是在教科书的基础上演绎、创造、丰富和发展而来的。

（一）教材的工具性

把教材视为信息库，这是从它最没有价值和最无用的角度来看待的。任何教材所记录的信息都不可能完全是现时的和最新的。如果把教材视为信息资源的话，那么就等于把它看成永远过时的东西了。教材根据它实际上所起的作用，被视为一种教学工具。教材史表明，教材是在教学矛盾相互作用中产生并发展起来的一种产物或特殊的知识载体，它是帮助教师施教，学生学习，并最终促进学生发展的有效工具。

因此，教材的功能是提供学科领域一种有条不紊的入门工具。因为教材仅提供一种入门，所以它有义务仅提供入门所要求的某一领域的资料，或仅提供为达到该课程教学目标所需要的资料。

（二）教材的科学性

各级各类学校的教材都有一个基本任务，就是传播人类文化知识经验的精华。教材具有把知识和技能传递给学生的教学作用，同时也担负着对科学技术和文化知识的积累、传播与发展任务。因此教材所选择的内容，首先要保证其科学性和逻辑性。

（三）教材的教育性

教材不仅是学生在知识和技能方面进行学习的资源和工具，也是帮助学生提高思想品德修养、认同自己文化归属的资源和工具。教材必须有丰富的思想文化内涵，必须展现高尚的道德情操，潜移默化地帮助学生提高思想觉悟和文化涵养，培养良好的道德风范，善于吸收其他文化的营养。因此，教材作为道德教育与品德教育的重要途径，具有重大的教育价值。

（四）教材的教学性

教材与其他知识载体相比较，区别在于教材是为教学服务的。从教材是教学过程基本组成要素的角度看，它是教师教学的依据，同时也是学生获得知识和技能的重要来源。作为学生学习的工具，教材在内容的选择和组织表达的方式上必须遵从人类认识事物和学习发展的规律。因此教材不仅是一部科学著作，而且要符合学生的认知特性，深入浅出，循序渐进，这是教材不同于一般科学著作的特性，它明确反映在教材的结构和内容上。教材的教学性是教材的本质特性，它与其他知识载体的根本区别点在于教材不仅是知识的呈现者，教材最重要的要素是"解释"，教材要解释其所呈现知识中的种种关系。换一种说法，即教材中的知识只有在被人认识到具有联系性和重要性时方才有用。关系和功能可以通过图表、照片或图画得到生动的呈现。当代教材比原先更广泛地使用图解手段来组织和生动地展现知识的种种关系。事实上，图解在体育学科领域要比其他学科领域更有用、更必要。教材与其他种类著作、书籍的区别点还在于教材包括练习题、思考题和练习材料，这些内容是构成教材能力培养结构的重要组成部分。其他种类的著作、书籍也许内容同教材相似，但由于缺乏练习题、思考题和练习材料等这些教材特有的内容，因此它们不是教材。对教材的教学性这一基本属性的明确认识，有助于改变人们的教材观，有助于提高教材的建设水平，有助于提高教材教学的质量与效率。

（五）教材的实践性

教材是在使用过程中实现其价值的。教材与其他知识载体相比较，不仅以一般实践为基础，而且是科学实践、生产实践、生活实践、教学实践综合作用的产物，是各种社会实践宏观规律的综合反映，仅靠理论思想难以设计与编写出优质教材。因此教材需要在实际使用过程中去实现教育的效果。

（六）教材的发展性

教材的性质、内涵和功能会随着社会的发展、科技的进步和教育理念、体制的变化而不断变化。教材本身的成长是一个反复使用、不断修改和完善的过程，同时，随着知识信息的激增、社会的进化、教育的发展，教材需要不断更新换代，才能适应社会的需要。

通过对教材属性的分析，可以认识教材属性对教材设计与编写的启示教材的工具性，要求教材建设改变传统的教学设计与编写模式，转为满足学生的学习编制模式；教材的科学性，要求教材设计与编写人员具备深厚的专业知识，构建严密的知识逻辑体系，并及时反映现代学科理论知识和技术技能；教材的教育性，要求在教材设计中，强化学习者道德与品德的养成问题；教材的教学性，要求在教材设计和编写中要突出体现教学的要求；教材的实践性，要求教

材形成一个完整的实践历程；教材的发展性，要求教材建设在相对稳定中求发展，在发展中保持教材的相对稳定。

二、高校体育教材的特点

高校都有其相应类别的专业培养目标，学生的具体情况、师资力量和体育教学的条件等方面，都存在差异，因此，在体育课类型及相应教材的选用方面也都表现出各种情况。教材的选用应与各种类型的体育课相适应，与课的目标保持一定的一致性。现对高校中常用的课的类型及相应的教材内容特点进行如下分析。

1. 普通体育课教材

普通体育课主要是为身体状况和体育基础一般的学生开设的，其目标主要是全面发展学生身体、增强学生体质，并掌握体育基本知识、技术和技能。为了完成上述目标并结合学生的身体发展状况，这类课的教材主要选用了田径、体操、球类、武术、游泳等内容，同时，也结合了《国家体育锻炼标准》的项目。对女生教材，不少学校增加了艺术体操、健美操和舞蹈等教材，以满足女生的需要，调动她们学习体育课的积极性。由于大学生具有较高的科学文化知识水平，认识能力水平较高，在大学里体育理论的教材比重应有所提高，在深度和难度上也应提高要求，以发挥理论的指导作用，进一步提高对体育意义的认识和提高独立进行体育锻炼的能力。目前，一些省市的高校已编写出自己的教材，产生了初步的效果。

2. 专项提高课教材

专项提高课主要是为身体发展状况较好，体育基础较好，能较好地掌握一项运动项目的学生专门开的体育课。其目的在于使学生在全面发展体质的基础上，提高某一专项运动技术水平；其效果在于能培养学生的兴趣，激发学生学习的动机，培养学生终身体育的习惯和能力。因此，专项提高课带有一定程度的训练性质，其教材分为一般身体训练和专项教材两部分。一般身体训练的教材主要包括用以提高身体素质和《国家体育锻炼标准》规定的项目。专项教材主要包括专项技、战术和有关理论及规则知识，以及专项素质练习。由于专项提高课国家对此没有统一要求，所以，教材内容可由各校根据具体情况自行确定。

3. 保健体育课教材

保健体育课主要是为体弱病残学生开设的体育课。目标是使这些学生通过这类课的教学在体质方面得到相应的发展和改善,并掌握必要的卫生保健知识和身体锻炼的方法。

因此,保健课教材应根据学生身体的实际情况来进行选择,尤其是实践类教材,就更应根据学生的实际情况来确定。这类课的教材一般可采用传统的体育内容,如太极拳、剑术、导引、气功和体操等,理论部分可采用体育健康及卫生的基本知识,以及体育运动项目的一般知识等。

4.体育选修课教材

体育选修课是部分学校对三年级以上学生开设的以专项运动为主的体育课。其目标在于进一步提高学生的专项运动技术水平,以满足学生对某一项目的爱好,发展学生的个性。其教材内容主要以专项理论、专项技术和战术为主,并结合身体素质练习和其他辅助教材。国家对这类课的开设及教材的选取也没有统一规定,各校可根据各自的实际情况自行确定教材内容。

总的来说,高校体育课教材具有更大的选择性和灵活性,在内容的深度和广度方面也更进一步。另外,高校体育教材还体现出学校的专业化特点,为了使学生能更好地适应未来工作的需要,高校的体育教材在内容安排上也体现出专业针对性的特点。如在一些地质院校增加登山运动、爬绳等内容,在一些航海院校提高了游泳的教材比重。

三、高校体育教材的功能

教材的功能是指教材在实际教学过程中为达到教育目的所起的价值与作用。由于教材的体例或结构是发展变化的,因此,教材的功能,不论是子系统的结构功能,还是整体性结构功能,都具有历史性和时代性。教材的发展史表明,随着教学任务的复杂化、教学经验的积累和教育科学理论的发展,教材的功能越来越多样化和复杂化。简单功能的教材已不适应科技时代的要求和教育改革形势的发展,但是,如果我们盲目扩大教材的功能,就会混淆学生使用的教科书和教师教学参考书的区别和界限,把该写进教学参考书的内容写进了教材中,使教材的篇幅漫无边际地增大。相反,如果我们不敢打破教材的旧框架,依然沿袭以往的教材体系结构,教材的应有功能就难以得到发挥。因此,我们必须从整体上研究教材应有的主要功能。

体育教材的功能研究属于教材理论的基础研究,对体育教材功能的认识将对教材设计与编写起重要的影响作用。我们认为高校体育教材的功能是由教材的本质属性和高校体育课程的特殊性决定的。

体育教材的功能无疑具有时代特征。21世纪的教材功能观是与教育观、课程观紧密相连的。综上所述，我们认为高校体育教材具有以下五种主要功能。

（一）作为传承体育文化遗产和体育科研成果的媒体功能

体育是一门综合性的文化科学基础课程，由于体育课是以身体实践活动为主的课程，有许多原理、知识无法在课堂上传递给学生，需通过教材来呈现。但体育知识、运动项目极度丰富的现状使体育教材无法涵盖学科知识的全部，或甚至仅仅是主要部分。现代科技特别是信息技术的发展又令教材无须承担介绍学科知识的任务。教材可以向学生展示一些有助于学生理解体育学科领域的关键知识、方法、过程以及体育学科与其他学科之间的关系、与社会和生活关系的重要案例。在这种新理念之下，教材应当是帮助学生进行学习并学会学习的工具，是引导学生利用已有的知识与经验，理解认识人类体育文化遗产和体育科研成果的媒介，是课堂学习的知识资源，是促进学生形成健康体育态度和正确价值观的催化剂。这是新课程对教材的要求，也是回顾体育课程与教学理论的发展后对教材功能的重新认识和定位。

（二）作为学生学习的主要工具的功能

传统意义上的教材是"作为教学用的主要素材"，21世纪的课程改革，应该明确将"教材"定位于"作为学习用的主要学材"。"教材"和"学材"是统一的，但是以前的体育课程教材重视"教"的特点，方便教师使用和教授；现在的教材应该重视"学"的方面，方便学生学习。

（三）作为学生体育活动案例的功能

随着体育教育改革和发展，"学习健康知识""学会运动"和"联系实际生活"日益成为各国所认同的体育教育目标。实现这些基本的教育目标，体育课程教材就要具有案例的特征，即把教材仅仅看作引导学生认知发展、生活学习、人格构建的一种案例。教材并不是所有学生必须完全接受的对象和内容，教材仅仅是引起学生分析、理解事物，并进行反思、批判和构建意义的中介和案例。作为案例，教材的内容要具有一定的典型性和代表性，但是并非所有的内容都要是"最好的""最正确的"范例。教材不应该是圣经，教师和学生都可以对教材内容进行加工修改。

（四）作为课后体育活动和终身体育辅导书的功能

高校体育教材的价值不应局限在课堂教学，应向课外以及终身体育发展，使体育教学更好地为学生增强体质、增进健康服务。因此，个人练习方法、图表设计等体育教材特有的内容，越来越受到人们的重视。为了提高学生自我锻炼身体的能力，在教材中安排一些自主性较强的实践练习并提供必要的指导是很好的做法。新课程注重学生的生活经验，尊重学生的个性差异，体现在教材的功能上，应该更多为学生提出学习内容和方式的建议。

（五）作为学生主体进行自我评价的功能

学习心理学论述了这样一条规律：学生及时知道自己掌握知识的结果对于提高学习效果，增强学习信心，发展能力非常重要。现在许多体育教材中都有学生自我评价和相互评价的内容，还有一些类似量表式的东西，以便学生在课上、课下对自己、对他人、对小组的同伴、对班集体，甚至对教师做出一些评价，从而使体育学习更加理性化、更加充满活力和民主氛围，这也是当前体育教材改革中突出的新功能。如果说以前的教材是为学生和教师呈现学与教的知识内容，师生主要是记住和理解教材，那么21世纪的教材应该更加具有参与性和互动性，教材具有练习册和学习成长记录册的性质，学生可以在教材上记录自己的思想、情感和对问题的探索。我们说以上这五种功能是高校体育教材应有的功能，然而，这并不意味着教材只有这五种功能。由于体育课程的学科性质和知识侧重面不同，其内容和结构必然有所差异，作为承载这些内容的教材，其功能也会有一定的选择和侧重。教材功能的实现需要一定的条件与途径，如教材的编写与教材结构、教学目标与教学途径、教学程序，等等。涉及教材设计的方面，主要包括教材设计与编写的理念要新、教材编写的内容要新、教材编排的形式及体例要新等。但是无论怎样，对于教材的设计与编写一定要兼顾社会、时代、民族文化传统、学科、教师与学生以及环境等多方面因素。

四、体育教材的文字叙述

体育教材的文字叙述，主要是从语言风格或语言文字规范性角度来考虑的，诸如"编写语言严谨科学、简洁明快""语言文字规范"等。当然，这是体育教材叙述要求上不可缺少的基本要求，但严格来讲，这些只是技术层面的问题。本文所说的文字叙述是从表述方式和叙述视角来思考的，是更深一层次的思考。

体育教材表述方式是指体育教材内容和结构的叙述方式，一般而言，体育教材的表述方式主要有三种，即陈述式、讨论式和问题式。陈述式是体育教材编写最常见，也是使用最多的一种呈现方式。这种方式多采用陈述的语言来交代知识，陈述概念、体育规则、学习策略，提出学习要求。就我国的体育教材

来看，纵观几十年编写的各版本教材，陈述式的表述方式基本上还占据主导地位。这种表述方式以编者为本，由编者决定学习内容，而非以学生为本。从根本上来讲，陈述式的表达方式受传统的教学理念的影响。而且，我们从中也可以感觉到，由于叙述语言是陈述性的，编者在叙述时似乎关注的还是语言的准确性，却往往很少顾及语言的可读性、趣味性，这不利于调动学生学习的积极性。从语言的表现力来看用语也过于拘谨，容易让学生产生乏味之感。

讨论式是一种体育教材的表述方式。这种方式将具体材料和问题展现给学生，供他们讨论，自己寻找答案。讨论式的表述方式基于以学习者为主体、为中心的思想。内容的呈现和安排具有点拨和诱导的特征，即使较难的问题也要求学习者通过自己的参与、观察、分析和感悟来得出。这种开放式的讨论设计，目的不在于得出结论，而是重在参与，重在学习过程。

问题式是目前国外体育教材的主要学术叙述方式，我国目前新一轮课程改革后编写的少数体育教材也开始采用这种叙述方式，因此我们不妨对此稍加展开，探索其背后的理念和背景。我们知道，新一轮体育课程改革的一个重要而具体的目标，就是要改变至今仍普遍存在的学生被动接受、大运动量反复操练的学习方式，倡导学生主动参与的探究式学习。探究不仅被作为重要的理念强调、作为教学建议提出，而且被列入了《全国普通高等学校体育课程教学指导纲要》之中，作为必须实施的内容要求。而体育教材内容是体育课程内容的具体化，这势必对教材编写产生重大影响。探究作为一种学习方式，已成为掌握知识，形成技能的主要手段，其对学习的意义和重要性已毋庸置疑。为此，我们建议体育教材的编写采用问题式叙述，具体如下。

第一，教学材料只提出问题和描述研究问题的方法而不告诉学生结果，这样能够让学生发现他们事先不知道的东西。

第二，教学材料可以提出问题，但是研究方法和结论可以是开放的，让学生根据自己的思考和探究做出判断。

第三，最为开放的设计是，学生可以不限于教材中指定的问题，而是自己提出要研究的问题，收集论据，做出解释。从建议中，我们看到"探究"与"问题"二者紧密相连。探究式学习有时也被称为"问题导向式"学习，因此"问题"往往被视为探究式学习的核心要素。由此看来，体育教材呈现方式要符合新课改的理念，突出探究式学习，落实到具体的设计上，就是必然要采用"问题式"的呈现方式了，也就是说，要通过"问题"的设计展开一系列的探究。但需澄清的是，这里探究的含义已远远超越一种具体的活动形式，而是一种学习方式。这种探究式学习方式应该是一种贯穿整个体育学习过程的思路，是渗透在整套体育教材中的灵魂或风格。就目前来看，我国体育教材在这方面编得成功的案例还不多，更多的是在陈述知识的基础上加插一些所谓的"探究活动"，好像只有在这些活动中才需要探究，而别的地方就不需要，将探究规定为某种特定的范式，以至于将整体的教材内容与教学过程割裂开来。

那么，该如何设计"问题"展现体育学习的探究历程呢？一般来说，采用问题式叙述方式的教材中都加入引导学生寻求"自己对探索问题与认知内容的意义、产生这样的意义的原因以及自己产生的意义在社会或世界整体的运作里有何意义"等相关问题。运动员的抵抗力强于正常人吗？有不少人认为，运动员天天锻炼身体，体格都很强壮，身体抵抗疾病的能力也一定很强。你同意这个观点吗？调查研究发现，一般体育锻炼性质的活动，对人体健康状况的提高确实有促进作用，使人体的免疫系统的机能水平提高，但是剧烈运动（如长时间大运动负荷训练）却会对人体免疫系统产生一些不良影响，包括使白细胞数量减少、白细胞吞噬能力下降、免疫球蛋白数量减少等，这些都会使运动员的抵抗力下降。根据这个研究结果，我们在日常的体育锻炼中该如何控制负荷量和负荷强度，才能收到良好的锻炼效果，又不会损害身体的健康呢？

设计采用的是"问题式"的设计思路。通过提问，启发学生思考，诸如"抵抗力强有哪些标准或特征？如何增强抵抗力？如何解决体育锻炼与运动伤害所涉及的矛盾或问题"等问题，旨在引导学习者参与和解释日常健身中可能出现的问题，这种在学习过程中的一系列提问，拓展了学生思维的深度，经由这样的学习过程，学习者获得的知识和技能会比较扎实。当然，对一些有难度的问题，可配以协助学生探求答案的相关资料的指南，举例如下。

第一，资料搜寻媒体的介绍。例如，各类图书馆、网络搜寻引擎、社会团体、资源目录、访谈、问卷、测量等。

第二，资料搜寻方法的介绍。例如，如何使用图书馆与网络、如何设计简单问卷、如何进行小型研究等。

第三，相关资料的提供。例如，与问题相关的书籍、新闻报道、社论、期刊、录像带、录音带、图片、相片，等等。

另外，还有一点值得关注，体育教材中的问题设计，并非所有问题都一定能找到正确答案。体育教材中除了提出目前有定论的问题之外，也应该对未有定论的、具争议性的，甚至常视为理所当然的现象进行讨论，也以"问题"形式呈现。对这类问题的思考，目的不在找出"标准化"答案，而是让师生一起享受脑力激荡的乐趣。由于每个人的经验阅历、知识积累不同，对一个问题的理解会有不同。一千个读者就有一千个哈姆雷特。因此我们要尊重学生在学习

过程中的独特体验,要珍视学生独特的感受、体验和理解,对学生独特的感受和体验应加以鼓励。从体育教材的实际编写中所运用的表述方式来看,以上三种表达方式并不是各自独立、非此即彼的,而是根据学习需要,往往综合运用的。应注意的是,所有表述方式都是围绕所要解决的问题,按照探究的思路来展开的,要既能展示探究的方法过程,又能配合探究的需要向学生介绍相关的知识。

第二节 体育教材的编定

一、以往体育教材编定的缺陷

教材是教学活动的基本工具,教材在体育教学中占有非常重要的位置。在编写高校体育教材时,必须依据《课程标准》,全面理解新的课程理念,充分体现课程性质和课程价值,根据课程目标和内容标准构建富有特色的教材体系。传统体育教材选编是依据社会的需要、学科的知识体系和学生身心发展的特点进行综合考虑的。其实仅以此三个方面为依据选编教材是不全面的。影响教材选编的因素很多,如国家一定时期的教育方针和培养目标、社会生产力和科技发展水平、文化传统影响等。

传统的体育教材的缺陷主要表现在,首先,教材选编者往往考虑最多的是教学内容的完整性、系统性,所选内容是否符合科学知识体系的逻辑性,是否严密,是否能为下一阶段学习打好基础,而较少考虑教材内容,对学生是否是基础的、必需的、恰当的,缺乏从学生身心需要出发,脱离学生全面发展的需要。其次,选编教材对学生群体性共性心理特征和学生心理发展的个体差异考虑较少,更多的是从学生生理和体育项目入手;而且在培养学生心理素质方面明显存在不足。最后,教材体系的封闭性与教材内容的绝对权威性。由于社会发展的多元化,学生学习需求也不尽相同,同时,各地经济和社会文化发展水平的差异,以及地域文化内容的不同,学校实施教材的条件不相同,因此根本没有必要对教材内容进行强制性的统一要求。

教材的内容受到课程标准的制约,服从并服务于教学目的和任务。教材内容的选择应反映本学科的基础知识和基本技能,也应反映当前社会的政治、经济、科技、文化的发展水平,并按学生不同年龄的心理发展水平和特点循序渐进地安排。

二、体育教材编写的原则

1. 教育性原则

编写体育与健康教科书首先要遵循教育性原则，即遵循《课程标准》中提出的："教材编写要贯彻国家的教育方针，体现素质教育的精神，有利于全面提高学生的素质，有利于对学生进行爱国主义、集体主义和社会主义的教育。"这一原则是根据《基础教育课程改革纲要（试行）》中"课程改革目标"提出来的。纲要明确规定："基础教育课程改革要以邓小平同志关于教育要面向现代化、面向世界、面向未来和江泽民同志'三个代表'重要思想为指导，全面贯彻党的教育方针，全面推进素质教育，要使学生具有爱国主义、集体主义精神，热爱社会主义，继承和发扬中华民族的优秀传统和革命传统；具有社会主义民主法制意识，遵守国家法律和社会公德；逐步形成正确的人生观、世界观和价值观……具有健壮的体魄和良好的心理素质……"因此，体育与健康课程在全面贯彻纲要的培养目标方面具有其他课程不可替代的作用，特别是体育与健康课程对培养学生热爱集体、关心同学、遵守纪律、遵守规则等方面具有重要的作用。因此，编写体育与健康教科书首先要突出教育性原则，要使体育与健康课程在培养全面发展的人才方面发挥重要的作用。

2. 健康性原则

健康性原则就是要求在编写体育与健康教科书时真正落实"健康第一"的指导思想，全面理解《课程标准》提出的五个学习领域目标和水平目标；根据不同年龄阶段学生身心发展的规律，注意不同水平阶段教科书内容之间的联系；教科书内容的选取要有利于学生了解和掌握体育与健康的有关知识和方法，并使学生懂得如何通过科学的体育锻炼来增进自己的身体、心理和社会适应方面的健康。总之，体育与健康教科书的编写要把增进学生身体、心理、社会适应能力的全面健康发展作为最终追求的目标。

3. 兴趣性原则

《课程标准》指出："教材编写要面向全体学生，以学生为主体，依据不同年龄阶段学生身心发展的特征，充分考虑学生已有的经验，并从学生的兴趣、需要和能力出发，激发学生学习、表现和创造的欲望，培养学生积极、主动的学习精神。"兴趣是学生力求认识、探究某种事物的心理倾向，它是由获得知识技能并在情感体验上得到满足而产生的。兴趣是学生最好的老师，学生对体育的兴趣是他们积极主动参与体育活动的内部动力。因此，编写体育与健康教科书强调兴趣性原则，其基本思路在于要改变过去过分强调运动技术内容系统性的做法，要从学生的兴趣和爱好出发，在充分考虑学生已有运动知识和技能水平的基础上，无论是内容还是形式都充分关注学生的兴趣，吸引学生主动阅读和学习体育与健康教科书，使其成为他们的良师益友。这是因为体育与健康教科书有别于其他课程的教科书，即使其他课程的教科书编得不那么有趣，学生也必须去学，而体育与健康教科书如不能引发学生的兴趣，学生就不可能主动去学，毕竟体育与健康教科书主要是在教师指导下供学生在课余时间阅读的。

4. 发展性原则

《课程标准》指出："教材编写要满足学生终身体育的需要，注意选取对学生终身体育具有重要影响的基础知识、基本技能和活动内容，以利于学生学会学习，并具有一定的自我设计、自我锻炼、自我评价的体育课程标准解读力。"在编写体育与健康教科书过程中贯彻发展性原则时，以下几个方面需要加以考虑。

第一，把体育的知识与技能看作促进学生身体、心理、社会适应能力全面健康发展的载体，改变过分强调知识技能系统性和完整性的做法，强调培养学生终身学习的能力。

第二，使学生明确学习目标，引导学生积极思考，让学生自己体验和判断教材内容的价值。只有这样，才能有效地促进学生的发展。

第三，教科书的内容必须精选。要精选那些确实是学生终身学习必备的体育与健康基础知识和基本技能，以促使学生不断地提高和发展。

第四，给学生提供获取知识和技能的方法和途径。学生获取知识与技能的方法和途径的一般规律是明确学习目标，认识自己当前的经验和水平，了解所要掌握的知识和技能要点（问题），在体验活动的过程中探索有效的方法，反复练习并获得乐趣，感受自己对教科书价值的理解并进行自我反思和评价，提高学习和锻炼的效果并获得相应的方法，进行更高层次的学习和锻炼。

第五，在教科书中渗透应用意识，培养学生学以致用的能力。应用要靠方法引路，因此，教科书中要提供一定数量的方法来启发学生把学到的知识和技能应用到实践中去，同时留出空间让学生自己去创造、研究、探索如何把学到的知识和技能应用到课内和课外、校内和校外的体育活动中去。

三、体育教材内容的排列方式

教材内容的排列方式是指就某一类教材而言，研究教材内容的排列方式，可以进一步了解各项内容的特点及意义。体育教材的排列方式主要有直线排列、螺旋排列和混合排列三种。

1. 直线排列

直线排列是按照由易到难、由简到繁的原则，循序渐进，按年级的顺序依次排列教材的，一般安排过某项教材内容后，基本上不再重复出现。例如，技巧、单杠、双杠、体育卫生保健基础知识等内容，一般采用这种排列方式。

2. 螺旋排列

螺旋排列又称圆形排列，指某些教材在各年级反复出现的一种排列方式。对实用价值和锻炼身体作用较大的内容可采用这种方式，如跑、跳、投等。但是，这些教材内容的反复出现，不是简单、机械地重复，而是在质和量方面逐渐提高要求。

3. 混合排列

混合排列又叫综合排列。它是将直线排列和螺旋排列相结合的一种方式，具体运用要从教材的性质和学生的实际情况出发。这种排列方式是将教材分为若干组，每一组教材只在相邻年级重复出现。从整体看，具有直线排列的特点；从局部看，则属于螺旋排列。如武术教材就是按这种方式排列的。

教材内容的排列方式关系到各年级教材的数量和各项教材内容时数的集散程度，对教学效果有较大的影响。因此，在安排教材时应全面考虑锻炼身体与学习体育知识、技能的需要，根据不同教材内容的特点和价值采用不同的方式排列。一般除少数锻炼价值高、需要反复出现的教材采用螺旋排列外，多数教材可采用直线排列或混合排列的方式。

四、体育教材图表设计与表达

教材图表是帮助学习者理解教材内容的一种工具。体育教材中图表对学生学习的功效是其他学科所无法比拟的。许多体育学信息，单用文字是无法表达清楚的，而必须用图表来表达，因而它们起到语言文字所不能及的特异作用。它可以激发学生学习的兴趣、提高对学习内容的记忆效果、促进学生智力发展，等等。

随着技术的进步，体育教材中的图表越来越多，越来越精美。图表不再是可有可无的点缀，而是表达教学内容和思想的一部分，是传播教学信息的一种重要媒介。近年来，世界各国对教材中图表的形式、内容以及在教学中的作用

进行了大量研究和实践。结果证明，教材中的图表在丰富教材的内涵、提高教材的质量、增强教育效果方面发挥了重要作用，因此，许多新教材编辑者进一步增加了图表的数量，加强了对图表与文字表达的特点分析。

教材本质上有三个基本要素：信息、符号和载体。教材呈现内容的符号有两类，即视觉符号和文字符号。视觉符号是把实际事物的原本形态呈现出来的符号，最主要的形式是图表。文字符号是可以读出来的符号，其主要形式是文字。在教材设计与编写中就要研究教学信息如何用最恰当的符号记录、存储、呈现，用哪些符号组合进行有效的传播，以优化教学效果。

1. 文字符号传递信息的特点

文字是象征符号。文字是学生在学习过程中重要的感知目标之一，文字在传递教学信息时具有以下特点。

第一，文字符号的显示可引起心理表象（类似图像）和心理语言。例如，一个运动技能名称的显示会引起人的心理表象和心理语言。

第二，与电视图像一类的图像符号相比，文字符号保留的时间长，便于使用，因而更适合于需要较长注意的复杂内容的呈现。

第三，由文字符号组成的教材使用比较方便，不像音像教材那样呈现时受设备的限制。

第四，文字符号发展比较完整，可以描述抽象的概念，并且表达得科学、准确，文字符号比较容易和其他类型的符号相结合。

第五，由于阅读是人类接受信息的主要方式，加上文字符号便于大量复制，易于传播，因此，文字教材是人类学习的主要媒体。文字符号传递信息的主要不足是只能以线性形式排列，是一维表达方式，不像图像那样以二维形式表达信息，全方位信息的感觉比较强。

2. 视觉符号传递信息的特点

视觉符号是把实际事物的原本形态呈现出来的符号，在教材中最主要的形式是图表。文字符号是可以读出来的符号，其主要形式是文字。图表和文字呈现内容各有特长。文字的描写较能确切地阐明知识的内涵。但当传达较复杂的知识时，学习者往往无法由文字线性式的叙述来重新建构非线性式复杂的知识结构。反之，图表的呈现较为全面，可以立即表现非线性式的知识结构，其缺点是在表达知识的内容上可能会描绘不正确、不完全，或描绘出的抽象概念与应描绘的抽象概念程度并不吻合。因此，图表与文字各有其特点，两者在同时使用时功能最佳。教材中的图表在传递信息时有以下特点。

第一,图表的显示能引起心理语言和表象,所以图表能传递教学信息。图表符号是一种二维显示,全方位信息感比较强,有利于开发形象思维。

第二,图表只能通过视觉器官接收,这种感觉上的不同影响着教学效果。

第三,在技能教学中,用图表符号和文字符号相结合的形式最合理。向学生展示并使之模仿某些技能时,教材中的图表可起到独特的作用。

第四,图表是比较具体的显示,具体的信息易于记忆。但是,用文字描述的抽象的东西经常是教学的核心,所以图表符号与文字符号具有互补作用,文字符号能限定和解释图表,图表也有助于概念等知识的阐述。

第五,利用图表易于突出关键信息,对学习更加有效,可以强化感知,有利于记忆。

第六,图表设计是一个创作过程,用图表呈现教学信息,要正确地了解学科内容,还要正确地使用构成图表的基本要素,如点、线、面、体、色彩、明暗、空间等。

3. 文字符号与图表符号功能的对比

教材中使用的阐述和表达方式包括叙述、说明、论述、描写和图表说明。图表的作用可分为三个方面:

第一,集中呈现信息,便于了解全局情况,引起注意和激发学习的兴趣。

第二,便于记忆。

第三,帮助理解概念的含义。

4. 体育教材中图表的类型

图表的类型大致分为示意图、方框图、曲线图、程序图、照片或绘画插图、表格这几种。

第一,示意图主要表达概念、过程或事物之间的联系或关系等。示意图不需要十分精确,但要把基本意思表达出来,要符合有关规范。

第二,方框图,即用一组方框表示一个系统。其中每一个方框代表该系统的一个组成部分,各方框用连线或箭头连接起来,表示一个系统的整体结构、系统的运行过程、一个事物的发展过程或一个人的思维过程。

第三,曲线图常用来表示两个量之间的关系。除标明它们之间的定性或定量关系外,还可以表示事物发展变化的趋势等信息。

第四,程序图主要用来详细描绘出动作程序、步骤等较复杂的连续动作过程。

第五,照片或绘画插图用以说明学科中某个事物的形状、结构、组成部

分、相貌、解剖学组织等，具有直观性和真实感。特别是绘画插图能突出事物的特征信息，增强教学效果。

第六，表格是试验数据或统计结果的一种有效表达形式。教材中的表格如数据表、统计表等称为书刊表格。我们可以从不同角度对表格进行分类。例如，按其方位来分，表格可分为横向表、竖向表和侧向表；按其相对位置来分，表格可分为串文表和非串文表（居中排表属于非串文表）；按其所占版面来分，表格可分为单面表、跨页表和插页表；按其跨栏与否来分，表格可分为短栏表、通栏表和跨栏表。

5. 体育教材中图表的功能

文字与图表会产生不同的功能，图表有其独特的效果。不少学者曾讨论及测试图表的功能，从不同角度描绘了教材中图表的功能。对于体育教材来说，我们认为图表的功能有五种不同的功能类别。

第一，装饰性功能。装饰性功能主要是增强教科书对学生的吸引力，引发学生学习的动机。装饰性图表不易使用过多，否则会使学习者忽略而不看，失去其引发学习动机的原意。

第二，表征性功能。表征类图表是用图片、列表、图画等，呈现相关而抽象的内容的。表征性的功能是表征教学内容所描述的事件、人物和概念等重要元素，所以其必定与文字描述具有关联性或一致性。

第三，组织性功能。组织类图表包括结构图及程序图等，可用来显示物体或动作的时间与空间的相关信息，或用来说明某个过程中的各个步骤，等等。组织性功能的目的在于加强解释其文字所描述的教学内容，但与表征性图表不同，组织性图表强调文字叙述中人、事、物的关系或其程序与步骤。教科书运用组织性图表，可将文字内容前后连贯地组织起来。

第四，理解性功能。理解类图表是以类推、比喻的图解方式来解说抽象的或较难懂的教材内容的。当学习者面对较为困难及抽象复杂的概念或原理时，若能使用帮助理解的图表，效果非常显著。它的功能是在概念或原理上的相似之处运用抽象与具体事物作为类比，使学习者将抽象复杂的原理或概念性问题，理解为具体形式的概念或知识。

第五，转换性功能。转换类图表是把教学的信息变换成具体的图表。教师在教导学生一些抽象专业术语与其相关属性时，学生往往会对文字性描写并不理解。因此，我们可运用转换性功能的图表将抽象的概念和知识转换为具体的形象，以唤起学生利用过去的知识和经验联结新知识，加强学生"理解"，更利于"记忆"。

五、体育教科书的编写

（一）教材内容编写建议

第一，教材编写要依据五个学习领域的内容标准，精选与学生身心健康紧密相关的教材内容。

第二，教材要多样化和具有开放性，要突出重点，不求面面俱到。教材内容要有利于引导学生独立思考和探索，培养学生的创新精神和创新能力。

第三，教材内容的选择要在继承优秀传统体育文化的基础上吸收现代的体育文化。优秀的传统体育文化要渗透在教材之中，现代的体育文化更应在教材中得到充分的体现。

第四，教材内容的选择要有利于培养学生的安全意识，有利于学生掌握安全运动的方法。

第五，教材内容应处理好各水平阶段的纵向衔接和与其他相关学科的横向联系，避免重复，以利于学生循序渐进地学习。

（二）教材的呈现形式和体例

体育与健康教材包括多种载体，除学生课本、教师用书以外，还应包括挂图、卡片、图片、幻灯、音像资料、多媒体教材等。

1. 学生课本

学生课本的用途是在教师指导下供学生自学和实践。因此，课本的版式设计要美观，图文并茂，生动活泼。内容要贴近学生的生活，与学生的切身利益紧密相连，激发学生阅读体育与健康教材的兴趣，从而使学生了解和掌握体育与健康的有关知识。

第一，课本内容的呈现要改变以往从概念到概念的叙述形式，从问题出发，指导学生通过运动实践和观察、思考，自己去获得知识和结论。要给学生留下自主学习的空间，使学生的学习方式有所突破，逐步学会学习。

第二，课本内容的表述要适合学生心理，既科学严谨，又生动活泼，有利于学生阅读和思考。

第三，学生课本标题应鲜明，引人注目；应启发学生思考，引导学生感受课题的价值；引导学生反思、领悟学习内容，评价自己的学习情况，提高学生自我学习、自我评价的能力。不同版本的学生课本体例可各具特色。

2. 教师用书

教师用书是课程教材的重要组成部分，内容应与学生用书相对应，主要内容应包括以下几点。

第一，教学目标、教学特点、教学方法、需要注意的事项和教学评价。

第二，课堂活动设计。

第三，对教学内容的扩充和深化，以及其他必要的补充知识和背景知识。

第四，学年、学期、单元、课时教学计划案例。

（三）教科书的内容构建

根据教材多样化的原则，体育与健康教科书内容的构建要求在符合国家《课程标准》的前提下，体现出不同个性、不同体系、不同特点和不同风格。由于教科书是教师的教和学生的学的主要依据，对教学质量的提高起着重要的作用。所以教科书的内容必须反映国家的意志以及政治、经济、科学文化等要求。长期以来，我国的体育教科书大多是围绕运动技术项目、提高身体素质或发展人体基本活动能力等内容来编写的，这是竞技体育思想的反映。构建体育与健康教科书内容时应注意以下几个问题。

1. 尊重学生的学习经验

编写体育与健康教科书，首先要转变观念，从学生的体育经验和生活经验出发，调动学生学习的积极性和主动性，让学生在体育锻炼的实践中，在自己原有经验的基础上延伸和扩展新的经验，引发学生主动探究体育学习中的问题，使学生把体育知识和技能的学习以及能力的培养和情感体验有机地结合起来，从而使学生能真正从体育与健康教科书中获益。

2. 认真研究体育与健康知识和技能的构建方式

体育与健康课程是以身体练习为主要手段，以增进学生身心健康和社会适应能力为主要目的课程。体育与健康课程与竞技体育完全不同，因此，教科书的重点不在于说明体育项目和体育动作的具体做法，而在于使学生了解体育与健康的基本知识和技能以及锻炼身体的方法、简单的原理。因此，体育与健康教科书应根据学生的身心发展规律，精选与学生身心健康紧密相关的、能激发学生运动兴趣的、对学生终身体育具有重要影响的基础知识、基本技能和活动内容，不过分强调学科知识的系统性和完整性，突出内容的实用性、活动性和兴趣性。

3. 启发学生用体育与健康知识指导自身体育实践

体育与健康教科书在强调实践性特点的同时，不能忽略基础理论知识对实践活动的指导意义。体育与健康课不是纯生物学意义上的肢体活动课，编写教科书要根据《课程标准》以及新的课程观，综合地编排运动技能的内容，使学生在获得运动技能有关知识和练习方法的基础上，获取身体健康、心理健康、社会适应的有关知识，这样学生才能真正理解体育活动对于增进人的整体健康的重要作用。在教科书中无须呈现大量的动作要领说明，无须呈现复杂的技、战术内容，因为这些内容主要是在体育实践课中进行学习的，在教科书中过多地描述这些内容只会使学生失去对体育与健康教科书学习的兴趣，最终只能"纸上谈兵"。在发达国家的体育教科书中，只有很少一部分运动技能的内容（特别是动作要领）。这不是说在体育与健康教科书中不要反映运动技能的有关内容，而是更应该强调对学生进行运动技术学习和体育活动实践的有关知识和方法的指导，更应该强调学生在体育实践课中不易学到的一些知识（如与运动有关的一些身体健康、心理健康和社会适应的知识，科学锻炼的理论与方法等），这样才能发挥体育与健康教科书的作用。

4. 重视学生的主体地位

体育与健康课程十分重视学生的主体地位，力求使学生得到充分和全面的发展，因此，在编写教科书时应注意以下几点。

第一，教科书的内容要唤起学生积极主动的参与意识和运动兴趣，特别是在教科书有关内容中应渗透一些促使学生不断感知自己进步、提高和成功的知识。

第二，教科书要给学生留有思考、想象和创造的空间，引导学生思考各种问题，鼓励学生进行探究式学习，使学生学会自我锻炼、自我调控和自我评价的方法。

第三，教科书的叙述方法、设计、版式、插图等要为学生创造性地学习和实践提供必要的启发和指导。

5. 教科书的内容要有较大的弹性和选择性

教科书的内容应加大弹性和选择性，给教师和学生提供自主选择的机会。可以提出各种建议性和示范性的内容，以便于学生和教师结合实际情况自主地选择。

6. 教科书的行文要适合学生的心理和认知特征

教科书的内容表述要适合学生的心理和认知特征，既科学严谨，又生动活泼，尽量简洁、通俗易懂，有利于学生阅读和思考。切忌用成人化的内容、成人化的描述和成人化的格式去编写教科书。

（四）体育教材编写的步骤

1. 教材的准备阶段

第一步，领会课程标准的精神实质。通过学习和讨论，全体参编人员统一思想，把握课程目标，为教材的整体构建奠定坚实的思想基础。

第二步，分析现行教材，在分析的过程中肯定优点，发现问题，解决问题。在此基础上研究本套教材应该具备的知识要素、技能要素、能力要素、品德要素，最后确定本套教材的体系。

第三步，确定教材的总体设计方案。

2. 教材的编制阶段

教材的编制阶段主要包括材料的精选和教材内容的编排。选材时要注意，一定要选最有价值且是最新研究成果的材料。材料选定后应予以合理组织，以便于学生学习。在合理组织材料的时候经常会遇到三对关系，即纵向组织与横向组织、逻辑顺序与心理顺序、直线式与螺旋式。一定要处理好这三种关系。

3. 教材的实验阶段

所编的教材通过初审以后，需要委托一些试点学校试教或者是交给实验学校进行系统的实验。未经试教或实验的教材不能提交全国教材审定委员会审定，更不能予以推广。

第三节　新课程理念下体育与健康教材

一、新课程理念下健康教育教材的定位

新课程从体育扩展到体育与健康，内涵扩大了，增加了促进学生身心健康的教育内容，把有关身体发育、增进健康的基本知识和方法都纳入一本教材。这里就有一个体育教育与健康教育孰重孰轻的问题，课程虽然更名为体育与健康，但健康教育教材并不是体育课程与健康教育课程的简单合并。那么如何对

健康教育进行定位呢？

首先，我们必须明确体育与健康课程关注的是学生如何通过身体活动，去实现健康目标的一门课程。它关注的是学生如何通过身体活动，去实现健康目标，它重视的是如何通过这门课程的教学不仅使学生掌握基本的运动技能和增强体能，而且使学生得到全面的发展。实际上，体育与健康课程的健康教育内容强调的是将课程的教学与人的培养紧密联系起来，基础是学好体育基本技能、增强体质，然后在此基础上促进学生心理健康与社会适应力的提高。

其次，在教学手段上，我们说体育教育与健康教育是两个相对独立的概念，体育教育是学校教育的重要组成部分，理应为促进学生身心健康的教育目标服务，但对学生进行的健康教育不能单纯地用体育训练方法来进行，必须将体育与心理、社会、美学等多种创新的手段结合起来完成，这是新课程改革的关键。

再次，在教材内容的选择上，我们知道健康教育内容非常丰富，在现有每周课时的教学条件下，体育与健康课程中的健康教育教材，只能是增进健康的一个方面，我们不能错误地认为学生通过体育与健康课程的教育就可以代替如营养、医疗、睡眠等条件，转而成为影响健康的首要因素。因此，体育与健康课程中的健康教育内容，绝不能简单化地理解为与体育有关的医学知识，而应扩展到使学生理解健康是获得幸福生活的重要事情，特别要注重学生健康观念、健康意识的培养。

最后，对于不同健康状况的学生，教材中的健康教育内容要采用区别对待原则，教学内容和教学目标采用不同的标准，合理定位。

二、体育与健康课程标准

为了适应时代的发展和贯彻落实中央的有关决定，教育部颁布了新制定的《体育与健康教学大纲》，该大纲将《体育》课程的名称更名为《体育与健康》。这套大纲强调以全面贯彻教育方针和"健康第一"为指导思想，重视以学生为主体，关注发挥体育与健康教学的综合功能；加大了教学内容的选择性；改革了体育考核和评价的方法；构建了五个学习领域（运动参与、运动技能、身体健康、心理健康、社会适应），六个学习水平的课程目标体系；充分体现了体育与健康课程以身体练习为主的特点和身体、心理、社会的三维健康观。

（一）课程性质

体育与健康课程是一门以身体练习为主要手段、以增进学生健康为主要目的的课程。它是对原有的体育课程进行深化改革，突出健康目标的一门课程。

（二）课程价值

体育与健康课程对于提高学生的健康水平，促进学生全面和谐发展，培养社会主义现代化建设需要的高素质劳动者，具有极为重要的作用。

1. 增进身体健康

通过本课程的学习，学生能够提高对身体和健康的认识，掌握有关身体健康的知识和科学的健身方法，提高自我保健意识；坚持锻炼，增强体能，促进身体健康；养成健康的生活方式。

2. 提高心理健康水平

通过本课程的学习，学生将在和谐、平等、友爱的运动环境中感受到集体的温暖；在经历挫折和克服困难的过程中，提高抗挫折能力和情绪调节能力，培养坚强的意志品质；在不断体验进步或成功的过程中，增强自尊心和自信心，培养创新精神和创新能力，形成积极向上、乐观开朗的生活态度。

3. 增强社会适应能力

通过本课程的学习，学生将理解个人健康与群体健康的密切关系，建立起对自我、群体和社会的责任感；形成现代社会所必需的合作与竞争意识，学会尊重和关心他人，培养良好的体育道德和集体主义、社会主义、爱国主义精神，学会获取现代社会中体育与健康知识的方法。

4. 获得体育与健康知识和技能

通过本课程的学习，学生能够掌握体育与健康的基本知识和运动技能，学会学习体育的基本方法，形成终身锻炼的意识和习惯；学生可以根据自己的兴趣爱好和不同需求，选择个人喜爱的方法参与体育活动，挖掘运动潜能，提高运动欣赏能力，形成积极的余暇生活方式；学生能够提高体育运动中的安全防范能力，获得在野外环境中的基本生存技能。

（三）课程基本理念

1. 坚持"健康第一"的指导思想

体育与健康课程以学生身体、心理和社会适应能力整体健康水平的提高为目标，构建了技能、认知、情感、行为等领域并行推进的课程结构，融合了体育、生理、心理、卫生保健、社会、安全、营养等诸多学科领域的有关知识，真正关注学生的健康意识、锻炼习惯和卫生习惯的养成，将增进学生健康贯穿于课程实施的全过程，确保"健康第一"的思想落到实处，使学生健康成长。

2. 激发运动兴趣

学校体育是终身体育的基础，运动兴趣和习惯是促进学生自主学习和终身坚持锻炼的前提。无论是教学内容的选择还是教学方法的更新，都应十分关注学生的运动兴趣，只有激发和保持学生的运动兴趣，才能使学生自觉、积极地进行体育锻炼。因此，在体育教学中，学生的运动兴趣是实现体育与健康课程目标和价值的有效保证。

3. 关注个体差异与不同需求

体育与健康课程充分注意到学生在身体条件、兴趣爱好和运动技能等方面的个体差异，根据这种差异性确定学习目标和评价方法，并提出相应的教学建议，从而保证绝大多数学生能完成课程学习目标，使每个学生都能体验到学习和成功的乐趣，以满足自我发展的需要。

（四）课程标准的设计思路

1. 根据课程目标与内容划分学习领域

体育与健康课程改变了传统的按运动项目划分课程内容和安排教学时数的框架，根据三维健康观、体育自身的特点以及国际课程发展的趋势，丰富了课程学习的内容，将课程学习内容划分为运动参与、运动技能、身体健康、心理健康和社会适应五个学习领域，并根据领域目标构建课程的内容体系。

2. 根据可操作性和观察性确定具体的学习目标

为了确保学习目标的达成和学习评价的可行性，学习目标必须是具体的、可观察的。在心理健康和社会适应两个学习领域，要求学生在掌握有关知识、技能的同时，强调学生应在运动实践中体验心理感受并形成良好的行为习惯，这使情感、意志方面的学习目标由隐性变为显性，由原则性的要求变为可以观测的行为表征。这既便于学生学习时自我认识和体验，又便于教师对学生的观察和评价。

3. 根据三级课程管理的要求加大课程内容的选择性

按照三级课程管理的要求，《课程标准》规定了各学习领域、各水平的学习目标，同时确定了依据学习目标选择教学内容的原则。各地、各校在制订具体的课程实施方案时，可以依据课程的学习目标，从本地、本校的实际情况出发，

选用适当的教学内容和教学方法。《课程标准》对教学内容的选取做了灵活的处理，学校可以按照内容标准中的规定，根据学校各方面的条件和多数学生的兴趣，在每一类运动项目（如球类、田径等）中选择若干动作技能作为教学内容；在高学段，学生可以根据学校确定的内容范围，选择一两个项目作为学习的内容。

三、体育与健康教材

（一）体现"高""新""精""活"的特色

"高"是指适当高于全国统一颁布《体育与健康教学大纲》的要求，即在体育技能、技术的总体上要适当减降，而在体育与保健的基本知识、基本技能与应用能力方面，在全面提高学生的身体素质、心理素质、思想品德素质和发展个性方面则有所提高。"新"指有创新、有发展，教学目标、教学内容教材结构体系、课程教学模式、教学成绩评定等方面，要体现改革创新和求实精神，富有新意。"精"指教学内容要精练、有实效。"活"指有活力，即教学要生动活泼，有吸引力，也有利于各校既按统一要求教学，又能灵活地使用教材。

（二）教材的时数比重与旧教材有所区别

教材的时数比重在课程标准中，一是应提高理论知识的课时比重，目的在于加强其导向作用；二是增加选用教材的课时比重，加大教学的弹性。新教材时数比重的确定，有利于实现基本教材的统一和保证重点教材；提高选用教材的灵活多样性；促进共性与个性的协调发展；保证教材的先进性与适用性的统一，做到"统而不死，活而有序"。

体育与健康教材是体育教学活动的基本工具，必须根据《课程标准》的精神和要求以及学生的身心发展特征，全面理解新的课程理念、课程性质和课程价值，编写学生喜欢的、富有特色的体育与健康教材。

建设好体育与健康教材是为了帮助学生学习体育与健康课程，促进学生在身体、心理和社会适应能力等方面健康、和谐地发展，激发他们对体育的兴趣，培养他们的体育学习和活动能力，使其形成健康的意识、坚持体育锻炼的习惯和良好的生活方式，为适应未来的工作、学习和生活打下基础。

（三）教材内容的选择

体育教学是将为了实现体育教学目标而把一些必要的体育项目的各种运动动作和有关体育的基础知识、卫生保健知识等作为主要内容的，是体育教学的指导性文件和体育教学的依据。

1. 体育与健康教材内容的构成

体育与健康教材内容主要分为体育与健康理论知识内容和体育与健康实践内容。

第一，体育与健康理论知识内容。体育与健康理论知识内容主要包括对健康知识教育和对健康行为的教育。健康知识教育主要包括体育与健康课程的教学目标；身体健康、心理健康、社会适应良好的基本理念等内容。使学生掌握健康的基础知识，重在培养学生的体育文化素质，提高其积极、主动参加体育锻炼的自觉性，学会科学地指导身体锻炼，养成锻炼身体的习惯，从而提高锻炼效果并为学生终身从事体育锻炼打下基础。健康行为的教育主要包括中学生身体健康、心理健康、社会适应良好的形成方法；学生的自我健身与监督评价；终身体育锻炼的方法、技能等。通过对学生进行健康行为的教育，学生建立整体健康观念，确立顽强向上的人生态度，提高人的生命和生活质量，使生命向着健康、和谐、乐观、完美的境界发展。

第二，体育与健康实践内容。体育与健康实践内容主要包括田径运动、体操运动、民族民间体育运动、球类运动、新兴体育运动。学校体育实践教学内容应以生动活泼、丰富多彩的形式开展，以激发学生的学习动机为前提，通过教学，培养学生体育锻炼的兴趣、能力和锻炼习惯。依据人民教育出版社出版的《体育与健康》来选择教材分析的内容，整个教材内容安排如下：

田径类教材主要内容有：快速跑、耐久跑、跨栏跑、接力跑；跳高、跳远（女）、三级跳（男）、提高弹跳力的各种跳跃运动；推铅球、掷实心球、掷物品增加上下肢力量的辅助练习等，还有定向越野教学内容。

体操类教材主要内容有：

基本体操教材，包括队列和体操队形、成套徒手操、广播体操、持轻器械体操、负重搬运和角力等内容，技巧滚动、滚翻、倒立、平衡等动作；

支撑跳跃，包括一般跳跃、分腿腾跃（男）、侧腾越（女）等；

单杠教材，包括以单杠的基本握法、悬垂、摆动和支撑为重点的基本技术和基本姿势教育；

双杠教材，包括以基本握法，各种支撑、移行和屈伸为重点的基本技术和基本姿势教育，简单的上法、套路和安全落地的下法；

游戏教材，包括智力游戏、活动性游戏、竞技性游戏、一定的情节动作、比赛规则和结果等部分组成的综合性体育活动等。

民族民间体育教材主要内容有：武术、养身术以及各民族人民喜闻乐见的各种形式的体育活动，其包括武术的各种功法、套路及技击方法；各种手型、手法、步型、步法、蹿蹦跳跃等动作；对练及器械。

球类教材主要内容有：

篮球教材，主要由基本技术、简单战术和教学比赛三部分组成；

排球教材，基本内容有传球、垫球、发球、扣球和"中一二""边一二""心跟进"等简单战术；

足球教材，主要掌握踢、停、顶、运球的方法，简单的战术。

新兴体育运动教材主要内容有：了解轮滑、攀岩、瑜伽、啦啦操等新兴项目的教学。

2. 体育与健康教材选择的流程

教材是教学的材料，是学生在学习中接受知识信息的最主要、最基本的源泉。但是，教材往往不是唯一的教学材料，也不一定是最好、最先进、最适合学生的材料。因此，面对具体的教学任务，教师有责任、有必要通过分析教材进行重新选择、调整和加工、处理，使之变成易于被学生接受、理解的东西，并进一步为实现高于教材的教学目标做到用教材而不是教教材。

具体选择的步骤可以从以下几方面来执行。

第一步，钻研教学目标。在广泛阅读资料、系统分析体育与健康课程标准的基础上建立体育教材整体框架，并不断讨论与反思修改。

第二步，建立学年、学期目标，并进一步制订相应的计划，同时进行反思与讨论，修改计划。

第三步，选择课堂教学教材。依据互相补充或互相促进的原则，配合主教材内容安排应的辅教材。

第四步，进入课堂教学实践，对选择的教材内容进行实践检验。

第五步，建立反馈系统，建立由学生到教师，再由教师到学生的反馈机制。

第六步，通过反馈机制对教材的选择进行及时修正，同时注意条件的变化。然后进入下一个环节，形成一个循环。

（四）教科书的使用

1. 明确体育教师的职责

体育教师应该根据《课程标准》的精神，明确自己的职责，只有这样才能更好地指导学生使用体育与健康教科书。教师在教学中的主要职责有以下几个方面。

第一，帮助学生进行预先检测和自我评价，以便学生了解自我，同时，要使学生明确自己想要学习什么和获得什么。

第二，启发或帮助学生设计恰当的学习活动（包括活动内容、方法、形式等）。

第三，帮助学生寻找、搜集和利用体育学习资源。

第四，帮助学生认识其所学的知识和技能对个人发展的意义。

第五，帮助学生在学习过程中保持积极情绪。

第六，指导学生对学习过程和结果进行评价，并促进评价的内在化。

2.指导学生学会使用教科书的方法

第一，自学阅读法。根据体育与健康课程的性质和特点，学生不可能每人拿着一本教科书去上体育课或进行体育锻炼。教师可指导学生利用课前或课后的部分时间或在家进行阅读，并提出阅读的目标和重点以及需思考的问题，这有助于促进学生有效地进行体育实践活动。

第二，预习练习法。预习练习法与自学阅读法类似，但主要用于单元学习，是指教师在课前指导学生对教科书的重点内容进行预习。这种方法针对性、目的性强，教师要善于指导学生通过预习和阅读教科书的有关内容，明确学习的目标，特别是让学生自己设计学习方式，探索学习内容的意义，为进行有效的学习做好准备。

第三，小组学习法。小组学习法主要用于培养学生合作学习、探究学习和创新学习的能力。一般是将学生按同质分组，各组在小组长的组织下，对教科书中的有关内容或感兴趣的问题进行探讨和研究，并在体育活动中互相交流，从而得出结论。

第四，个人总结法。个人总结法是指当一个单元或期中、期末的体育学习和锻炼结束后，结合教科书的内容，让学生进行自我总结和评价。教师要特别注意指导学生总结对体育的情感、态度、价值观的认识和变化，以便为今后的体育学习和锻炼打下良好的基础。

四、新课程理念下体育与健康课程资源的开发和利用

课程资源是我国新一轮基础教育课程改革中的一个亮点。积极开发和利用体育与健康课程资源，对于实施新课程和深化中学体育教学改革具有多方面的作用，如有助于学校课堂教学内容的丰富多彩；有助于激发学生进行体育学习和活动的兴趣；有助于形成学校的体育特色。新体育课程鼓励各地、各校对传

统教材优化、整合，对竞技性内容进行改造；大力开发和利用民族、民间体育项目；发展新兴体育运动项目，等等。

课程资源对体育教师是一个全新的概念，也是我国基础教育课程改革中所面临的一个崭新的课题。课程资源是在基础教育课程改革不断深入的过程中显现出来的。可以说没有课程资源的广泛支持，课程标准的理念和目标就很难落实。

（一）课程资源及其类型

所谓课程资源是指富有教育价值的、能够转化为学校课程或服务于学校课程的各种条件的总称，它包括教材以及学校、家庭、社会中所有可资利用的、有助于提高学生素质的人力、物力与自然资源。课程资源从不同的角度出发，其分类各有不同。根据来源，课程资源可分为校内课程资源和校外课程资源；根据性质，课程资源可分为自然资源和社会课程资源；根据物性特征，课程资源可分为人力资源和物力资源；根据资源的呈现方式，课程资源可分为文字资源、实物资源、活动资源和信息化资源，等等。按照新的课程理念，体育与健康课程资源可分为人力资源、体育设施资源、课程内容资源、课外和校外体育资源、自然地理资源、体育与健康信息资源等。

（二）开发和利用体育与健康课程资源的必要性

1. 新课程改革的需要

以往，由于受到各种因素的制约，学校缺乏对体育课程资源的识别、开发和利用的意识和能力。一方面由于课程资源严重不足，另一方面由于开发和利用课程资源的意识淡薄而导致大量课程资源被埋没，不能及时地被加工、转化，进入实际的体育课程之中，从而造成许多有价值的课程资源闲置与浪费。这既限制了教师创造性的发挥，又影响了体育教学的效果。新课程改革十分注重课程资源的开发与利用。《基础教育课程改革纲要（试行）》对课程资源开发和利用的途径提出了明确的指导性意见，要求"合理利用与积极开发课程资源，给学生提供贴近学生实际、贴近生活、贴近时代的内容健康和丰富的课程资源，要积极利用音像、电视、书刊、网络信息等丰富的教学资源拓展学习和运用体育的渠道；积极鼓励和支持学生主动参与课程资源的开发和利用"。体育与健康课程资源是非常丰富的，教师要充分认识到开发和利用体育与健康课程资源对体育与健康课程实施所起的重要作用，将体育与健康课程资源的开发和利用纳入体育与健康课程实施的计划之中，为学生提供丰富的课程资源。归根到底，是为了学生学得更好、学得更多、学得更有趣。

2. 对于提高体育教学效果有着重要的作用

课程标准以目标的达成来统领教学内容和教学方法的选择。各地、各校可以选择不同的内容、采用多种形式和方法去达成课程目标。开发和利用体育与健康课程资源使得学生选择学习的空间增大，学生完全可以根据自己的兴趣爱好、学习基础选择自己所喜爱的内容和方式进行学习，这一定会大大提高学生的学习积极性和学习效果。由于新体育课程为体育教师开展创造性的教学工作提供了很大的空间，教师不必受固定教材内容、固定教学方式的束缚，完全可以根据课程目标，充分考虑学生的学习需求，在利用和开发课程内容资源的基础上进行创造性教学工作，这无疑会大大提高教师的教学质量和教学效果。

3. 为学生自主学习创造了有利条件

现代教育十分强调自主学习的重要性，体育教学也不例外。由于学生的学习需求存在差异，他们的学习风格、学习策略也各不相同，单一的学习资源和学习渠道不仅不能满足学生的学习需求，而且不利于发挥他们各自的潜力。解决问题的途径之一是提供丰富多样的学习资源，使学生能够根据自己的学习需求和最适合自己的学习渠道进行选择性的学习。学生可以自主决定学什么、怎么学、什么应该学、在什么地方学，等等。因此，开发和利用体育与健康课程资源为学生自主学习创造了有利条件。

（三）开发和利用体育与健康课程资源的具体内容

体育与健康课程资源主要包括原有的竞技运动项目、新兴运动项目、民族民间传统体育等。选择和开发体育教学内容应以《课程标准》的精神为依据，并有助于学生达成学习的目标。

1. 竞技运动项目的开发和利用

传统的体育教学内容来源于竞技运动，教学体系也属竞技运动。由于竞技运动教学的最终目的是提高运动成绩而非促进广大学生的健康，因此，其教学目标与《课程标准》所倡导的新理念不相一致。那么如何使竞技运动项目内容为新体育课程教学所使用，这就需要对竞技运动项目进行适当的改造；剔除竞技运动单纯追求运动成绩的弊端，发挥竞技运动对人的激励作用，回归竞技运动的本质功能。所谓对竞技运动项目内容的改造，一是指对竞赛规则的简化和异化；二是指对运动项目内容多种功能的挖掘和开发。简化就是将那些过细的、

与学生关系不大的、对促进健康不利的规则删除，使规则更有利于激发学生的学习兴趣，更有利于他们全身心地投入活动中去；异化是指修改规则与创新适合学生和学校场地的规则。现有运动项目资源十分丰富，在开发时，教师应根据学生的身心发展特征加强对现有运动项目的改造，这是课程设计的重要内容，也是教师发挥主导作用的重要方面。竞技运动项目改造的基本方法为：其一，简化技术结构，减小运动难度，使其既能增强体能、增进健康，又能减轻学生运动时生理和心理的负担；其二，调整场地器材规格，修改竞技比赛规则，使其能适应广大学生的实际，有利于激发学生的学习兴趣，使他们全身心地投入其中；其三，降低负荷要求，使运动负荷控制在最佳范围内，满足学生的健身需求；其四，在组织教材内容时，调整和转换传统教材的竞技运动特点，充分挖掘运动项目的多种功能，更多地考虑教材的健身、健心以及促进社会交往方面的功能。改造竞技运动项目的实例很多，如足球运动是许多中学生特别是男生非常喜爱的一种运动，由于受场地的限制，没有正规的足球场地，导致绝大多数学校特别是边远山区学校无法开展足球活动，从而使许多学生不能享受足球带来的愉悦。我们可以通过对足球场地进行改造、简化规则、降低比赛难度，无论在篮球场地还是排球场地都可以开展小足球运动，这将大大激发学生的学习兴趣，有利于促进学生的全面发展。

竞技运动项目改造的范例：4对4篮球场足球比赛。

第一，活动目的。通过开展小场地的足球比赛，培养学生对足球的兴趣和爱好，使其积极参与活动，发展速度、力量、耐力等体能，增强合作意识。

第二，准备内容。篮球场，足球一个，橡皮筋两根，分别拴在篮架等高处，做球门。

第三，活动方法。将学生分成4人一组的两队，不用守门员，4人分散在场地中，比赛开始，双方队员采用传、接、射门等技战术，将球射入对方球门为进一球，以先进球方为胜，然后换4人继续进行比赛。

第四，活动规则。可借助足球比赛有关规则，出现违例，在违例地点发边线球。

2. 新兴运动类项目的开发和利用

以往的体育教学内容"难、繁、偏、旧"和过于注重竞技化，与学生的生活和现代社会的发展不相适应，与学生的身心特点、需要、社会生活脱节。新体育与健康课程内容要注意时代性，贴近学生的实际生活，关注学生的生活经验。各地、各校应在继承优良传统的基础上，大胆改革，与时俱进，开拓创新。

在重视改造传统运动项目的同时，引入新兴运动类项目，精选适应时代要求的、有利于为学生终身发展奠定基础的体育与健康基础知识、基本技能和方法作为学习内容，以激发学生学习体育的兴趣，提高学生参与体育活动的积极性。课程标准中的新兴运动项目是指国际上比较流行但在我国开展不久的或国内新创的、深受青少年喜爱并适合在学校开展的运动项目。如健美运动、攀岩、现代舞、网球、软式排球、软式足球、沙滩排球、壁球、保龄球、旱冰、滑板、定向运动、远足、野营、郊游，等等。新兴运动类项目进入学校体育课堂，不仅可以丰富体育教学内容，而且也会深受学生的喜爱，应使这些项目成为学生健康发展的重要课程内容。学校应注意把学生的时尚追求转变成健康向上的课程内容，同时还应注意对新兴运动项目进行改造。以软式足球为例，软式足球作为一种新兴运动项目，深受广大学生喜爱。由于教育经费不足，学校体育活动受到限制，绝大多数学校都没有正规的足球场地，要在狭小的操场上进行足球活动，安全系数较低，一是怕踢伤人，二是怕踢坏门窗。因此，许多学校是禁止足球活动的。软式足球的引入，可填补以上不足，给学校体育课堂教学带来无限生机。

新兴运动项目开发和利用的范例：软式足球的基础练习。

第一，活动目的。掌握多种带球与射门基本技术动作，发展灵敏和协调性，增强下肢力量，激发学习兴趣，培养积极思维，提高自主锻炼的能力。

第二，活动准备。篮球场地，软式足球若干，田径分道8个，音响1台。

第三，导入。于热身音乐下沿场地做多种变换的走和跑，在走中做准备活动。

第四，体验与动作组合。

·学生每人一球，沿操场做各种变换动作的带球跑。

·学生两人一球，进行30m跑动作中的互传练习。

第五，射球活动。

·做推射球力量控制练习。方法：在距墙5m远线处进行推射比赛，看谁射出的球在撞墙后反弹至5m线处最近。

·设1.5m宽小球门4个，学生分4组距球门8m远处依次做左、右脚各种变换形式的射门练习。

·两人配合30m跑动互传射门。射门要互传至距球门5m内。

第六，放松活动。在轻松优美的音乐伴奏下，跟教师一起跳16步舞3～4遍。

3. 民族民间体育类项目资源的开发和利用

我国是一个多民族的国家，民族体育文化源远流长，体育与健康课程应当充分开发和利用宝贵的民族民间体育类项目资源。例如，武术是中华民族优秀

传统体育文化的瑰宝，由于其具有鲜明的对抗性、技击性，受到学生的普遍欢迎，在教学中应大力开发和利用。新课标中所指的民族传统体育是指在我国的某一民族或某些民族范围内开展的具有浓郁的民族文化色彩和特征的体育活动，如蒙古族的摔跤、藏族的歌舞、维吾尔族的舞蹈、朝鲜族的荡千秋、锡伯族的射箭、彝族的射弩、白族的跳山羊以及踢毽子、滚铁环、抽陀螺，等等；民间体育与健康是指在某一或某些地区开展的具有广泛性的体育活动，如春节的舞狮、清明节的踏青郊游、端午节的赛龙舟和重阳节的登高，等等，这些都是我们体育课可以开发与利用的资源。对其进行挑选、整理，引入课堂教学，这样既可以使学生了解我国民族民间的传统文化，增强学生的民族自豪感，又可以激发和保持学生参与体育活动的兴趣，提高学生的健康水平。在设计和实施民族民间体育类课程内容时，应根据学生的身心发展特征来改造民族民间体育类项目，注意教育学生遵守民族风俗习惯；在计划实施民族民间类体育项目时，应加强安全教育，引导学生根据当地气候、自然地理等条件，创造新的民族民间体育活动内容。开发和利用民族民间体育类项目资源是一项开创性的工作，作为体育教育工作者应做好以下几点工作。一是认真做好收集、挖掘、整理工作；二是认真总结，积极交流；三是积极做好器械的改造和活动形式的改进工作；四是认真做好教师的培训工作。民族民间传统体育资源的开发有助于形成具有各地、各校特色的体育与健康课程，使学生的生活经验与课程的学习内容紧密相连。民族民间传统体育项目的种类繁多，形式多样，这里介绍一例。

民族民间传统体育项目开发的范例：轻松愉快的"滚铁环"运动。

第一，活动目的。通过铁环运动，发展灵敏、协调等体能，掌握铁环的多种娱乐方法，提高学习兴趣，培养创新意识、竞争意识、团结协作的精神和积极的参与意识。

第二，活动准备。铁环若干个、铁钩若干个、平整场地一块、道次牌若干个。

第三，活动方法。将学生分成若干组，进行以下练习。

• 丢回缩圈练习，利用环的特性可做回缩运动，单手抛环，必须抛出2m以外，按规定回到所站位置得一分，各组累计得分多的为胜；

• 迎面滚铁环接力比赛，学生10人一组，相距20m相对站立，进行迎面滚铁环接力比赛；

• 绕竿接力比赛，学生10人一组，在距20m处插一标志竿，学生进行滚铁环绕竿接力比赛。

第四，活动规则。

• 丢回缩圈时，单手抛环，环必须抛出2m以外，并回到起抛点；

·滚铁环接力比赛时,铁钩搭在铁环外沿,令铁环垂直于地面,推动铁环前进,若铁环倒地,必须扶起重来。

第五,教学建议。

铁环的玩法多种多样,可根据它的特性,让学生展示自己的创新能力,开发多种玩法,如丢圈套物、铁环操等。

(四)开发和利用体育与健康课程资源应注意的问题

开发和利用体育与健康课程资源要体现《国家基础教育课程改革纲要(试行)》的理念和目标,落实《体育与健康课程标准》的要求,促进学生的健康发展。

体育与健康课程内容的开发和利用要依据五个学习领域的内容标准,精选与学生身心健康紧密相关的学习内容,以学生的发展需要为中心,要有利于培养学生的创新精神和创新能力。

开发和利用体育与健康课程资源要符合学生的身心发展的特点,满足学生的兴趣爱好和发展要求,不仅要注意学生的群体需求,而且要注意学生的个体需求。

开发和利用体育与健康课程资源还必须考虑到学生的兴趣、知识、生活经验、需求、可接受性、情感态度和价值观及培养目标等方面的因素,提高课程资源的实用性,从各校体育教学的实际条件出发,努力发展反映学校特色的新体育课程资源,促进新体育课程目标的整体实现。

开发和利用体育与健康课程资源安全工作重于泰山,组织措施要到位。

开发和利用课程资源,是关系到我国基础教育课程改革目标能否实现的重要因素。当务之急,一个重要的课题是强化课程资源意识,提高对课程资源的认识水平,因地制宜地开发和利用体育学科丰富的课程资源,更好地实现课程改革目标。只要以现代教育理念去辩证地进行开发和利用,就一定能培养出适应现代社会需求的合格的高素质劳动者。

第六章 体育教学方法的革新与发展

体育教学方法是实现体育教学目标、开展体育教学活动的主要途径和手段，教学方法的有效性关系着教学目标实现的程度，而教学方法的科学性与创新性又对体育教学的质量具有决定作用。鉴于体育教学方法的重要作用，本节对体育教学方法的革新与发展进行了探讨，并分别研究了体育教学方法的基本理论、常见教学方法、教学方法的选择与运用以及体育教学方法的发展等问题。

第一节 体育教学方法的基本理论

一、体育教学方法的概念与含义

体育教学的方法即为实现体育教学目的而采用的手段、方式、措施和途径等的总和。具体而言，体育教学方法的概念可定义为：在体育教学过程中，为了达到体育教学目标和实现体育教学目的而由师生所采用的可操作性的教学方式、途径和手段的总称。关于体育教学方法的含义，可以通过以下几个方面来进行掌握。

（一）体育教学方法是教师"教"与学生"学"的统一

体育教学方法是教与学的统一，只有师生之间实现有效的双边互动，才能够更好地发挥体育教学方法的价值与作用。体育教学活动可以简单理解为"教师的教"和"学生的学"两个层次的内容，教师和学生是教学活动的主体。体育教学方法和手段都是针对学生来选择与运用的，教师和学生之间具有密切的关系，在师生的双边互动中，体育教学的任务和目的逐步实现。因此，教和学这两方面的内容贯穿于体育教学方法实施的始终。

（二）体育教学方法是师生动作和行为的总和

教学方法是在师生互动中得到贯彻与实施的，体育教学的方法也是师生之间行为动作总和的体系。体育教学的方法与其他科目教学方法的主要区别在于，体育教学方法在注重教学语言要素的同时，更加注重动作要素。在体育教学过程中，各种动作的掌握和熟练需要教师进行示范、讲解以及纠正，并在此基础上，学生重复进行练习，才能最终掌握相应的技术动作。因此，体育教学方法是教师和学生的动作和行为的总和。

（三）体育教学方法和教学目标不可分割

任何一种体育教学方法都具有一定的目标性，如果脱离了目标，那么体育教学的方法也就失去了其存在的意义。体育教学方法应与体育教学目的之间保持密切的联系，教学方法的实施应能够促进体育教学目标和任务的实现。因此，体育教学方法作为体育教学的重要组成部分，其服务于体育教学的目标和任务。体育教学方法和体育教学目标之间具有一定的不可分割性，如果将两者割裂开来，那么体育教学方法没有明确的方向，会表现出一定的盲目性；而体育教学目标如果脱离了体育教学方法，则不能得到有效实现。

（四）体育教学方法的功能具有多样性

现代体育教学不仅仅注重学生动作和技术的掌握，以及各方面身体素质的增强，它更加注重学生的全面发展。因此，体育教学方法的功能也具有了多样性的特点，多功能的体育教学方法不仅能够在一定程度上促进学生运动能力的增强，还能够促进学生思想道德品质、心理素质等方面的发展，对于学生的全面发展具有重要的促进作用。

二、体育教学方法的特点

（一）多种感官集体参与性

体育教学活动是感知、思维和练习三者的结合，因此，其教学活动也需要多种感官参与其中，这样才能够保证各项动作的顺利完成。体育教学活动的特殊性要求在体育教学过程中，所有参与者都需要动员身体的各种器官。具体而言，教师需要为学生进行相应的动作示范，并且对学生的动作进行必要的指导和纠正；学生则需要进行必要的准备活动，然后进行相应的动作练习。在学习过程中，学生通过触觉和动觉等感受器官对运动的方向、用力的大小和动作的幅度等方面进行感知，通过自身和他人的信息反馈控制身体完成正确的动作，形成正确的动作定式。

鉴于体育教学活动的上述特点，在进行体育教学活动时，教师应运用多种方法，有效调动学生的各种器官参与教学活动，以使学生更好地掌握相应的活动。具体而言，在体育教学活动中，教师应引导学生认真学习，积极进行思考，注重动作技术的调节控制，并进行大量重复练习。对于学生而言，正确的体育教学方法能够更大限度地调动多个身体器官参与活动，从而帮助其掌握各种动作，实现学习目标。

（二）感知、思维和练习有机结合性

在体育教学过程中，学生的学习是一个复杂的认知过程，在这一过程中学生需要动用思维、感知、记忆和想象，并结合具体的身体练习最终掌握动作。因此，体育教学方法也是感知、思维和练习相结合的过程，在结合的过程中，学生需要通过自身的信息接收器官将外界信息传送至大脑皮层，并运用大脑对各种信息进行整理、分析和加工，然后大脑指挥人体的各器官完成相应的动作；通过动作的不断重复，学生建立起相应的动力定型，实现动作的自动化，同时掌握相应的动作技术。在这个学习过程中，信息的感知是动作学习的基础，思维活动则是学习过程的核心，而练习是动作技术掌握的重要手段。

体育教学方法的实施过程是认识与实践、心理与身体相结合的过程，是感知、思维和练习三者的有机结合。

（三）实践操作性

体育教学方法与一般的教学方法相比，其最大特点是实践操作性。体育教学方法必须与体育教学实践紧密相连，当然有些方法是室内学科教学方法的借用，如直观教学法、讲解法等，但这些方法必须根据室外体育教学的特点、环境、学生的队列等情况加以调整，否则就不能适应体育教学。

体育教学的主要方式是身体运动，身体运动是学生对自身身体的运动感受，具有"此时此地"的特点，因此，在选择与安排教学方法时，一定要根据体育教学自身操作活动的实践特点进行，而不仅仅是停留在理论层面上。只有结合实践操作的体育教学方法，才能让学生在掌握动作技术概念的基础上，通过身体实践活动达到掌握运动技能、促进心理发展的目的。同时，体育教学方法必须得到体育教学实践的检验，才能判断其教学方法是否有效。

（四）时空功效性

体育教学可以划分为不同的阶段，在不同的阶段内，有着鲜明的阶段特点，师生之间相互产生着一定的影响。在教学的开始阶段，教师处于主导地位，随着时间的推移，学生的主体地位逐渐增强。

在教学过程中，教学方法和途径发挥了重要的作用。在开始阶段，学生学习动机、兴趣、欲望等的激发，需要教师运动合理的方法；教师通过讲解、示范等方法来使学生理解和掌握相应的知识和技能；学生在学练过程中，通过一定的方法来感知、理解和掌握相关的知识。总之，在体育教学的不同阶段，体育教学方法都发挥着其应有的作用，这是体育教学方法的时空功效性特点。

（五）运动与休息合理交替性

在体育教学过程中，学生的大脑和身体通过一定的学习活动会产生相应的疲劳，造成学习效率下降。尤其是高强度的身体运动对于学生的体能消耗较大，这时为了保证教学活动的正常进行，有必要安排相应的休息活动。

在学习活动中，学生通过一定的认知、理解和记忆后，就会有相应的脑力消耗；通过进行相应的身体练习，人体的能量消耗加剧，人体相应的器官出现一些疲劳症状，并且随着运动负荷的增加，其会对学习活动产生一定的消极影响。因此，体育教学方法注重运动与学习的结合，使学生的身体疲劳能够得到一定程度的缓解，保证其保持较高的学习效率。

需要注意的是，这里的休息并不一定是指暂停相应的活动，也可能是一种积极性的休息——通过开展相应的轻松的活动，来达到身心的放松，帮助学生消除疲劳症状。安排休息时，应注重积极性休息和消极性休息的结合，使得休息能够更好地达到预期的效果。

（六）继承发展性

体育教学的方法是在长期的体育教学实践过程中逐步发展起来的，经过多年的积累、发展和创新，逐渐形成了内容丰富的体育教学方法体系。很多教学方法具有鲜活的生命力，经过多年的发展依然在教学过程中发挥着巨大的作用。这些有效的教学方法值得人们对其进行总结、整理和借鉴。在教学实践过程中，在继承传统的教学方法的基础上，一些新的教学方法不断被提出，使得体育教学方法的体系不断完善。

需要指出的是，虽然体育教学的方法众多，但不应过于迷信现代化的教学方法，更不能对一些国外的教学方法进行刻板的模仿。教育工作者应在扬弃的基础上发展创新，在时代发展的大环境下，在体育教学具体实际的基础上，对教学方法进行开拓创新。

三、体育教学方法的分类

体育教学方法众多，对其进行分类整理不管是对教学方法体系的发展完善，还是对教师科学选用体育教学方法，都具有极为重要的意义。但是，目前对于教学方法的分类缺乏统一的标准和依据，因此众说纷纭。通常，体育教学的方法分为两个基本大类：教法类和学练法类，具体内容如下。

（一）教法类

1. 知识技能教法

知识技能教法包括基本知识的教法和体育技能的教法。

第一，基本知识的教法。

基本知识的教学包括体育保健类知识以及体育的相关理论等的教学。体育基本知识的教学方法同其他学科的教学方法类似，这类教学方法在进行分类时较为复杂，根据不同的分类依据可将其分为不同的类别。

在体育教学过程中，教师在选择相应的体育教学方法时，要注意教学的实践活动和它的多功能作用的发挥，要将体育教学的基本知识与体育活动的具体实践密切结合起来，教学方法要具有可操作性。

第二，体育技能的教法。

体育技能的教学方法即一般意义上的运动教学方法，这是体育教学方法中与其他学科的教学方法有很大差别的部分。在采用相应的体育教学方法时，应首先确定体育教学的目的。教师应首先明确教学的目的是使学生掌握运动技术技能，还是为了发展学生身体或是要达到其他什么目的。其次，应对体育教学的内容进行分析和处理，运用相应的动作教学方法来实现相应的教学任务。若体育教学的目的以及体育教学的内容不同，活动的方式也会有很大的区别，这时就需要采用不同的动作方法和策略。因此，体育技能教学方法具有灵活多变的特点，应根据具体的教学情况进行随机应变。

2. 思想教育法

思想教育法是对学生进行思想品德教育和美育的方法，这也是体育教学的重要任务之一。在开展相应的思想教育时，应结合体育教学的特点采用相应的教学方法，确保教学能够收到很好的效果。体育教学方法的运用要能够促进学

生顽强拼搏的意志品质的形成，培养其团队协作的意识，要促进学生个性意识的发展，并促使其形成正确的价值观念和审美观，培养其探索性和创造性思维。

（二）学练法类

1. 学法类

学法类即指导学生进行学习的方法，这也是体育教学的重要方面。在进行体育教学时，指导学生进行学习的方法应注重以下几方面的内容。首先，应确保学生能够较好地掌握前人积累和总结的知识和经验，在继承的基础上求发展；其次，学生应将相应的知识和经验与自身的个性特点相结合，从而最终形成终身体育意识与拥有相应的能力。

总而言之，学法类的教学方法应使学生不仅能够掌握相应的知识和技能，还要使其愿学、会学，并且在以后的工作和生活中能够对所学的知识进行运用，使其养成良好的体育锻炼习惯。

2. 练法类

指导学生锻炼的方法是体育教学里面最具本质特征的方法。练法类教学方法对于学生的身体素质以及各项运动技能的发展具有直接的作用和效果。在教学过程中，学生应能够理解和感受身体运动时的各项体验。在教学过程中，具有众多的身体锻炼的方法，其效果也因人而异。另外，在教学过程中，各种教学方法既可以单独使用，也可以进行有效的整合，从而形成一定的方法体系来运用。在教学过程中，学生应明确各种练法的作用和意义，并把握不同练法之间的联系，从而能够自如运用。

第二节　常见的体育教学方法

一、语言法

语言法即在教学活动中，教师通过对学生进行语言指导，从而达到相应的教学效果的方法。作为一名教师，能够正确、简明、形象地使用语言，对于学生的学习和教学工作任务的完成具有重要的意义。正确地使用语言，不但能够使学生更好地理解相应的学习目标和任务，还能够使其快速掌握相应的知识和技能。

因此，在体育教学过程中，教师应注重语言法的运用，注重语言的技巧。

一般学校体育教学中语言法的形式有：讲解、口头汇报、口头评价以及口令和指示等。

（一）讲解法

讲解即教师将相应的动作要领、方法和规则要求等方面的知识向学生进行说明，其目的在于更好地指导学生进行相应的运动技能的学习和掌握。讲解法是较为常用的教学方法，在运用时，应注重以下几方面的问题。

第一，要明确讲解的目的，根据教学目标、教学内容和学生特点进行讲解。在讲解过程中，应对自身的语速、语气进行调节，并抓住教学内容的重点和难点，具有一定的目的性和针对性，这样才能使学生明白哪些是重点和应该着重理解的方面。

第二，在进行讲解时，应注重其内容的正确性，不管是具体的工作原理还是相关的基本知识，都应做到准确无误。另外，还应注重讲解的方式要与学生的学习情况和学习能力相适应，使学生能够很好地接受相应的知识。

第三，为了更好地使学生理解相应的技术动作，讲解要做到生动形象、简明扼要。具体而言，在讲解过程中，应注重将新的技术动作和知识内容与学生已经了解和熟悉的内容联系起来，使学生更好地理解相应的动作技术。另外，教学时间有限，学生的注意力集中程度也会随着学习时间的延长而有所下降，因此，应抓住重点，简明扼要地进行讲解。

第四，在内容讲解过程中，不能将知识体系和动作技术孤立起来，要注重启发学生的发散性思维和创造性思维，使学生能够触类旁通、举一反三，更好地理解相关的知识，达到学以致用的目的。

第五，在进行讲解时，还应注重讲解的时机和效果。在讲解相应的内容时，首先应选择合适的站立位置，确保每个学生都能够听到相应的内容。另外，给学生进行讲解时，应充分调动其好奇心和积极性，如此才能取得更好的效果。

（二）口头汇报法

口头汇报是教师了解教学效果的重要方法之一，这种方法要求学生根据教学需要，向教师表述学习心得和有关教学内容、方式和疑难问题等相关方面的问题。通过学生的口头汇报，教师明确自身在教学过程中的不足，为教师提高和发展自身的教学水平提供相应的依据。对于学生而言，通过这种方式不仅能够培养其语言表达能力，还能够促使其进行积极的思考，加深其对于教学内容的理解。因此，在教学过程中安排相应的口头汇报不仅有助于教师和学生素质

的提高，对于教学质量的提升也有重要的促进作用。

（三）口头评价法

口头评价也是一种重要的语言方法，对于学生的动作完成情况以及课堂表现给予相应的口头评价，能够更好地促进学生的学习。口头评价可分为两种，一种为积极的评价；另一种则是消极的评价。积极的评价即对学生的正面鼓励，这能够在一定程度上激发学生的积极性，促进教学活动的更好开展；消极评价则是否定性的评价，这种评价往往指出学生的不足，明确其提高的方法和努力的方向，用这种方式时应注重语气和口气。

（四）口令、指示法

在体育教学过程中，需要借助多种口令和指示，如"立正""跑""转体"等。这些语言简短有力，能够很好地指导学生进行相应的技术动作的学练。但是，需要注意的是，运用这些口令和指示时，应注意把握其时机和节奏，否则会造成学生动作的不协调和出错。另外，还应注重发音的洪亮有力，不仅要使学生能够清楚地听到，还应给学生以势在必行之感。

二、直观法

直观法是体育教学中较为常用的一种教学方法。通过相应的直观的方式作用于人体的感觉器官，引起相应的感知，从而实现体育教学目的。一般常用的直观法有动作示范、条件诱导、多媒体技术、教具和模型的演示等形式。在实践过程中，人们认识事物时都是首先从感觉器官的感知开始的，因此，直观法能够使学生更易于理解相应的教学内容。

（一）动作示范法

动作示范法指的是教师采取一些示范动作使学生对技术动作的形象、结构和要领进行掌握的基本方法。一般在进行动作示范时，教师可亲自进行示范也可指定相应的学生进行动作示范。在采用动作示范方法时，应注意以下几方面的问题。

第一，在进行动作示范时，应具有一定的目的性。如果是为了使得学生了解动作的基本形象，示范动作可稍快；如果动作示范是为了使学生了解相应的动作结构，并引导学生进行学习，则动作应稍慢，可略夸张；如果是示范相应的重点和难点动作，可多示范几次。

第二，示范动作一定要注重其正确性，避免对学生形成误导。在进行相应的讲解时，不仅要注重内容的正确性，还要体现出教学内容的特点，并与学生的学习能力相适应，提高学生的学习兴趣。

第三，在进行动作示范时，应使得全体学生都能够看到。因此，可使学生呈圆圈形站立，或是错位站立。

第四，在进行动作示范时，一般会配合相应的讲解方法，使学生能够更好地理解。可采用先示范后讲解、边示范边讲解和先讲解后示范等方式。

（二）条件诱导法

条件诱导法也是较为常用的一种教学方法，以某种条件为诱因，并与相应的动作建立联系，从而达到相应的教学目的。例如，通过相应的音乐伴奏和喊节拍的方式，形成一定的动作节奏感；通过简单的语言提示使得学生的动作能够流畅进行。另外，也可设置相应的视觉标志，指示学生进行相应的动作方向和运动轨迹、幅度等方面的操作。

（三）多媒体技术法

多媒体技术主要包括电影、幻灯、录像等。在运用电影和电视录像时，应注意播放内容要与体育教学目标相适应，将电影和电视录像与讲解示范练习有机结合。多媒体技术虽然在教学过程中得到了普遍的运用，但是在体育教学过程中，其应用并不广泛。这与体育教学在户外授课、器材运用不方便具有很大的关系。

（四）直观教具与模型演示法

在体育教学过程中，对于一些高难度的动作可采用图表、照片和模型等直观方法进行辅助教学。通过运用这些教学工具，学生更易于理解相应的技术结构和动作形象。另外，对于一些战术配合，也常采用模型演示的方式进行讲解。

三、完整与分解法

（一）完整法

完整法指的是从动作开始到结束，完整地进行教学和练习的方法。一般在技术动作的难度不是很高或技术动作不可进行分解时，会采用完整法进行教学。另外，在首次进行动作示范时，也会采用完整法来进行动作技术形象的示范。完整法的优点在于动作协调优美、结构简单、方向路线变化较小，各动作之间具有密切的联系。其缺点在于对一些复杂的动作而言，采用这种教学方法会为

教学带来一定的困难。为了便于学生进行学习，促进教学活动更好地开展，应注重以下几方面的问题。

第一，在讲授一些简单和易于掌握的动作技术时，教师可以先进行完整的动作示范，示范之后，学生直接完成完整的动作练习。

第二，有些技术动作无法分解，这时要采用完整教学法。需要注意的是，在采用这种方法时，要对其中的各项要素进行必要的分析，如动作的用力、动作转变的时机等。但是，不能拘泥于动作的细节，要从整体上进行把握，确保动作的完整和流畅性。

第三，对于一些难度动作，可先通过降低难度或是徒手完成相应的动作，在此基础上逐渐增加难度。需要注意的是，降低难度时，不能使技术动作出现错误，这是基本要求。在教学过程中，可适当降低一些器材的高度、距离等标准。

第四，采用完整法进行教学时，可适当改变外部的环境条件，在外力条件的帮助下完成相应的完整动作。

（二）分解法

分解法即将完整的动作划分为几个部分，逐步使学生掌握完整的动作技术。这种方法适用于难度相对较高，并且动作可分解的运动项目。采用这种教学方法时，能够将复杂的动作分解为简单的动作，从而使技术难度降低，更加有利于学生的学习和掌握。但是，这种方法也有其相应的缺点，即它注重对于局部动作的分解把握，可能在一定程度上使得学生对于整体的理解不全面。因此，分解法和完整法通常结合使用。

在运用分解法进行教学时，应注意以下几方面的问题。

第一，应仔细分析动作技术的特点，采用合理的方式对其进行分解，注重时间、空间等方面的有序性和统一性。

第二，将完整的技术动作分为多个环节时，应注重各个环节之间的联系，注重动作结构之间的联系性。

第三，在熟练掌握各阶段的动作之后，要注重各个环节之间的动作衔接，要保证其过渡的流畅性，形成有机的整体。

四、游戏与竞赛法

（一）游戏法

游戏法也是体育教学过程中较为常用的一种方法，它是指教师组织学生通过做游戏的方式来完成相应的教学任务的方法。通过开展相应的游戏，学生之间开展竞争和合作，提升学生的思考和判断能力，促进教学质量的提升。游戏法具有一定的趣味性，能够提高学生参与的积极性，培养学生的学习兴趣，因此在体育教学中被广泛运用。在运用游戏法时，应注意以下几方面的问题。

第一，应根据教学目标和教学内容采取合适的游戏规则和游戏要求，确保游戏内容与教学内容相契合。

第二，采用游戏法时，学生需要遵守相应的规则。但是，应充分发挥学生的主动性和创造性，通过开展相应的游戏，引发和启迪学生的思考。

第三，教师应做好相应的评判动作，要做到公正、客观，避免挫伤学生参与体育学习的积极性。

（二）竞赛法

竞赛法即在教学过程中，为了检验教学效果和提高学生的技术水平，组织学生进行比赛的方法。竞赛法将所学的技术动作应用于实践，能够使得学生更好地掌握相应的技术动作。采用这种方法具有一定的竞争性和对抗性，学生需要承受较大的运动负荷。通过开展竞赛，能够培养学生的应变能力，对于其心理素质和意志品质等方面的发展也能起到一定的促进作用。

采用竞赛法时，应注意以下两个方面的问题。

第一，开展竞赛时，应进行合理的组织，无论是个人赛还是小组之间的比赛，其实力应相对较为均衡。

第二，开展相应的竞赛时，学生应熟练地掌握相应的技术动作，能够在比赛中很好地运用。

五、预防与纠错法

为了防止和纠正学生在练习过程中出现和可能出现的错误动作，教师在教学过程中经常采用预防与纠错法。在教学过程中，学生出现错误动作是不可避免的，教师应正确对待，并注意进行有意识的引导和纠正。

预防和纠错是相互联系的。预防具有一定的超前性，要求对于可能的错误动作进行积极的引导，并要对其出错的原因进行分析；纠错具有鲜明的针对性，

针对学生的错误动作采取相应的纠正措施，并分析出错的原因。预防与纠错的具体方法有以下几种。

（一）语言表述法

为了使学生建立起正确的动作概念，应注重动作细节与要点描述的准确性，使学生能够明确理解各技术动作的标准和结构顺序。通过这种方式，学生建立正确的动作意识。

（二）诱导练习法

为了使学生的动作准确无误，可采用诱导性的教学方法，使学生达到相应的教学要求。例如，学生在做肩肘倒立时，不能将腰腹部挺直，针对这种情况，可采用在垫子上方悬一吊球，让学生用脚尖触球，这样学生就可以挺直腰腹部了。

（三）限制练习法

在进行相应的动作练习时，设置一定的限制条件，有助于错误动作的纠正。例如，在进行篮球投篮练习时，为了使学生的投篮动作更加协调、标准，可进行罚球线投篮练习，使学生掌握正确的投篮方式。

（四）自我暗示法

自我暗示法是一种重要的方法。学生在进行相应的动作练习时，为了保证动作的准确性，在练习中有意识地暗示自己达到要求的方法。例如，在进行篮球的投篮练习时，学生可暗示自己投篮时手指、手腕的动作要标准，使得自身的投篮动作准确无误；再如，在奔跑练习中要暗示自己注意后腿充分蹬地。

六、体育教学的其他方法

除了上述的教学方法之外，在创新教学理念的影响下，一些其他教学类别的教学方式也逐渐被用于体育教学之中，如自主学习法、合作学习法以及发现式教学法等。

（一）自主学习法

为了实现相应的教学目标，在教师的引导下，学生依据自身的需要和条件制定相应的目标，选择相应的教学内容，并通过独立地分析、探索、实践、质疑等来进行学习。自主学习能够充分发挥学生的主观能动性。

在体育教学中，自主学习法指的是"为了实现体育教学目标，学生在体育教师的指导下，依据自身的需要和条件制定目标、选择内容等，完成学习目标的一种体育学习模式"。自主有独立性、能动性和创造性等特点，有利于激发学生学习体育的积极性，培养学生的体育自主学习能力，确立学生在体育学习中的主体地位，提高体育教学的学习效果。

在体育教学过程中，采用这种方法时应注意以下两方面的问题。

第一，学生应根据自身的知识储备和能力水平，选择相应的目标和学习内容，并在教师的引导下进行。

第二，学生应根据自身情况，对照学习目标，积极进行自我调控，并及时改进教学方法和教学策略。

（二）合作学习法

合作学习法，指"在教学过程中，对学生进行相应的分组，学生为了完成共同的学习任务，而有明确的责任分工的互助性学习形式"。各小组成员根据自身的特点承担相应的责任，各成员之间是相互依赖的关系，在相互协作中，完成相应的任务。在体育教学中，使用该方法应遵循以下几个步骤。

第一，在教师的引导下，学生分成相应的小组。

第二，全体成员在教师的指导下，根据教学内容确定相应的教学目标。

第三，确定各学习小组的研究课题，明确各小组成员之间的分工。

第四，小组成员合作学习，围绕相应的主题完成自身的任务，从而实现小组任务目标。

第五，各小组进行一定的沟通和交流，分享相应的成果，并纠正自身的不足。

第六，对学习的过程进行评价，总结经验和得失，使下次学习更好地开展。

（三）发现式教学法

发现式教学法是通过积极引导学生发挥自己的创造性思维，使学生在发现的过程中进行学习的一种教学方法。有学者将其定义为："从青少年学生的好奇、好动等心理特点出发，以发展学生的创造性思维为目标，以解决问题为中心，以机构化的教材为内容，使学生通过再发现进行学习的方法。"

在体育教学过程中，运用发现式教学方法要遵循以下几方面的步骤。首先，提出相应的问题，或是设立相应的学习情境，使得学生面临相应的问题和困难，在教师的引导下去进行相应的探索；其次，通过进行相应的练习，初步掌握技

术动作的原理和方法；最后，通过分组讨论，提出相应的假设，进行相应的实践验证，并对提出的问题进行讨论，最后得到共同的结论。

采用发现式教学法时，应注意以下几方面的问题。

第一，教师要善于提出相应的问题和创设相应的情境，要充分调动和激发学生的积极性，激发学生学习的兴趣。

第二，教师提出的问题应适应学生的能力水平，使学生能够根据已有的知识和经验，并通过一定的探索得到相应的答案。

第三，教师要注重抓住教学的重点，引导学生对于重点问题进行积极的思考，并找出解决问题的方法，启迪学生的创造性思维。

第四，采用这种方法时，应注重由浅入深、由抽象到具体，使得学习过程符合人们的认知规律。

第三节　体育教学方法的选择与运用

一、体育教学方法的选择

（一）选用教学方法的艺术

在体育教学实践过程中，有多种制约教学活动的因素，在不同的教学目标、教学内容、教学对象以及教学条件下，教学方法也发挥着不同的效果。这在一定程度上决定了教学方法的多样性。实践表明，教学方法有其优点和缺点，适应于所用教学条件下的教学方法并不存在。因此，在教学过程中，应注重教学方法的科学性、艺术性和综合性的结合，形成良好的教学方法模式，并且要灵活进行变通。

在选择教学方法时，并不是随意选择的，必须具有一定的科学依据。在教学过程中，应以教学规律为根据来选用合适的教学方法。教学方法与教学目标、教学内容、教学对象等方面均具有一定的联系，在选择教学方法时，应分析和掌握这些因素之间的内在本质联系，从而确定教学方法。

在选择教学方法时，还应注重选择的艺术性。教学方法不仅要具有一定的科学性，还要保证在具体的教学实践过程中，采用的教学方法要具有灵活性、艺术性和创造性，避免机械、僵化地运用。在实践过程中，应根据具体的条件和教学需要，选择相应的教学方法，必要时，还要对相应的教学方法进行加工和创造。

在教学实践过程中，教学方法的选择具有综合性的特点。不同的教师会采用不同的教学方法，并取得一定的教学效果。在选择教学方法时，不能要求所有的教师都要千篇一律。只要其教学方法能够取得一定的教学效果，就值得使用和发展。

需要注意的是，体育教学的内容处在不断的发展和变化之中，教学对象也呈现变化性的特点，这就要求体育教学的方法也要不断进行发展和创新。因此，在选择相应的教学方法时，应用发展的眼光看问题，动态地去选择相应的体育教学方法。

（二）选择体育教学方法的具体参考依据

1. 参考体育教学目标

体育教学目标的主要特征之一是多层次性，身体发展目标、技能发展目标、知识发展目标、社会发展目标和情感发展目标等是体育教学目标的不同层次。为了实现不同的教学目标，应采用不同的教学方法。在体育教学中教学目标并不是孤立的，它是多种目标的综合，而每一单元、每一堂课目标的侧重点是不同的。因此，在教学过程中，应根据具体的课堂教学目标选择重点发展某一方面的教学方法。课时教学目标是体育教学总目标的具体化，这一目标具有很强的指导性。它既有相应的运动技能和运动理论方面的知识，又有心理和品质品格方面的内容，针对这些不同的教学目标，应选择与之相匹配的教学方法。

2. 参考体育教材内容

体育教学的内容与教学方法之间具有密切的关系，如对一些技术动作教学内容应采用主观的示范操作的方法，而对一些原理和知识结构方面的内容则应注重运用语言法进行讲解。不同性质的体育教学内容，应采取相应的教学方法。每一种教学方法为实现一定的目标而运用于某一教材内容时，其效果也会表现出一定的差异性。因此，在体育教学过程中，应注重教学方法的灵活性。

3. 参考体育教学环境

教学环境对教学方法的选择具有重要的影响。教学环境包括场地器材、班级人数、课时数等，同时，外界的社会文化环境也对教学环境具有重要的影响。教学环境必然会对教学方法产生制约作用。例如，一些直观教学方法需要借助一定的教学器材才能实现相应的教学目标，而学校体育教学资源的具体情况在一定程度上对教师采取的教学方法具有决定作用。

教师在体育教学过程中，应充分利用现有的教学环境，选择合理的教学方法，最大限度地利用现有的场地、器材条件。

4. 参考学生的实际情况

在教学过程中，教学方法的实施对象是学生，采用多种教学方法的最终目的是使学生更好地学习。因此，在选择相应的体育教学方法时，应与学生特点及其实际情况相符合。学生的实际情况涵盖多方面的内容，包括学生的年龄特点、性别特征、身心发育状况以及相应的知识储备和学习能力等。

学生处于不同的年龄阶段，则其身心发展过程也具有阶段性的特点。对于大学生而言，低年级学生和高年级学生其身心发展特点会表现出鲜明的差异性。另外，男女性别上的差异性也会导致其对于体育的态度有所不同，因此，应采取合适的方法，充分调动学生体育学习的积极性。

学生的经验和知识储备以及其相应的学习能力也是教师选择不同的教学方法的重要依据。对于知识储备量较为丰富，已经掌握了基础的知识技能，并且学习能力较强的学生，其在学习新的体育技能时能够更快、更好地掌握。此时，教师可采用合理的教学方法促进学生的技能水平向着更高的水平发展。

5. 参考教师的自身条件

体育教师是各种教学方法的实施者，其自身的素质对于教学活动的效果具有重要的影响。体育教师如果能力和素质有限，则其将不能发挥相应的教学方法的作用，从而对教学活动产生消极的影响。因此，教师在选择相应的教学活动时，应对自身的专业素养、能力水平以及教法特点有客观的理解。

一般而言，体育教师所熟练掌握的教学方法越多，则其越能够根据自身以及学生的实际情况选择出最佳的教学方法。不同教师根据学生实际状况采取同样的教学方法，也会得到不同的教学效果，可见教师自身条件极大地影响着体育教学活动。所以，教师要通过积极地学习提升自身的素质，尝试和掌握更多的教学方法。

（三）选择体育教学方法需要注意的事项

1. 注意师生之间的协调配合

在体育教学过程中，教师和学生的默契配合是取得良好教学效果的重要保证。教学活动不存在没有"教"的"学"，也不存在没有"学"的"教"。因此，不管是何种教学方法，都应考虑到"如何教"和"如何学"这两方面的问题。

在传统体育教学过程中,片面强调以教师为中心,教学方法也只是注重教师"如何教"的问题,而对于学生在教学过程中的作用则选择性地忽略了。例如,教师在进行动作示范时,只考虑动作的优美和协调性,而没有考虑学生的感受,从而使得学生的学习效果不佳,影响教学活动的开展。

因此,体育教学方法的应用应考虑师生双方的合理配合,避免两者的相脱节。这样,才能取得良好的教学效果。

2. 注意学生内部与外部活动的配合

学生的学习过程是内部活动和外部活动的综合体现,因此,在选择相应的教学方法时,应注重两者之间的配合。内部活动,包括学生的心理活动以及相应的生理生化反应等方面;外部活动则包括动作质量、情绪、注意力等方面。

在选择相应的体育教学方法时,应注重内部与外部活动的配合。教师应善于分析学生的内外活动变化,将指导学生外部活动的方法与激发学生内部活动的教学方法有机结合,以使学生积极主动地参与到体育学习中。

在选择体育教学的方法时,还应对多种教学方法进行对比分析,从而确定最佳的教学方法。在教学过程中,应明确不同的教学方法适应什么样的教学内容、能够解决什么样的教学问题、能够对什么样的教学对象起到更好的作用等。

3. 注意不同学习阶段的前后配合

学生在学习过程中,在不同的学习阶段会表现出不同的特点。体育教学方法的应用应考虑到学生学习知识的不同阶段的前后配合。例如,在动作学习过程中,应注重"模仿型"向"创造型"的过渡,并实现二者的有机结合。

学生的学习过程是由不了解到熟悉的过程。在学习的初始阶段,往往以模仿(模仿教师或他人)学习为主,之后,学生就会形成动作定式而完全摆脱模仿,从"模仿型"过渡到了"创造型"。这两个阶段之间具有一定的联系,又相互区别。因此,在运用教学方法时既要防止二者之间的互相代替,又要防止二者之间的割裂。

二、体育教学方法的运用

(一)运用体育教学方法的注意事项

良好教学效果的取得不仅要求教师要选择合适的教学方法,还要求教师具有良好的素养,能够有效运用体育教学方法。在对相应的体育教学方法加以运

用时,有以下几个方面需要注意。

1. 注意体育教学方法效果的影响因素

在对体育教学方法进行合理应用时,为了取得良好的教学效果,体育教师要加强与学生之间的协调配合。在体育教学实践活动中,教学方法所产生的效果受体育教师的知识储备、人格魅力以及教学技艺等方面的影响。所以,提高教师的素养对于教学方法使用的效果将会产生积极的影响。

然而,需要强调的是,体育教学是教师与学生之间的双边互动,学生因素对于教学方法运用的效果也具有重要的影响。因此,学生的能动性的发挥情况对于教学方法的运用效果具有重要的影响。例如,当学生没有太大的兴趣参与到体育课教学中时,就会在课堂上表现出注意力不集中,即使体育教师使用正确、生动、形象的讲解方法或进行准确、协调、优美的动作示范,学生依然不会提高参与课堂学习的兴趣与积极性。

除了教师和学生因素之外,体育教学的物质条件和环境也在一定程度上影响着体育教学方法的运用。例如,在进行篮球运动教学时,如果是在较为干净的室内塑胶场地上,学生在奔跑和起跳时的心理状态与在水泥地面上是不同的,在室内塑胶场地上,当学生起跳落地时,可以做出相应的保护性动作,能够有效避免受伤。因此,在强调教学主体主观因素的同时,也不可以将物质和环境等客观因素忽略掉。

2. 注意体育教学方法有关理论的运用

有关体育教学的理论源于实践,但又高于实践,是科学总结体育教学实践的结果。因此,体育教学的相关的方法既要注重实践方面的问题,又要注重理论方面的探索。如果体育教学的相关理论具有一定的片面性,则其体育教学的方法也会表现出一定的片面性。在体育教学过程中,体育教学方法方面的理论基础应综合考虑以下几方面。

第一,辩证唯物主义与唯物辩证法的基本观点。

第二,系统论原理,深化理解体育教学系统。

第三,教育学、心理学等与体育教学有关的学科理论知识。

第四,普通教学论和体育教学论,这是体育教学方法的理论基础。

第五,对当代各学科的先进理论成果进行借鉴和吸收,创造性地应用相应的理论和方法。

总而言之,在体育教学过程中,应用新观念、新理论指导体育教学工作,不断对体育教学的方法进行创新,并充分发挥各种教学方法的效用。

（二）体育教学方法的优化组合运用

1. 体育教学方法优化组合运用的原则

第一，最优性原则。

不同的教学方法其特点、功能和应用范围都会有相应的差异性，各教学方法都有其优缺点。因此，在对教学方法进行组合运用时，会形成不同体系的综合教学方法，每一套教学方法也有其鲜明的特点。教师在进行教学方法的优化组合时，应根据实际情况，选择一套最符合实际情况的教学方法。教师在选择教学方法时，应从整体入手，将各种教学方法进行有机结合，充分发挥教学方法体系的整体功能。

第二，统一性原则。

统一性原则要求教师在选择相应的教学方法时，应注重"教"与"学"的统一，使得两者之间密切结合，相互促进。如果只强调其中的一方面，则教学活动并不会取得良好的效果。另外，统一性原则还要求，在教学过程中，应将教学方法的多种功能充分地发挥出来，使学生全面发展。

第三，启发性原则。

不管是何种形式的教学方法，其都应该能够更好地调动学生的积极性和自觉性，使学生进行积极的思考与探索，使学生全面提高自身素质。在体育教学活动中，教师要注重学生兴趣和动机的培养，培养其自主思考和学习的意识。

第四，创造性和灵活性原则。

在选择体育教学方法时，应注重发挥教师和学生的创造性。应对教学方法进行积极的改进和创新，使其更加适用于教学实践活动。只有这样，才能够使得教学方法的功能最大化，从而取得较好的教学效果。教师要对教学方法进行不断的发展和创新，这样才能与教学水平的发展相适应。

教学活动是一个动态的过程，教师在课前设计的相应的教学方法可能在具体的教学实践中会面临多方面的问题，这就需要教师进行灵活处理，根据实际教学情况，对所选的体育教学方法进行灵活的、创造性的运用。

2. 体育教学方法优化组合的程序

第一，进一步明确体育教学的任务。

选择不同的教学方法要以教学任务和教学目标为主要依据。因此，应将一节课的具体教学任务进行分析和细化，制订出相应的详细任务规划。

第二，根据实际情况提出总体设想。

通过对教学任务、教学内容、学生的具体情况以及教学的外部情况等进行分析，对相应的教学方法进行评估和分析。在提出教学的总体设想时，应将教学方法的可行性和适用性充分考虑进来。

第三，对多种体育教学方法加以优化组合。

制定教学方法的具体方式和细节表，对于各种教学方法进行分析，并对其不完善的地方进行相应的补充。在此基础上，将优化组合后的教学方法应用于具体教学实践过程中去。

第四，对优化组合的教学方法进行评价。

在体育教学过程中，应对教学方法产生的效果进行跟踪了解，可通过学生反馈的形式了解具体情况。对于教学方法的反馈信息进行归纳和分析研究，并对教学方法做出相应的调整。在以后的教学过程中，要不断地总结经验和教训，促进教学方法的不断优化。

第四节　体育教学方法的发展研究

一、体育教学方法的发展历史

体育教学现象出现以后，才有了体育教学方法，然而这并不等于说在课堂上出现体育教学之后才有了体育教学方法。在民间的传统体育传授过程中，一些方法就已经得到了应用，只是当时的人们缺乏对教学方法的科学性和系统性的认识。因此，现代意义上的体育教学方法是现代体育教学出现以后产生的。体育教学的方法具有鲜明的时代性特点。

（一）体操和兵操时代

在传统社会里，军事战争是体育运动发展的推动力之一。在封建社会和资本主义社会的早期，为了增强士兵的作战能力，士兵会进行相应的体育训练。这时的体育教学方法主要以训练式和注入式为主，较为单调。这种训练式和注入式的教学方法偏重于大运动量的不断重复，通过苦练来增加人体的运动记忆，并增强体能。

（二）竞技运动时代

近代以来，随着资本主义社会的不断发展，竞技运动也得到了快速的发展，竞技运动项目逐渐增多。竞技运动以公平、平等等思想为指导，并且融入了众多的文化因素，充满生机和活力。竞技运动要求运动员具有高超的运动技能，而一味地苦练并不能适应竞技体育发展的需要，体育教学方法的改进成为必然的趋势。这一阶段，教学效率明显提高，出现的一些新的教学方法有演示法、观察法以及小团体教学法等。

（三）体育教育时代

现代体育得到了很大的发展，并且成为学校教育的重要组成部分。体育成为一种文化现象，其内容也得到了极大的拓展，涉及健康教育、心理训练、安全教育、体育咨询、体育培训等，体育的知识和技能快速发展。人们针对体育教学的内容、方法的研究也逐渐深化。体育教学的方法不但要使得学生掌握相应的体育知识和技能，还要促进学生的全面发展，使其身体素质、心理健康、运动欣赏能力等方面都得到相应的发展。随着技术的发展，一些新的体育教学方法也随之出现。计算机、录像、电影等多媒体技术的发展，使得运动表象和感知等方法得到了快速的深化发展，体育教学的方法更加科学、规范，并向着更高层次发展。

需要注意的是，新的体育教学方法的出现并不意味着传统体育教学方法的消失。在不同的时代条件下，会出现与这一阶段的生产力和科学文化的发展相适应的体育教学方法。这些新的体育教学方法与传统体育教学方法相结合，相互借鉴，共同促进了体育教学的发展。体育教学的方法是一个不断发展的过程，随着教学环境、教学对象和教学内容的发展，其呈现出不同的阶段性特点。

二、现阶段体育教学方法的发展特征

体育教学方法具有一定的时代性，现阶段，体育教学方法的发展呈现出以下几个方面的特征。

（一）科技进步促进了体育教学方法的创新

科学技术发展迅速，在不断丰富和方便人们日常生活的同时，在其他领域也发挥着重要的作用。在体育教学中，科学技术的进步对其教学方法的影响是极其深远的。随着计算机技术的快速发展，其在体育教学中迅速得到普及，这使得体育教学中的动作示范更加标准、科学，资料的搜集、整合更加便捷，并且学生在学习空间和时间方面的限制减弱，实现了实时的信息沟通。运用计算机进行动作示范，能够从不同的侧面，以不同的速度，对不同部位的动作进行细致的分析和研究，使得传统的讲解示范等方法更加科学、高效。

（二）体育教学内容的变革促进了教学方法的变革

为了适应时代的发展，满足学生的体育需求，体育教学的内容处于不断的发展和变革之中，这也导致了体育教学方法的变革。例如，定向运动和野外生存运动引用到体育教学之中，使得体育教学活动的野外组织和教学方法得到了更加广泛的开发。

（三）体育教学理论的发展促进了教学方法的改善

体育教学理论的发展有利于体育教学方法的创新与进步。在新的体育教学理论的指导下，体育教学方法逐步实现了创新和发展。传统的体育教学对于体育运动技能的分析有所欠缺，并且同一运动项目的教学方法相对固定，甚至在不同的运动项目中都采用统一的教学方法。所以，在种类繁多的运动项目面前，体育教学方法是"以不变应万变"。

（四）学生个性发展促进了体育教学方法的改进

时代环境不同，学生就会表现出不同的特点，并且学生的个性特点具有很大的变动性。因此，为了更好地促进体育教学目标的实现，促进体育教学效果的提高，应根据学生的具体情况，采用不同的体育教学方法。

学生各方面的变化主要体现在以下几个方面。

第一，随着接受的知识的增多，学生的认识能力逐渐增强。

第二，随着时间的变化，学生的身体逐渐发育、发展。

第三，随着学生知识和阅历的丰富，其个性越来越强，并且形成了相应的价值观念。

另外，社会的文化价值观念对学生也具有较为显著的影响。体育教学的方法也应随着学生各方面的变化而进行适当的调整。

三、体育教学方法的发展趋势

现代体育教学经过多年的发展，已经成为一个较为成熟的学科。教学方法经过多年的发展，已经发展成为具有自身特色的教法体系。随着经济社会的不断发展，其呈现出如下几方面的发展趋势。

（一）现代化趋势

在现代化过程中，体育教学的现代化十分明显。体育教学的现代化重要表现之一是教学设备的现代化。通过采用先进的技术手段，教师能够更容易地开展教学活动，学生能够更好地学习。通过使用先进的现代化设备，教师能够对学生的身体素质进行更加深刻的了解，并且能够更好地制定运动训练的负荷量。在教学管理方面，教师能够为学生的学习和生活提供更加便捷的服务。随着现代社会的发展，体育教学的各项技术逐渐发展，其教学方法也必然呈现出现代化的发展趋势。

（二）心理学化趋势

心理学认为，学习是一项复杂的心理过程。在体育教学过程中，学生的学习既涉及相应知识的记忆，又涉及动作技术的记忆。随着心理学研究的发展，学习过程的各个方面被人们所认识，并且在具体教学实践过程中，心理学的相关理论逐渐受到重视。在体育教学方法的发展过程中，很多心理学的研究成果将会进一步得到应用，这对于体育教学效果的提高具有重要的意义。另外，体育教学还起到培养和发展学生的良好意志品质、促进学生的心理健康等方面的重要作用，通过运用相应的心理学方面的方法，能够更好地达成这方面的目的。

（三）个性化与民主化趋势

体育教学方法的个性化和民主化是其发展的主要趋势之一。在传统的教学过程中，教师是教学的主体，在教学过程中具有很强的统一性，教师的教学活动忽视了学生个体之间的差异性。随着教学活动的开展，社会越来越注重学生个性的发展，体育教学方法的发展也必然呈现个性化发展趋势。个性化的教学方法改革和创新对于学生和社会的发展均具有重要的意义。

体育教学的民主化也是大势所趋。随着教学过程中民主意识的崛起，民主化的体育教学方法也逐渐得到快速的发展。

第七章 体育教学手段的革新与发展

体育教学手段是体育教学活动顺利实施的重要保障。随着时代的发展，传统体育教学手段已然不能跟上现代体育教学的发展步伐，为此就需要逐步开展与时俱进的革新与发展。因此，本章就重点从体育教学手段的基本理论、运用方法以及手段创新等方面对这一问题进行详细研究。

第一节 体育教学手段模式研究

一、体育教学手段的概念

手段，是指某种本领或技巧。从马克思对劳动手段的分析，可知手段的最大特征是以实体形态存在，是一物或诸物的复合体，是通过自身所具有的机械属性、物理属性和化学属性作用于客观对象的。人类最早把加工后的石头作为自己活动的物质手段，因而手段也被称为"工具"，在现代也被称为"硬件"或"硬设备"。为了更好地理解手段的含义，马克思将手段解释为是一种为实现最终目标而采用的某种实体工具。所谓的实体工具并不是一种可能为精神层面的事物，它真真正正是一种客观存在的实物，它所能够发挥的作用必须能够为目标的实现做出贡献，另外，它必须是人体器官之外的工具。这里强调了工具之于目标的作用，由此可见目标是使用何种工具的依据，如果目标不存在，那么即便存在手段也是毫无意义的。只有存在目标，手段才有被人们选择和使用的价值。

那么，手段与平时常用的方法之间的区别是什么。首先要明确的是它们之间有一个共同的特征，那就是"实现预期的目标"的要素，但在实现目标的过程中，突出的要素不同，则会导致方法与手段的先后关系或两者的重要程度不同。

如上所述,在实现目标的过程中,强调物质中介因素或手段的重要性,固然是无可非议的,但是这些物质中介因素如果没有精神中介因素或方法的参与、指挥,那也是一事无成的。例如,我国曾大量引进外国先进设备,但由于缺乏管理先进设备的方法,结果一度遭遇挫折,不得不转向对现代管理方法的研究。上述事例无不说明了方法与手段都是实现目标过程中必不可少的关键要素。

通过上述的总结,可以归纳出教学手段的定义,即一种在教学活动中教师与学生相互之间传递信息的工具。这里指的工具包含很多种,最传统的工具莫过于语言和文字,最终形成了教材。随着科学技术的发展,越发新颖的教学手段应运而生,电子视听设备和多媒体网络技术等手段在现代教学活动中的使用也已经常规化。

通过研究"手段"与"教学手段"的概念,以此可以获得一些对于体育教学手段概念研究的借鉴。首先可以说,体育教学手段是达成体育教学目标的重要途径,它以教学目标为依据,以使用适应体育教学活动特点的工具为载体,以此配合师生教学中大量的身体练习活动。

二、体育教学手段的功能

(一)辅助运动教学的功能

教学手段具有直观的功效。在体育教学中大量使用新颖实用的教学手段,可以辅助教师的教学。虽然教师在一节课中的动作示范是最重要的,但是体育教师不可能无限制地做示范,因此需要借助其他的教学手段,如学生示范、正确动作图示、助力与阻力、人体模型等。体育教师要善于寻找、发现、借用、创新各种教学手段,增加形声效果,促进学生对知识的记忆理解、发展智力、提高能力,为教学服务。

(二)更新教学观念的功能

电子计算机、教学机的发展和普及,使教学过程中信息的传递和控制有了重大突破。虽然多媒体技术在体育课教学中普遍受到限制,但是体育课程借助多媒体教学的趋势是不可阻挡的。只是在形式上可以更加变通,如可以运用手提电脑,在讲解之余,让学生观看运动过程、标准动作技术,以增加学生的直感。总之,在体育教学中,体育教师要广开思路,不要局限于现成的教学手段,要勇于创新,开发出更多更好的教学手段。

（三）增加直观效果的功能

教学手段主要是指教学硬件方面的内容，硬件方面的材料具有很强的直观性，教师的示范、人体模型、教学用具的演示，学生一看就能明白。有时学生出现了错误动作，教师的一推一拉、一拍一提就能产生奇效。这些教学手段都是非常直观、有效的，经常使用可增加学生对运动技术的直观感觉与体验，有助于快速有效地掌握运动技能。

（四）拓展信息反馈的渠道的功能

由于教学手段具有非常直观的功效，教师可以获得来自学生身体的直接反馈，如视觉的直接反馈、肌肉本体的直接反馈、身体空间感觉等。通过各种教学手段的使用，可以拓展学生在体育教学过程中信息反馈的渠道与路径，而这些来自学生身体的反馈信息对于学习与掌握各种运动技能是必不可少的。

（五）加强师生合作的功能

班级授课制表面上富有集体性，但其缺点也显而易见，它基本上属于组织与管理范畴，没有真正意义上的合作、分工与责任等，学生完成教学任务基本是单独进行的，这与现代社会人与人之间高度合作的特征相悖。体育教学中大量使用的教学手段明显加强了师生之间的合作，体育教师可以使用各种直观的、手把手式的教学手段，增加师生身体之间的交流，传授身体运动方面的知识，这对于运动教学来说具有特殊的价值与意义，在体育教学中应大力提倡。

三、体育教学手段的分类

由于过往体育教学相关书籍中鲜有关于体育教学手段的系统内容，因此就更缺乏对体育教学手段的分类的相关内容。在过往的体育教学中，由于技术的相对落后，体育教学手段并不如现在丰富，所以也就没有进行分门别类的必要。而面对现代科学技术的进步，多媒体、网络等技术的普遍应用，体育教学手段日益丰富，为此，为了更好地选择恰当的手段服务于体育教学工作，对相关手段进行归纳、汇总和分类就显得很有必要。具体来说，体育教学手段分为如下几类。

（一）体育教学的视觉手段

所谓视觉手段，顾名思义就是指运用人类的视觉器官——眼睛来感知外界事物的手段，如摄影、电视、电影、造型艺术、建筑物、各类设计、城市建

以及各种文字等能用眼睛看到的都属于视觉手段。教学活动中的视觉手段有很多，如书本、黑板、板书、电视、电影、投影等。在体育教学中使用的视觉手段与其他课程教学有所不同，如更多趋向于教师的示范、学生的示范、学习卡片、教具、挂图、人体模型、标志物等，有条件的学校在体育教学中也可以使用多媒体、电视、幻灯片等手段。

（二）体育教学的听觉手段

教材的声音效果主要由教师讲解、音乐、音响三大类组成。一般情况下，表达思想感情、阐述科学道理时使用教师讲解；调节课堂气氛、渲染氛围时使用音乐；让人产生身临其境的感觉时使用音响。当然，在各种声音中占主要地位的当属教师讲解。体育课堂教学若能在教师良好讲解的基础上，配合美妙的音乐、强烈的节奏，则可以给学生"耳目一新"的感觉。在体育教学中广泛使用的听觉手段有收录机、播音机、手鼓、节拍器等。

（三）体育教学的视听手段

视听手段，顾名思义它将通过眼睛的看和耳朵的听作为信息接收方式，将两者结合后能够形成一种双重感官同时接收信息的效果，强调在一定情境中听觉感知（录音）与视觉（图片影视）感知相结合，它是在听说的基础上，利用视听结合而形成的一种教学手段。

视听教学手段包括立体视觉教具、平面视觉教具。实验证明，相比传统的教学方式，视听教学效率可以提高25%～40%。在体育教学中使用的视听手段可以具体分为视觉媒体（包括非投影视觉媒体，如图片、图示、模型和教具等，以及投影视觉媒体，如投影、实物投影、显微投影、幻灯片等）、听觉媒体、视听媒体、综合媒体（多媒体）等。

（四）体育教学的触觉手段

触觉是接触、滑动等机械刺激的总称。人体的触觉器是遍布全身的，如人的皮肤位于人的体表，依靠表皮的游离神经末梢能感受温度。体育教学中的手把手教学就是一种非常好的教学手段，它在体育教学中的应用是非常普遍的。因为学生运动感知的获得有时是很困难的，除了参与必需的身体运动之外，还要体验身体在不同运动过程中的感觉，没有这种身体感觉，运动技能的获得将成为一句空话。在学生不断地学练技术过程中，教师若能将自身获得的身体感觉通过某种方式传递给学生，帮助学生建立与体会这种身体知觉，那么运动技能的掌握必将缩短很多时间。手把手教学手段就是依赖教师的身体对学生运动中的身体给予一个恰到好处的刺激，提醒学生做动作的时机与要点，这样，学生就可以在自身努力练习的基础上，借助教师的点拨，加深对运动感觉的理解。触觉手段除了包括教师给予学生身体上的阻力与助力之外，还包括一些限制物、障碍物等，它们的主要作用是通过学生对限制物的感知与反馈，调整运动行为。

（五）运动场地保障

运动场地是每一个学校都需要大力投资修建的，是学校的运动物质文化，是学校美丽的风景线，同时，教师可以将运动场地作为一个很好的教学手段。运动场地是为了满足某种体育教学活动的需要而存在的，但从实际应用的角度上来讲，除运动场地的"本职工作"外，它还可以作为其他一些体育教学的特殊手段来用，如体育馆内的墙壁可以作为排球垫球、扣球、传球的教学手段；室外的墙壁可以画上标志用于足球定位；室外运动场地的线条可以作为接力跑的线来用；台阶可以用于发展学生的跳跃能力等。这些教学手段都是学校固有的，可以充分利用。这部分内容在后面的第三节中会有较为详细的研究。

（六）器材和设备保障

体育器材和设备本身是一种教学手段，同时还具有其他功能，如海绵垫可以用于做前滚翻和各种体操动作，也可以作为各种动作的保护与帮助手段；篮球可以用于篮球技术的教学，也可以用于篮球接力游戏，发展学生的协调能力；排球可以用于排球技术的教学，也可以当作障碍物，让学生在有障碍情况下完成规定动作，这些器材和设备的教学手段的开发不胜枚举。

第二节　体育教学手段的运用

体育教学手段多种多样，特别是近年来随着科学技术的进步和信息化时代的到来，体育教学手段更加丰富。然而，丰富的教学手段也会给体育教师的选择带来矛盾。因此，选择正确的体育教学手段就要依靠体育教师的教学经验和课程内容所需。

本节主要对图片、多媒体、教学用具、标志物、场馆与器材、自制器等体育教学手段的实践运用进行说明，以期为体育教师选择体育教学手段提出建议。

一、图片在体育教学中的使用

图片是较为直观的事物，直观的事物有助于使学生建立直观的印象。因此，在各级学校中的体育场馆内都会悬挂有内容多样的体育图片（多为单个或成套动作的分解图片）。这种图片在过往与现代的中小学中非常普遍。

在学校的体育教学中，图片（挂图）使用率较高，效果颇佳。这种图片可能是广播体操的分解动作，也可能是简化二十四式太极拳的套路动作，甚至还可能是篮球运动单项技术动作。图片在体育教学中的使用有助于加深学生对动作的直观印象，通过对图片、文字的直观感知，形成正确的动作表象。静态的图片有利于学生进行简单的模仿和学习，将成套动作或复杂的动作分解出许多图片环节还可以使学生清晰地了解运动动作的程序、结构、要领、方法，明确动作次序、各阶段的特征、身体运动的时间和空间的关系，从而促进动作技术的学习与掌握。

因此，为了更好地突出图片作为体育教学手段的作用，在使用过程中需要注意以下几种应用事项。

第一，在体育教学中使用图片手段并不是一种随意的行为。图片中的内容是什么，图片的内容形式是什么，图片教学使用的时机和时间是什么，诸多问题都是需要在教学开始前深思熟虑的。也就是说，这些内容都需要体育教师在备课阶段就要仔细对待。

图片是静态的，它通过多种静态形式展现出某项运动的动态模式。那么，能否将图片用"活"，是图片体育教学手段能否获得理想效果的关键。以成套动作为例（广播操或武术套路），除长期挂于特定位置的图片外，体育教师向学生展示图片的时机可以是整套动作开始学习之前，以此使学生对全套动作内容有一个大体的认识；还可以是教师做完示范之后进行图片的展示，以此使学生在初步体会动作后能更加直观地模仿动作；再有，就是当学生出现错误或不规范的动作时使用图片教学。

第二，图片教学手段的应用要具有针对性。根据走访发现，几乎所有学校中悬挂的体育教学图片内容都不是随意选择的。在绝大多数学校中，所悬挂的体育教学图片几乎都是在日常教学中经常出现的体育内容，如足球、篮球、排球、乒乓球、羽毛球、网球等常见球类运动，还有武术、广播操等套路动作。这些内容均是由体育教学大纲和详细的体育教学计划决定的。这就是我们很难在普通学校中看到棒球、橄榄球或高尔夫球的技术动作等内容被作为挂图的原因。而在某项运动的专项俱乐部中，这种挂图则就非常常见了。

这就是图片教学手段应用的针对性。它需要体育教师进行全面的考虑。图片内容要突出重点，其所要展现的内容既要囊括某种运动技术的全过程，又要突出体现其某些技术要点。另外，在图片的绘画风格上也要有所要求，力争图文并茂，色彩充满暖意，如此可使图片与文字看起来更加生动，给学生展现出更强的视觉效果。

第三，体育教学图片要能够对学生起到引导和启发作用。兴趣是最好的导师，对于体育教学图片来讲，只有学生真的愿意来看，它才能真正发挥其本应有的作用。因此，特别需要注意，教师应留给学生一定的观察图片文字的时间，与此同时也要结合具体的内容进行简单的讲解，启发学生对运动技术重点与难点的理解，从而防止使学生有一种走马观花的浏览感觉。

第四，通常图片中会有文字描写和注意事项。因此，体育教学图片中文字的写法也是需要注意的内容。为了便于学生观看和记忆，图片中的文字表述可以运用口诀或顺口溜的形式，力求简洁，避免烦冗。

第五，注意图片的位置和用图时机。图片悬挂的位置也是一件需要考虑的事情。首先应该保证的是图片的挂放位置不应离运动场所太远，并且应该挂在适合人眼最方便的位置上以便于学生更加细致地看到图中的文字。这些事情的完成需要一线体育教师的亲自参与，因为他们才是最了解体育教学和学生需要的群体。就图片摆放的位置来说，有些图片是便于移动的"图片教具"，对于这种图片，可由体育教师带到操场，使用完毕后再移动图片，让它远离练习场地，不要影响学生的练习。

运用图片的时机通常为教师进行动作示范前后，也可以运用于标注上课时的注意点，以强化学生对技术要点与要求的特别关注。教学内容通常具有一定的难度，并不是大多数学生都能很快理解教师的示范与讲解，如果教师的语言表达能力不属上成的话，可能越是对某个问题进行解释就越会让学生感到困惑。此时，体育图片的作用就可以很好地展现出来了。体育图片可以是专门订购的产品，几乎所有体育教学运动都有较为系统的体育图片供教学使用，然而这些图片对于众多体育教学难点来说仍旧显得不够用，并不能囊括所有学生提出的问题。为解决这一问题，体育教师可以现场绘制简单的"体育图片"，即一种用于随机问题的简化教学图、组织教学的路线图、运动项目的战术图以及场地器材的运用图。将如此直观的"图片"展示给学生，就会使答疑解惑的过程在一定程度上简单化，学生也会针对其中的疑问进行交流与改进。

二、多媒体在体育教学中的使用

信息化时代的到来使人们能够通过多媒体技术获取更多的信息，而这也给体育教学带来了更加丰富的教学手段。

当多媒体成为学校教育中不可缺少的手段后，一系列针对各种教学的多媒体设备、软件等应运而生，为教学提供了便捷、有效的方法。最明显的例子就是当初最为传统的学生上课做笔记的形式，已经变为了学生课上认真听讲，课下将教师讲课的课件用存储设备下载，日后慢慢研学。

目前，几乎各个学科都选用了多媒体教学手段。传统观念认为多媒体教学手段对学科类教育有所帮助，而对体育课程的教学用处不大。这种观点从表面来看不无道理，如体育教育的主要形式为身体力行，以活动学生的身体为主要方式。另外，就学校来说，其体育教育的主要目的为培养学生的身心健康，并不会像专业运动队那样对技、战术动作或对对手进行细致的分析，因此，需要用到多媒体教学手段的机会并不多。

然而，运用机会不多不代表其的运用是完全没有意义的事。多媒体技术在现今已经渗透到人们生活中的各个领域、各个方面，不会有任何一个领域可以完全摆脱多媒体技术的需要，即便有，其发展也定会显得迟缓，甚至停滞。在实际的体育教学中，由于教学形式的不同，肯定不可能采用先在教室里看完由多媒体演示的运动技术，再到操场上进行运动实践的上课形式。但越来越便携的输出设备，使得学生在需要时可以观看视频或图片。

现代更加丰富的多媒体教学设备展现出了设备更便携、更方便、更快捷的特点，如平板电脑。以它作为设备核心的多媒体教学手段已经基本替代了传统意义的收音机、播音机、手鼓、节拍器等，综合了学生视觉、听觉、视听觉的各种内容，是一项有待开发的具有广阔发展空间的体育教学手段。

三、教学用具在体育教学中的使用

教学用具，简称"教具"。它是教师在课堂教学活动中，帮助学生掌握教学内容而使用的专门教学用具。体育教学不同于其他学科教学，体育教学的教学方法和形式，决定了在体育课教学中会使用到大量的教具和体育器材。在早年间由于经济条件有限，体育资源匮乏，许多学校没有过多的体育教学用具，尽管也能开展一些体育教学活动，但这与教学用具丰富的现代学校来比，教学效果肯定是不言而喻的。

具体来说，教学用具是提高教学质量与效果的一种辅助性器材。在现代体育教学中，体育课堂教学中的教学用具包括各种球类、标志旗、固定设备类、辅助运动类器材，如多媒体设备、篮球、排球、足球、多种球类运动的球拍、垫子、海绵坑、实心球、跳绳、跳箱、双杠、单杠、平衡木等。除单杠、双杠这种固定器材外，其余可移动的器材在使用完毕后通常会收纳于体育器材室，随取随用，取用登记。

通过走访，笔者发现现代学校体育教学中，教师对教具的使用已经有了明显的进步。但是，这种使用尚未达到预想中的状态，体育教师在使用教具方面还没有完全发挥现有教具的"效能"，尚存较大的空间。这就要求学校体育教师还要细致研究具体的教材内容，充分地利用教具来提高体育教学的效果。

通过分析体育教具的用途，教具可归纳为障碍类、限制类、辅助类。其中障碍类有助于增大练习难度，发展学生体能；限制类可以帮助学生解决运动技术的问题；辅助类可以作为标志物，划分场地和多种接线，提醒学生的有意注意。例如，在篮球运动教学中为了增加学生投篮手臂的力量，可以采用提拉哑铃配重片的方式进行练习；在灵敏、速度和耐力等素质练习中，可以利用双杠做两人两端支撑上杠异向越杠下落相互追逐的游戏等。

四、标志物在体育教学中的使用

在体育教学中，各种各样的标志物绝对是不可缺少的工具。标志物的作用主要是提示学生在运动过程中注意到某种事物，这种事物包括活动区域的边界或者是安全警示等。不论是在以往的体育教学还是现代体育教学中，它都必不可少，应用非常广泛。有时在没有专门标志物的时候，一块石头、木板，甚至是树枝都能起到标志作用。因此，从这些性质可以看出，标志物并不完全归属于教具的范畴中。但是在教学过程中，标志物又是必不可少的辅助工具。例如，在足球运动教学中，战术训练内容需要用标志锥桶划分场区或战术执行区；在乒乓球的发球训练中，为了强化发球落点意识，教师会在球台的另一端用白色纸条贴出一个发球落点区；在体育舞蹈的教学中也会通过在场地中贴明显标志点的方式明确舞程行进的终点或起点。还有如在练习跳远时，为了避免学生产生厌跳心理，可以先让学生通过跳皮筋的方式转换一下心理。

五、场馆与器材在体育教学中的使用

体育场地和体育器材是体育教学中必然用到的。这两个事物是体育教学活动中的基础设施，也就是说，没有体育场馆和体育器材的教学，不能完全称其为体育教学，当然也就不能达到体育教学效果。作为体育教学的基础设施，自

然就需要学校的资金投入用以建设和维护。但通过走访笔者发现本就有限的学校体育资源中，许多场地或器材长时间处于闲置状态，没有发挥其本身的作用，更多时候的启用主要是为了配合某种检查或为了达到某项标准。对于这种情况，校方给出的缘由多为保养维护费用昂贵、教学易出现安全隐患等。这是教学手段资源的浪费，体育教师应把这些场地或器材运用于教学或锻炼之中，发挥它们应有的价值与作用，如体育教师可以安排一些支撑、悬垂、立定跳等练习。

实际上，学校中还有很多看似完全不是体育场所或器材，但它们也能在某些时候充当体育场地和器材的作用的设施。例如，体育馆的墙壁、楼梯、室外活动设施等，其中楼梯可以被用来作为腿部力量练习的"天然"设施。此外，还可以在墙壁上画控制投掷高度的上、下限制线；利用体育馆的墙壁进行垫球练习；利用学校中可能存在的有坡度的地形，给学生的跑步练习增添负荷；利用肋木、平梯进行攀爬、穿越等障碍跑游戏，以锻炼学生的力量等。这些都是将校内场地设备资源作为良好教学手段的较好设想，也是节约体育活动财物、开发校内资源的重要举措。

六、自制器材在体育教学中的使用

体育教学是一项较为严谨和系统的以身体活动为主要方式的练习，尽管如此，在教学过程中也会遇到一些非常规的练习，但正规器材可能并不适合这些练习，因此为了应对这些练习，有时就需要通过教师与学生的手自制一些恰当的器材。特别是那些经验丰富的体育教师，经过多年的教学积累开发了许多非常实用的教学手段，对教学实践具有独特的作用，使用起来也很方便与简单，特别适合条件较差、教具不多的农村学校或偏远学校。

自制教学器材有诸多优点，如制作简易、实用性强，另外，制作自制体育器材的过程也是培养学生动手能力的过程。例如，自制沙包、自制锥桶标志，还可以用空矿泉水瓶装满沙子作为练习投掷项目的投掷物，用大小不一的轮胎制成"摇摆桥""铁索桥"等。

如巧制纸球提高学生实心球成绩。在日常的实心球教学中，学生往往会出现出手速度不够、实心球出手角度偏低等错误动作，对此，可以制作一种纸球，将其作为实心球教学的辅助手段，这对纠正错误动作、提高成绩具有积极的作用。再如，自制排球垫球辅助带用于排球垫球的教学。由于松紧带具有伸缩性，将松紧带环套在两手腕上，有助于练习者夹紧两手掌根处，并促使练习者屈膝下蹲做好准备姿势。在练习过程中，在两臂由下而上抬臂击球时，松紧带产生了一个向下的牵引力，练习者可以体验以肩为轴，促使肘关节不弯曲，同时，手臂越抬高越费力，从而限制了手臂抬得过高的问题。此外，松紧带可以作为手上的标志，要求垫球位置在套在手腕上的松紧带以上部位。

有效的"一物多用"可以使手边的器材充分发挥自身的作用。如栏架可以用来跨栏，也可以用来作"门"进行各种投掷、射门等活动；体操垫平放、竖放、"人"字形放可以用来做各种跳跃活动，也可进行搬运等活动；彩带可以改装成小彩球进行各种轻物投掷活动；毽球可以改装成羽毛球。巧妙利用周边环境中的物体也是自制器材的重要方法，如树木可用于摸高或攀登练习；甚至一颗小石子、一片树叶等都可以变成体育器材，如在换物接力时可以用一颗小石子、一片树叶来代替交接物等。

第三节　体育教学手段的创新

创新是事物发展的根本，在 21 世纪的今天，创新更是各个领域非常关注的问题。就体育教学手段来说，它可以连带促进体育教学中其他环节的快速发展，因此体育教学手段的创新可以称得上是一块推进体育教学整体前行的铺路石。鉴于它在体育教学领域的重要性，本章就重点对相关理论、创新过程中存在的问题以及创新途径进行探索。

一、体育教学手段创新的意义

现代科技发展速度日益加快，信息、事物连同诸多概念的更新速度也在加快。对于越发受到关注的体育教学来说，传统的体育教学手段显然已经表现出了陈旧和古板。因此，为了顺应时代的发展及体育教学的进步，将体育教学手段及时更新就成为不能忽视的问题。

现代技术的进步为体育教学手段创新提供了坚实助力，现代化教学手段拥有丰富的功能组合优势，包括声音、图像、动画、文字等多种组合，这些组合为体育教学带来了丰富、灵活的实践帮助，更加有利于学生通过接受这种手段的教学而顺利掌握体育知识或技能。由此可见，体育教学手段的创新对丰富体育教学中的理论知识和与实践联系具有重要的现实意义。

（一）激发学生参与体育教学的兴趣

从心理学角度来看，兴趣是吸引人们主动参与某种行为的关键因素。俗语中也有"兴趣是最好的老师"的说法。传统体育教学手段已经不能激发起现代

学生对体育教学的需求和兴趣了。如果此时改变体育教学手段，则可以给学生一种耳目一新的感觉，让学生感觉到体育锻炼变得更加有趣，给学生一个全新的学习角度，以此更充分地培养学生的学习兴趣和激发他们的求知欲望。

体育教学手段的选择与使用也是对体育教师综合能力的一种考验。合理的现代化体育教学手段的运用，能够创新性地创造一个与教学需求相吻合的学习氛围，让学生能够在由这种新的体育教学手段加入的课堂中产生对体育运动新的感悟。

创新体育教学手段还可以有效激发学生的学习兴趣和培养学生顽强的意志，另外，恰当地创新体育教学手段还可以在日常体育教学中培养学生对体育，甚至是某项特定的体育运动项目的兴趣，从而由此作为培养学生体育特长的起始点。而且新的教学手段也有利于重新集中起被传统教学手段消磨掉的注意力。

前面强调了兴趣之于学生在教学中的重要作用，那么对于可塑性较强的学生来说，注重对其在某方面的兴趣培养无疑为其在该方面的最终培养开启了一扇方便之门。根据这个情况，体育教学手段的创新就要紧密围绕这一理念进行，创新出的体育教学手段要更倾向于对学生兴趣的培养，而不是更注重如何使学生能够学会某项体育知识或技能，这也是遵循体育教学注重启发和兴趣原则的。由于现代信息技术的迅速发展和逐步应用于教育教学，体育教学可以借助它们的优势组合，来培养学生的兴趣，调动学生的积极性。

（二）有效提升体育教学的直观性和准确性

体育教学不同于其他学科教学，它所考量的不仅是学生的智商，还包括除智商外的其他综合性能力，如学生对新事物的悟性、身体的协调性以及处理人际关系的能力等。

由于体育教学考量学生的方面众多，因此，在教学过程中几乎没有哪个学生的运动技能完全正确，不会出错。为此体育教师在教学中要随时关注学生动作的正确性和合理性，不合理的动作不仅不能达到强身健体的目的，甚至还会给学生带来运动损伤的风险。要想使学生的动作正确，首先就要从最初的讲解和示范入手。传统的讲解示范由体育教师完成，不同的体育教师的示范动作大体相同，但各有差异，因此学生对这些示范动作的再理解就更增添了对原本动作的偏差。实际上，可以说大部分学生在练习中动作不到位、错误的可能与体育教师动作示范效果的不到位有关。那么，为了尽量杜绝这种情况的发生，就需要一种完全规范化的、量化的手段，以减少和避免学生在练习中产生的错误。这就是体育手段创新要注重直观性和准确性。例如，在乒乓球教学中，由于乒乒球运动的快速特点，使得技术动作也要保持这一特点，教师在对快速动作的讲解中自然会放慢动作演示，此时学生通过观察动作获得表象信息传入大脑，从而建立动作图像。如果此时教师再通过利用优秀运动员的比赛视频，截取出所要讲授的动作并通过正常速度和慢速播放的方式让学生观看，就更能为这一动作的讲解提供一个强有力的、非常具有感官性的补充。而且学生可以相互评价，这样能够避免出现许多常见错误动作，从而使学生快速掌握动作。学生对运动技术的思考和讨论也是提高他们学习自主性的好机会。

体育教学已经成为现代素质教育的重点内容，为此，与之相关的多种样式的多媒体教学软件被设计出来并运用在教学实践中。使用多媒体教学软件能避免很多体育教学中存在的问题，且运用时机较为灵活。多媒体软件是一种可以对某项体育运动进行针对性讲解和示范的教学手段，通过对关键点的展示和讲解，抓住动作的关键部分，反复播放这些难点动作，达到突出重点、难点的目的。

以多媒体软件为代表的现代体育教学手段的应用，不仅有效提升了体育教学的直观性和准确性，弥补了在一些较有难度的动作技术上示范不标准的缺陷，同时还极大提高了体育教师的教学效率，缩短了教学课程，这些无疑都会使师生双方获得双赢。

（三）有利于教学内容中重点、难点的精研学习

相比于现代丰富多样的体育教学手段，传统的体育教学手段明显受到了来自较多因素的限制，相信体育教师也意识到无法在课堂上把所教授的内容淋漓尽致地传授给学生，或者认为自己已经讲解得非常透彻了，可学生为什么还是有很多不理解的地方。除此之外，教师在教学课堂上进行多次讲解和示范，极易出现学生产生误解的可能。而现代体育教学手段的出现，就可以有效解决这类问题，如利用现代化的教学手段，教师可以在幻灯片或者影片当中突出重点和难点，或者可以在课堂教学开始之前播放一些有利于学生理解的视听教材以提高教学效率。这就是体育教学手段创新的一个重要目标。

以多媒体技术为例，通过多媒体可以将文字、图像或声音有机地组合在一起，把知识、技能等信息传递给学生，学生可以从更多的角度捕捉到动作要领，这使得一些在传统的教学手段下无法体现的动作过程显示出来，直观形象的信息非常便于学生对事物的理解和模仿。因此，这就使得过往一些被体育教师认为是"老、大、难"的技术教学变得简单，如此则大大节约了教学时间，提高了体育教学的效率。

二、体育教学手段创新过程中存在的问题

（一）传统教学理念的影响

在我国，包括体育教学在内的一切学科教学几乎都是以教师为中心开展的。这在我国长期的教学活动中都是一种普遍的共识。然而时至今日，时代的变化使得继续沿用这种模式显露出教学活动的局限性。

现代教育的理念更加注重在教学活动中体现出"教"与"学"的双边互动，更能激发学生勤于思考的习惯，同时也会将教师一贯的灌输式教学理念转变为启发式教学理念。不过这种理念的转换需要有一定的时间来适应，当然，这个适应的时间越长，给体育教学手段的创新带来的局限性就越大。

受"以教师为中心"传统教学模式的影响，过往教育更加重视学生的智商而忽视情商，这显然对学生的全面发展不利，特别是在现代竞争激烈的社会，高智商低情商的人才无法完全适应社会需要。因此，转变传统教学理念是当务之急。然而，由于种种原因，离学生最近的一线体育教师对探索现代教学理念的积极性并不高，由此给体育教学手段的创新带来了阻碍。

（二）硬件设施缺陷的影响

对于体育教学手段的创新来说，它最终的目的在于用于教学实践。因此，对于它的创新工作要始终以实际应用为依据，尽量避免那些理论性的、构想性的创新。例如，多媒体教学手段的创新对体育教学，尤其是体育运动技术领域教学的影响是革命性的。但是，多媒体手段的使用有一个关键的前提，那就是要具备非常完备的电子设备，具体包括计算机、网络、投影仪。这些设备在现代学校中较为常见，但该类设备通常只在教室中安装，体育教学主要在面积较大的体育场等地方，因此这些多媒体设备如何进入场馆就成为大多数学校难以解决的问题。体育教学设备不能到位和正常使用，在一定程度上影响了多媒体手段在教学中的效果。同理在运用其他种类的体育手段时也会遇到类似的问题，给体育教学手段的创新带来了阻碍。

（三）软件普遍匮乏的影响

硬件设施是体育教学手段创新的客观事物，而与之相配的一些软件也是能否发挥硬件功能效果的关键。

仍旧以多媒体教学手段为例，当硬件提供齐备后，相应的软件也要配齐。体育教学软件目前阶段在我国的开发处在刚刚起步的阶段，开发此类软件的机

构主要以教育部门或教育部门外聘的软件开发人员为主。对此类软件的开发和应用需要通过较为专业和具有丰富经验的体育工作者及计算机编程人员的相互协作共同完成。然而目前对软件的开发之于使用需求来讲显得相当匮乏。在体育教学中，充足的素材是课件制作的重要基础，要想找到丰富的图片、动画或视频等资料并不难。作为经验最为丰富的一线体育教师，他们具有最佳的资料素材，不过鉴于专业所限，他们独立制作素材的能力以及计算机编程水平如何就成为影响课件质量和使用效果的关键要素。

三、体育教学手段创新的途径

为了不断对体育教学手段进行有益的更新，正确的创新思路和途径是必不可少的，它是一个新型体育教学手段能够起到实际效果的重要保证。因此，通过研究与归纳，笔者总结出了以下几个创新体育教学手段的途径。

（一）加快转变体育教学理念

随着我国迈入信息化时代，网络教学已经开始用于教育实践当中。从实际效果上来看其获得了不错的教学效果和评价。为了与之相适应，体育教学理念也要紧随其后，为此学校体育教育管理部门和一线体育教师要敢于接受新鲜理念和新事物，积极为新型体育教学手段应用提供便利条件。特别是体育教师要不断完善自我，坚持学习现代教学设备的使用方法，这是新形势对现代体育专业教师的一个基本要求。只有提高高校体育教师的计算机应用水平和独自制作教学素材的能力，在体育教学中充分发挥多媒体信息现代化教学手段的优势，为现有的计算机网络设备提供相应的技术支持力量，才能最终发挥出现代化体育教学手段应有的巨大潜力与作用。

（二）强化体育教学手段的创新意识

要想得到良好的创新成果，首先要具有良好的创新意识。学校体育现代化的教学手段能否摆脱传统体育教学的束缚，真正地转变为与时俱进，不断更新和发展的现代化体育教学模式，关键在于学校体育教学手段是否具有创新性。

另外，一线体育教师和学校体育教学管理部门，他们能否形成正确的思维方法和创新意识也是手段创新成功与否的关键。以教师为例，如果他具有创新精神，在教学中甚至在与学生平日的接触中他都会从各个角度和层面激发学生对体育运动的兴趣，并能不失时机、随时随地进行创造型素质培养。不过仍有许多体育教师对体育教学手段的创新并没有产生太大兴趣，表现出了安于现状、

不思进取的态度，如此自然影响了体育教学创新思维的发展。研究表明，教师只有具有高度的工作责任感，不断激发学生的创造欲望，满足学生的心理需要，并能够不失时机、随时随地进行创造型素质培养，才能使现代化教学手段获得创新的保证。

（三）着力完善体育教学硬件设施

在我国，多媒体计算机技术进入体育术科教学领域的时间不长，在应用过程中，开展体育术科现代化多媒体辅助教学的硬件资源建设相对较弱。有些高校的体育教学，多是借助其他学科多媒体教室或教学场馆，缺乏专业的体育术科教学实验室或多媒体教学场馆。因此，高校专业体育教学应加大资金的投入和建设力度，使与体育教学相关的场地设施器材装备齐全，保证体育多媒体教室设备及体育教学实验室仪器数量、质量和功能的完整。现代化、完善的体育教学设施，是实现体育术科教学手段现代化的先决条件和坚实基础。

体育专业教学在保证硬件设施的同时，应重视利用这些现代化教学设备，使其更好地为体育术科教学服务。在以往的体育教学中，技能、技术的传授主要依靠体育教师的示范与讲解。虽然教师能很好地完成示范动作，但也会因完成动作示范的周期时间过短使学生很难清楚地了解该动作的整个过程。如果在学习这些技术动作之前，教师先带领学生利用多媒体教室，采用现代化技术，观看完整的技术动作分析，或者在室外实践学习之后利用多媒体仪器记录并分析学生的技术动作，就可以对错误进行及时的改正。比如，利用现代化多媒体慢放功能，可以使学生观看到完整示范、逐帧分散示范和不同难度动作示范，使快速多变、连贯的动作变为缓慢、分解、停留的画面，有助于学生了解动作之间的内在关系，化繁为简，把客观事物具体化、形象化；它的形、声、色直接诉诸学生的感官，刺激和激发大脑皮层的兴奋，比传统的教师示范讲解、学生实践模仿的教学方法更容易被学生所接受。又如，体操项目中的多媒体教学可采取摄像的形式，通过标准动作讲解、录像示范、不同角度拍摄学生的练习来进行教学；也可在教学训练过程中采用体育 CAI 课件，通过在训练馆内设置专门的同步摄像，并与 PC 机相连，CAI 课件会自动地把学生的动作记录下来，再通过反复回放、定格或慢放等手段与课件内标准示范进行对比分析，使学生找到错误所在并加以纠正，最终达到良好的学习效果。

此外，在大多数体育院校中，体育教学实验室多被应用到测量或者理论教学实验中，而较少应用到体育技术课教学中，这就大大降低了体育教学实验室的利用价值。笔者认为应该把体育教学实验室合理利用到体育术科教学中去，使体育教学手段成为一种由体育多媒体、教学实验室和室外技术实践有机结合而成的术科教学模式,这种优化组合后的教学手段能更实际地为现代化体育教学所用。例如,排球的扣球教学,由于动作快,且在空中完成,其技术最为复杂,学生学习难度大,因此,教师可先通过多媒体让学生观看录像,示范讲解优秀运动员的扣球技术,同时利用实验室来让学生体会扣球技术动作中的背弓和手臂的鞭打技术特点,最后在实践中,结合音乐来控制学生练习时的抛球及扣球的时间和节奏。选择该教学组合模式不仅能使学生掌握正确的技术动作、时空感、节奏感,同时也达到了提高学习效果的目的。

(四)加大体育教学软件的开发力度

随着教学基础设施条件的改善,教育技术现代化进程的加快,体育术科教学辅助软件的开发也必然要随之加大力度。笔者经调查发现,目前常用于体育教学多媒体电子教案的制作软件相对单一,这些多媒体电子教案中多以理论文字教学方面的制作为主,实践性技术的制作软件及素材相对较少,其表现形式也相对较弱,这使体育电子教案制作存在一定的局限性。目前健美操电子教案的表现形式较为丰富,其他体育项目在电子制作上都较为死板,这就大大降低了体育多媒体电子教学在体育术科教学中的实际利用率及自身的价值。为此笔者认为,体育教学中应加大开发体育术科教学软件的力度,使其能更好地配合硬件设施,使现代化教学手段能更好地发挥作用。我们可以把体育教学中集计算机、投影仪、录像播放于一体的多媒体技术作为基础设施,把难度较大的动作技术经过软件整理,制成电脑动画,编辑成可重复的、慢速的、多方位的、动静画面相结合的演示,再配以简洁生动的文字说明,来代替教师的示范,使学生清楚地了解所学动作的技术要领和动作结构,从而加速学生正确动作概念的形成,提高教学效率。

制作好的教学软件,可读性强,能激发学生的学习兴趣,为此教学软件的开发和利用对体育教学具有非常重要的意义。例如,在篮球的体能教学训练中,如果只依靠个人进行单纯的体能训练,或者运用多媒体幻灯片进行大量的理论文字讲解对课堂而言都是枯燥和乏味的。如果我们在体能电子教案中以大量的动画制作为主要内容,并编辑录制或采集一些精彩的体能训练视频,利用一定的软件制作来进行反复的观摩,使其具备更多的观赏性,最后以文字理论或教师的讲解为辅助教学,就能够更直接地刺激学生的感官神经,使其对该课产生好奇和兴趣。这种越来越先进的体育教学软件,对改善体育教学内容的主要表现形式、学生对所学内容的领悟方式以及体育术科教学的教学模式都将产生较为积极的影响。此外，学校应建立并丰富相应的网上教学资源库，让学生通过校园网从本校或校外课件库和教学资源库中在线点击获取自己感兴趣的知识，使学生从被动接受知识的模式中解放出来，与高度互动、个性化的智能环境相适应。校园网、体育教学信息库的不断改善以及师生目前所拥有的高科技产品的不断增多，都极大地方便了现代化体育术科教学软件的研制、创新和传播。因此加大体育教学软件的开发力度，这对实现体育术科教学手段的现代化起着十分重要的作用。

第八章 快乐体育教学模式

第一节 快乐体育教学模式理论

一、快乐体育概述

（一）快乐体育的定义

国内学者认为快乐体育教学是以运动为基本手段并采用适宜的教法，在发展学生身体的前提下，使学生得到理性的快乐体验，即以快乐心理体验为直接（显性）目标的体育教学。日本学者认为快乐体育教学思想的基本宗旨是把运动作为体育追求的目标而不仅仅是手段，把运动作为学生将来生活的内容来教给他们，让他们能够理解、享受、掌握和创造运动，使运动文化成为自己生活内容中不可缺少的一部分，伴随终生。也有学者认为快乐体育既是一种以人本主义教育观为理论基础的体育教学指导思想，又是一个较为完整的体育教学实践体系。快乐体育是一种先进的教育思想，既寓素质教育于其中，又保存了传统体育教育的精华。它的特殊性使其成为体育教育的指导思想，因此要让学生在体育运动中体验到参与、理解、掌握以及创造运动的乐趣，从而激发学生参加运动的自觉性和主动性。

简而言之，快乐体育就是寓教于乐，从情感教学入手，倡导以学生为主体，以教师为主导，对学生进行健全的身体教育和人格教育的体育教育思想。其核心思想是：如何采用各种有效措施使体育教学达到教师兴教、学生乐学的良好效果，最终使学生深刻体验运动的意义和乐趣，为其形成终身体育思想埋下种子。

（二）快乐体育的发展

快乐体育作为一种理论和教育思想随着时代的变化为人们所认可，其孕育于日本，在东京召开的第 24 届"全国体育学习研究协议会"上，日本提出了适应日本社会变化的体育思想——重视把运动作为生活内容来学习的体育，其口号形式就是"快乐体育"。而后在 20 世纪 80 年代中期被引用到我国。在这之前，我们国家的教育形式都是惯用班级授课制，以教师为主导，学生都是在完成教师所布置的任务，而当时的体育教育虽然在教学上对学生增强体质和提高运动能力都有积极作用，但由于传统教学模式的局限性，学生缺乏学习的主动性，造成学生参与运动的自觉性大大降低，这些消极因素影响了整个教学目标的实现，因此必须改变和摆脱传统教学模式——教师主导主体型，使学生真正喜欢学、乐于学，又清楚自己学习的目的和意义。快乐体育的应运而生，使学生在"乐"中接受体育教育，并从学中体会到"乐"的教学模式成为可能。现在，快乐体育已经成为我国体育教育发展的新方向，它既是传统的运动技术教育的管理体制和教学模式改革的转折点，又是以应试为重心的教育观念和行为转变的必由之路。

二、快乐体育教学模式

（一）快乐体育教学模式的定义

20 世纪 80 年代以后虽出现多种教学模式，但较少有人涉及体育教学模式概念。杨楠提出的定义："体现某种教学思想或规律的体育活动的策略和方式，它包括相对稳定的教学群体和教材、相对独特的教学过程和相应的教学方法体系。"最新版的《体育科学词典》的定义为："按照一定的体育教学理论或教学思想设计，具有相应结构和功能的体育教学理论或教学活动模型。"它包括教学理论或教学指导思想、教学目标、教学条件、操作程序和师生组合五大要素。毛振明博士将体育教学模式定义为："是体现某种教学思想的教学程序，它包括相对稳定的教学过程结构和相应的方法体系。主要体现在教学单元和教学课的设计和实施上。"有学者认为体育教学模式的定义应表述为："体育教学模式是指具有特定的教学思想，用以完成体育教学单元目标而设计的相对稳定的教学程序。"

（二）快乐体育情感教学模式

快乐体育应从情感教学入手，对学生进行健全的身体教育和人格教育，要重视爱的教育、美的教育与各项运动所独具的乐趣，强调学习兴趣与创造学习。情感教学是学生身心培养的一种，这样从内心角度出发的方式，对教学具有一定的影响作用。情感教学模式不仅把运动和情感作为实现教学目标的手段，而且视为直接目的。在教学中，应注意体现以下几个特点：

乐学性：在体育教学中渗透德育是体育教学的基本要求。快乐体育以"乐学"为支撑点，培养学生良好的心理素质。心理素质包括目的、兴趣、情感、意志等全部非智力因素。

趣味性："授之以趣"，教师乐教，学生乐学。

情境性：将体育教学活动置于一定的情境之中，让体育学习变得亲切、自由和愉快。

激励性：教学中一方面要"激情、激趣、激志"，激发学生主动学习的精神；另一方面要"激疑、激思、激智"，激发学生的心智活动，达成在快乐中求发展，在发展中求快乐的目标。

实效性：近期目标是培养学生良好的学习习惯和乐学精神，提高教学质量；远期目标是面向终身体育，发展体育素质。

（三）快乐体育"三部分"的教学模式

快乐体育"三部分"是指准备部分、基本部分和结束部分。

1. 准备部分

准备部分不仅是帮助学生在生理上做好上体育课的准备，还将主动权交给学生，让学生自由想象、敢于发挥、勇于创新。这样既给了学生一个表现自我的舞台，锻炼了学生的组织能力，同时还向学生提出了更高的要求，促使学生继续努力，养成良好的体育习惯。

2. 基本部分

由学生自由选择项目、自由编组、自主学习与锻炼，教师所要做的就是协助学生解决在练习过程中遇到的困难和问题。在教学中，教师根据学生选取的项目以及他们的认知水平、运动能力制定出各堂课的教学目标。学生围绕教学目标可以采用多形式的学练方法，同时通过集体智慧来解决学习过程中出现的各种问题。

3. 结束部分

不要让学生拘泥于传统的形式，只要是有益于身心放松的活动都可以采用，

如游戏、欢快的集体舞、调整呼吸、意念放松或听上一段优美的音乐，发挥想象把自己置身于优美的自然环境中。

（四）快乐体育多媒体技术教学模式

体育教师的特长、喜好、年龄、身体素质影响着体育教学的开展。运用多媒体辅助教学可以极大优化教学环境，克服教师自身条件限制，提高学生学习的兴趣，促进学生主动学习。多媒体教学在教学内容上更加丰富、形象化，增强了视觉效果，能够更好地带动学生学习。

多媒体技术可以给学生提供声、光、电等各种信息，使课堂教学变得生动活泼，大大优化了教学环境与教学氛围，使师生之间的信息交流变得顺畅。例如，在讲篮球战术理论时，可以通过播放学生喜欢的美国NBA比赛、国内CBA比赛的片段，让学生了解战术配合的形式和变化。通过慢放或反复播放，让学生看清楚战术配合中场上队员跑动的路线、采用的系列技术动作等，再加上教师的进一步讲解，达到视听结合、生动有趣、直观形象的效果。体育运动是脑力劳动与体力劳动的结合，缺一不可，单纯的体力无法学好动作，单纯的脑力掌握不了技术。因此，学生只有在快乐的气氛中学习，才能达到事半功倍的效果。

三、快乐体育教学的理论基础

（一）生理学基础

传统的体育教学，学生常处于一种迟缓或被动的状态，不会或极少会引起神经系统的兴奋，只会影响运动后的食欲、睡眠、工作和学习等。而进行快乐体育教学后的生理学实践证明，由于人体神经系统兴奋适度，有助于升高血糖的浓度，为运动后的学习、工作及时提供能量，有助于提高工作效率。运动带动生理机能转变，使人体的整个神经系统运转，在这样的基础上，对人体大脑产生刺激，带动兴奋，所以才提高了工作效率，这样也可以劳逸结合，能更好地保证工作质量。

快乐体育的教学，使学生在和谐的课堂氛围中学习，有助于保护心脏，提高心肺功能，避免过强或被动的负荷运动所带来的对心脏的不利因素。

实践证明，当以快乐体育为教学手段时，学生的最大负荷强度为60%左右，这种负荷强度对学生的锻炼效果最好，既有利于保护运动器官，又有利于促进青少年学生身体的正常生长发育。教师应在有限的时间内合理地安排运动量，以快乐体育的基本理论为原则来完成教学。

（二）心理学基础

在体育教学或训练中，如果运动的性质违背了学生的心理或因为运动的单调、乏味，使学生感到厌烦，欲望受到压抑，行动变得迟缓，将不利于学生良好个性品质的发展。而快乐体育的教学，运动的性质符合学生心理，使他们的情绪变得高涨，心理得到满足，行为变得轻快，教学目标则容易实现。因此要求体育教师讲授的内容，既新颖，但又不陌生，而且要通过项目内在特征所产生的特有的乐趣，让学生一经努力就可以掌握，使其感受到成功的乐趣。当然，我们反对"兴趣中心主义"，反对"一切从学生的兴趣出发"。在这里，有必要将快乐与乐趣加以区分，快乐是一种愉快的情感体验，而乐趣则是使人产生愉快情感体验的特性，例如，游戏活动能使人产生愉快，这就是快乐，而产生快乐的原因在于它的趣味性，这就是乐趣。因此，我们必须根据不同学段学生的身心特点，对某些运动项目的教材，进行必要的修改，选择容易激起学生乐趣的练习内容，采用生动活泼的教学组织形式，为学生终身体育打好基础。

（三）思想基础

新时期的新理念、新策略与新行动迫在眉睫地感召大家为培养学生能终身从事一项体育活动而努力，但是，培养的方法与手段需要用富有灵活多变、多样化相结合的新体育形式来启动与发展。这就是快乐体育带来的理想宗旨。它的不断完善不仅代表学生将来对体育事业的喜爱，还代表新一代体育教育工作者的成就。快乐体育教学是从情感教学入手，对学生进行健全的身体教育和人格教育的体育教育思想，它重视爱的教育、美的教育与各项运动独具的乐趣，强调学习兴趣与创造学习。它不仅把运动和情感作为实现教学目标的手段，而且视为直接目的，让学生喜欢学、乐于学，又让他们知道学习的目的和意义。因此，快乐体育教学能激发学生的体育兴趣，满足他们的学习愿望，有利于培养自我体育能力与完美的人格，为终身体育奠定基础。快乐体育简而言之就是寓教于乐。这是教育艺术的最高境界，也是成功教育的必由之路。

结合快乐体育的定义，研究认为快乐体育教学模式是指以运动为基本手段并采用适宜的教学方法，在科学发展学生身体的前提下，创设生动、活泼、和谐的教学氛围，使学生得到理性的快乐体验，激发学生的情感，唤起学生的自主性、能动性，以得到全面、主动、充分和谐发展的教学模式，简而言之，即体育教学中贯彻"以人为本"的教育指导思想、全面提高学生素质的一个行之有效的教学模式。这种教学模式能够较好地提高学生体育学习的兴趣，养成锻炼的习惯，为终身体育打下基础。

四、快乐体育教学模式的特征

（一）整体教学目标突出发展性

"以人为本"，即人的发展是快乐体育教学追求的终极目标与核心，致力于人的发展的体育教育才是教育真正所需要的。发展就是要提升人的地位，显示人的价值，开发人的潜能，昭示人的个性。快乐体育的核心是在教师的引导下，通过有效的教学方法和手段，激发学生的学习兴趣和自觉性，充分调动学生学习的积极性，变"厌学"为"乐学"、变"苦练"为"乐练"，乐于进取、向上，更有效地发展学生个性和培养体育能力，从而把体育的作用理解为要体现以学生为主体的教学发展观，致力于体育教学目标上的发展性教育。

快乐体育教学模式不仅推崇融知识、技能和观念态度为一体的完整的发展性教育，体现体育教学的教育性原则，而且在教学过程中注重生存与发展的终身学习能力的教育，有利于形成个性化学习模式，避开了传统体育教学模式的最大弊病，即与外部世界缺乏联系，从"以人为本"的角度出发，将学生的发展置于社会文化教育的背景之中。

（二）"以生为本"的指导思想

快乐体育是我国尝试的一种新的教学模式，其符合新课程标准，能够使学生在学与练的过程中，掌握基本技术。

（三）因材施教

在强调教与学的关系上，传统体育教育几乎完全忽视了学生的主体地位，只是过分强调教师的主体地位、主导作用，认为学生只是一个被动的接受教育的客体，一切只需要教师来安排，学生本身只需要完成教师布置的教学任务即可，忽视了学生的能动性，而快乐体育教学模式则把教学的中心从教师转为学生，实行以教师为主导与以学生为主体相结合的教学，即在发挥教师主导作用的同时，特别强调学生主体地位的体现，这样才能激发和维持学生的学习兴趣与动机。快乐体育教学模式以充分发挥学生的学习积极性和潜能作为提高教学效果的重要手段，它强调通过体验个性化的教学，对学生进行因材施教，满足每一个学生的需要和能力，并帮助学生建立和完成切实可行的努力目标。

（四）教学方法多样性

在教学方法上，要从以注入式的传统型教学为主转向以启发式的创造性教学为主，实现教学方法的多样化和科学化，逐步做到从情感入手，以发展个性为重点，分层次递进，讲究授之有趣，注重引导发现，培养学生发现问题，解决问题的能力。启发式教学没有固定模式，主要是在教学过程中调动学生学习的主体性，培养学生思维方法的能力，使学生通过再发现来进行教学。具体做法可以从实际出发灵活运用，不必限制于一些规章制度，只要学生身心能得到有效的锻炼，可根据学校现有的资源，如体育器材和场地的状况，合理安排课程，最大限度地激发学生自主学习、自主思考，这样才能更好地挖掘他们思维的潜力。

（五）教学组织严密性

体育教学是一种涉及认识、情感等方面的人际交往过程，其教学过程有一个或几个体验运动乐趣的环节，这些环节相互连接，层层递进，使学生能体验到运动、学习、挑战、交流和创造的多种乐趣，建立一种协调、互信、融洽的师生关系和同学关系。在教学组织上，我们应该改变传统以强调纪律为主的组织方式，并转向活跃的组织方式，形成严肃而不沉闷，活跃而不杂乱的理想环境。因此课堂教学应该强调多向联系，加强师生之间、同学之间的纵横向交流，强调非模式化生动活泼而又轻松的课堂氛围，明确教师的主导作用，指导学生参加课堂的组织和管理，给予学生充分的自由空间，充分发挥其主体作用，使学生愉快轻松地在课堂上学习。

五、快乐体育教学模式的弊端

（一）概念认识模糊不清

从快乐体育思想传入中国到现在的三十多年的教学实践中，不少体育教师只是把快乐体育简单理解为追求乐趣的轻松教育，把快乐体育同随心所欲、嬉耍玩乐的活动画了等号；在教学内容的安排上过于注重形式和学生获得的快乐心理体验，而忽视了学生身体的科学发展，很显然这样的快乐体育已经偏离了教育的本质。这是因为许多学者在研究快乐体育教学模式的过程中，并未对其定义进行认真的学习和思考，只是理所当然地认为教学模式就是教学思想，所以在教学过程中存在盲目性，忽视了教学规律，歪曲了快乐体育的真正内涵，这是对概念认识不清造成的。在体育课的教学上，把快乐体育的安排理解为游戏课，对快乐体育的教学模式有一个很大的误区，没有从根本上去理解何为快乐体育教学，这样的教学也就无任何意义可言。

（二）教学形式与教学内容存在偏差

笔者在前面定义快乐体育概念的时候，提到了从情感入手，说明学生在体育教学过程中的心理感受已影响到人们对快乐体育教学模式的要求，因此便出现了不论教材等条件，盲目追求学生的"快乐"，忽视学生寻找"快乐"能力的培养，忽视学生创造性思维能力的培养等情况，这种教学形式偏离教学内容的现象不由得人们不深思。快乐体育固然讲求愉快的学习气氛，但是，以"乐"激"趣"也并非放之四海而皆准的唯一良方和途径，这里存在着教学形式与教学内容的统一问题，即在当前快乐体育教学模式中，不论教材等条件，盲目引导学生一乐了之，忽视学生寻找乐趣的能力的培养，忽视学生创造性思维能力的培养的现象屡见不鲜。

（三）缺乏对快乐体育教学模式适用对象的界定

快乐体育教学模式是主要对应某一类教材或某一个年龄阶段的。快乐体育对教学班的人数及场地条件要求较高。快乐体育强调学生自助自律学习、锻炼，其中包括自定目标、自定步骤、自订计划等，但这些并不意味着降低教师的指导、组织的标准与要求，反而更加增大了其难度，加上我国体育教师数量偏少，班级规模大，学生人数多，场地器材不足，就很难根据学生个体需求进行指导。

（四）系统教学具有一定负面性

按照快乐体育教学目标的要求，在体育教学的过程中，不仅鼓励学生积极思考、主动探索，而且强调学生的选择权。让学生自主选择学习内容这显然需要付出一定代价。首先，学生是受教育者，尚不具备选择未来知识、技术、技能的条件；其次，学生处于人生发展的初级阶段，不具有准确预见社会发展需求的方向和趋势的能力，这在一定程度上，如在时间上占去了很多技术教学的时间，制约了更快更好地系统学习掌握体育知识技能，因此影响了系统教学的质量和进度，带来了一定的负面性。

简而言之，当前的快乐体育教学模式不论从教学目标、教学方法、教学组织以及教与学的关系上都围绕教学指导思想，即"以生为本"，但在现今阶段，由于各种因素的影响，快乐体育教学模式实施过程与其本质发生偏离，包括对该模式的概念认识、教学形式与教学内容不统一、缺乏对该模式适用对象的界定以及给系统教学带来了一定负面性等问题。寻找方法解决这些问题，重新建立一个能更好发展学生的体育教学模式是当务之急。

第二节 体育游戏的教学价值

一、体育游戏理论的概念

要更加准确地对体育游戏理论概念进行界定,首先应该了解理论是什么。有资料认为理论是"概念、原理的体系"。所以理论可以界定为一种能解释某种现象的具有逻辑关系的肯定陈述,它是一定的科学概念、概念间的关系及其论证所组成的知识体系。科学理论是对客观事物的本质和规律的概括性说明,是经过某些实践检验而被验证的假说,所以它是相对真理。科学研究的目的在于探索科学的理论,以认识事物的本质、规律,并用科学理论解释、预测和控制事物现象的变化和发展。所以体育游戏理论是关于体育游戏现象的本质和规律的概括性说明,是体育游戏的科学概念、概念间的关系及其论证所组成的体育游戏知识体系。

二、体育游戏的内涵

(一)游戏的含义

游戏的本质是什么?一直是教育界、心理学界还有哲学界广泛探讨的问题,并形成了各种不同的理论。

1. 精力过剩说

最早的游戏理论由德国哲学家康德提出,以游戏中的想象为基础,他认为游戏是非理性的,游戏是在基础心智中进行的。而席勒的研究使得关于游戏角色与人类经验的思想得到了空前的发展,他认为文艺和游戏产生的共同基础是生理上的精力过剩。游戏、文艺的共同特征就是娱乐,而娱乐又是精力过剩的表现,是人们劳动后剩余精力的发泄。席勒把游戏分为两类:一类为自然的游戏;另一类为审美的游戏。自然的游戏,当然是指包括人在内的所有动物的那些游戏;而审美的游戏则指只有人类才有的游戏。席勒的知识结构中还包含了物理性游戏与象征性游戏。物理性游戏需要使用剩余能量,而象征性游戏往往以艺术形式出现,因此认为席勒的游戏理论是通往更高精神层次的导论。

基于康德的游戏理论,英国哲学家斯宾塞继续发展其理论。斯宾塞认为,当我们进化为高等动物之后,时间与精力并没有完全被用于满足我们生存的直接需要。由于每一个具有智力的生物都服从这一条规律,即当它的器官停止活

动的间隙比通常时间长时，就变得格外易于活动，因此，当环境准许模拟时，对器官活动的模拟也就轻而易举地代替了真正的活动，于是就产生了各种各样的游戏。迄今为止，无所表现的官能便趋向于多余而无用的活动。同时也出现了这样的一种现象：这些不必要的努力，通过那些在动物生活中作用甚大的官能得到最大程度的发挥。他还说："动物不是从事真正的活动时乐意醉心于真正活动的表象，由此也就产生了各种游戏……产生了使其停滞不前的能力。"在此，斯宾塞认为游戏随种系进化而发展，进化程度越高，其原始所需要的精力就越少，剩余精力就越多，这为游戏的产生奠定了基础。

2. 松弛说

首创于拉扎鲁斯的"松弛说"认为，人在生活中会消耗脑力及身体上的能量从而造成疲劳，因此需要充分的休息才能恢复身体状态。游戏不仅具有恢复健康的功能而且是恢复能量的理想途径。游戏与工作的不同在于，工作是消耗精力的活动，而游戏是储存精力的理想方式。

帕特瑞克发展了拉扎鲁斯的游戏理论观点，他认为，现代职业由于对抽象推理的要求更高，因此需要的后天技能也越高，从而导致现代人的精神压力也越大。要解除这种相对个人过度的精神压力所造成的疲劳，需要通过游戏来达到目的。最后他总结得出，游戏是由种族习惯和种族记忆激起的，儿童热衷于读有关动物的书籍、玩有关动物的游戏都是原始人以野生或驯化动物为生的反映。

3. 种族复演说

随着人们对自身的了解，美国著名心理学家霍尔提出了人类的胚胎发展史是动物进化过程的复演，并在此基础上，进一步加深了复演学说的思想，将其运用到个体心理发展的学说上。他提出了应该把个体心理的发展看作一系列或多或少复演种系进化历史的理论，而游戏就是人类祖先的运动习惯和精神通过遗传而保留至今的技能表现。他认为不同年龄阶段的儿童以不同的游戏形式在重演着祖先的各个发展特征。人们之所以对某一类游戏感兴趣就是因为它能接触、复活人类根本的情绪。

4. 生活准备说

德国著名心理学家、生物学家格罗斯从自然选择论角度出发，认为游戏就是对未来生活的一种无意识的准备，是一种本能的练习活动。游戏是人和动物都有的天赋本能活动，是生物不变的本性。他认为每个动物都要有一个准备生活的阶段，都要有一个锻炼自己生存竞争的能力，而游戏是准备生存、练习本能最好的形式。20世纪初，该理论成为西方游戏理论的中心。

5. 成熟说

荷兰心理学家博伊千介克的游戏理论是游戏动力理论的一种。他认为游戏不是单纯的一种机能，而是幼稚动力的一般特点的表现。他还认为游戏不是本能，而是欲望，主要表现在以下三个方面：排除环境障碍获得自由、发展个体主动性的欲望；适应环境与环境一致的欲望；重复练习的欲望。

6. 天性本能论

19世纪德国著名学前教育学家福禄贝尔阐明了游戏的教育价值，并把游戏作为幼儿教育的基础。他认为游戏是组成儿童生活的重要因素，幼儿正是通过游戏将内在的精神表现出来的；强调游戏对幼儿人格发展、智慧发展有重要意义；游戏中通过玩具使儿童觉察到不可直观的世界。总之，游戏是儿童内部本能的表现，儿童正是通过游戏表现其内在的"神的本源"，强调教育要适应儿童的本能，强调成人要允许儿童自由地游戏，从而发展他们的创造性及自主性。

虽然有些学说将游戏看作人先天性的本能、欲望的推动，从根本上贬低甚至抹杀了作为社会人的游戏的主观能动性和社会性，但各学说在理论上具有一定的共性，即游戏的娱乐性。这对于进一步理解游戏的含义有一定的帮助。

在游戏的研究中，古今中外的学者提出了多种不同的理论见解，其中包括我国古代游戏理论。也有学者提出从广义上理解，游戏是人类的生存，社会交往过程均属于游戏。从狭义上理解，游戏是各种有规则限制的，具有开发体力和智力价值的自身娱乐或集体娱乐活动的总称。而王银玲在《游戏的秘密与美好的教育——泛游戏理论及其教育意义》论文中提出了泛游戏理论，认为游戏就是在日常生活的一定时空中发生的活动者超越生活常规或遵守内部规则的自主娱乐活动。也可以说，游戏是活动者自主娱乐的活动，是活动者自得其乐的活动。

总之，对于游戏的概念，到现在还没有哪位学者能准确地概括，只是进行了一些描述性总结，但不管怎么样，游戏一直给人很神秘的思想启示，其倡导一种使人在游戏中感受以"心"为主导，身心完美结合的思想。

（二）体育的含义

《中国体育概论》认为，体育是根据人类社会生活的需要，依据人体生长发育、动作技能形成和机体机能提高的规律，以身体练习为基本手段，达到增

强体质、调节心理、培养品德、提高运动技术水平、丰富社会文化生活的一种有意识、有目的、有组织的社会活动。《体育概论》中提出："体育是以身体练习为基本手段，以增强人的体质，促进人的全面发展，丰富社会文化生活和促进精神文明为目的的一种有意识、有组织的社会活动。"

总结以上可以发现，体育的基本内涵为以身体练习为基本手段，旨在全面发展身体，增强体质。

（三）体育游戏的含义

体育游戏作为一种社会现象，是随着人类社会的产生和发展出现和演进的。在人类社会漫长的历史中，体育游戏经历了一个由萌生、发展到不断完善的过程。何谓体育游戏？有学者提出它是游戏的一种，是以身体练习为基本手段，以增强体质、娱乐身心、陶冶性情为目的的一种现代游戏方法，它是按一定目的和规则进行的一种有组织的体育活动，也是一种有意识的、有创造性和主动性的活动，其基本特征是大众性、普及性和娱乐性。也有资料指明，体育游戏是以游戏为活动形式，以身体练习为基本内容，以促进德、智、体全面发展为目的，按照一定规则进行，具有浓厚娱乐气息的一种特殊的体育运动。它对人体基本动作形成、发展智力、陶冶情操、培养锻炼兴趣起着积极作用。

综合以上对"游戏"和"体育"含义的理解，可以明确体育游戏的定义，即体育游戏是按一定目的和规则进行的一种有组织的、以身体练习为基本手段、以促进人身心的全面发展为目的、体力活动和智力活动相结合、富有浓厚娱乐气息和鲜明教育意义的自主活动。

三、体育游戏的特征

体育游戏是在体育运动的基础上，综合人体的跑、跳、投等基本生活与劳动技能及各种体育基本形式，创编出多种形体动作，并按一定目的和规则进行的一种有组织的体育活动，也是一种有意识的创造性的和主动性的活动。任何一种体育游戏总是具有一定的目的的，或是为了传授生活和劳动的技能，或是为了发展游戏者的体力和智力，或是为了娱乐。由于体育游戏是人类有意识的活动，因而在游戏活动的过程中，人们可以创造性地发展游戏的内容，制定游戏的规则，传授游戏的经验，以及不断地创造出新的游戏。第二信号系统在这个过程中起着重要的作用。从这个意义上来讲，只有人类才有游戏。动物虽也有一些类似游戏的嬉戏，但那只是无意识的本能活动，与人的游戏有着本质的区别。

体育游戏的另一特点是有虚构和假想成分及非生产性。在游戏活动中，人们可以扮演各种不同的社会角色，这些角色可以与个人在现实生活中的角色毫无联系，在游戏中能摆脱现实生活中的忧愁和烦恼，在带有一定情节性的身体活动中使身心得到发展。体育游戏具有竞赛的因素和有一定的情节，这就增加了它的趣味性和吸引力。同时，游戏总是受一定规则和要求的制约，规则本身有一定的教育意义，可以调节游戏者之间的关系，是游戏得以公正、安全、顺利进行的保证，有助于游戏的发展。游戏具有趣味性、教育性、竞争性、科学性等特点。

1. 趣味性

《辞源》中说，游戏乃"玩物适情之事也"，即游戏是有趣的事情，它能使人在精神上得到某种欢娱，能满足人们对娱乐的需求。尽管它不能直接创造物质财富，但还是能吸引各种不同的对象主动参加的。不管何种类型的游戏，组织参与游戏活动首先是游戏本身有趣好玩，从中能得到欢乐。体育游戏也是如此，所以趣味性是体育游戏的第一大特征。如果没有趣味性，则不能被称为体育游戏，而只能被称为体育练习或身体练习。

2. 教育性

体育游戏是学生的"良师"，是体育教师的"益友"。体育游戏教学能够丰富教学内容，激发学生的学习动机；培养学生的思维能力、创造能力和竞争力；提高学生的注意力，改善学生的心态；完善个性，培养学生的意志品质；建立良好的师生关系；提高学生的身体素质和健康水平，使学生在德、智、体、美诸方面全面发展。体育游戏教学实施并实现了"健康第一"的指导思想，在未来的体育教学中一定会发挥更大的作用。

3. 竞争性

体育游戏大多都具有以个人或集体取胜为目的的竞争性特征。通常以游戏完成的数量、质量、速度为判别胜负的依据。因此，它充分体现游戏参与者体力、智力上的竞争特点，通过游戏活动可提高参与者的身体活动能力、思维能力、应变能力、创造能力，并在游戏中培养参与者团结互助的集体主义精神，使参与者在竞争中获得精神上的满足。

4. 科学性

体育游戏在组织的过程中要考虑到学生原有的知识、技能、身体素质和训练水平，根据由易到难、由浅入深、循序渐进的原则，对不同年龄和性别的学生要区别对待，科学组织，做到"因材游戏"，同时，游戏过程中要密切观察学生身体状况的变化情况，科学合理地安排运动量。

四、体育游戏的功能

1. 增强教学过程的娱乐性，提高学生学习的积极性

所谓"寓教于乐"，是学习动机建立在需要和兴趣的基础上的，对有趣味、娱乐性的教学内容，参与者会主动去追寻和掌握，学生也一样。体育游戏活动拥有游戏的基本属性——趣味性，这一特征能使他们产生积极的情感体验，这种情感体验可以影响他们对渗透在游戏中的学习内容产生兴趣，从而引导学生向认识兴趣态度转化，认识兴趣又可引起学习兴趣和需要，两者在游戏活动中互相促进，相互发展，最终提高学生学习的积极性。

2. 增强学生体能，提高健康水平

体育游戏是游戏的一部分，同时也归属于体育运动，主要包括促进身体一般发展的活动性游戏和与各种专项运动密切相关的专门性游戏两种，各种运动项目都以肢体活动为手段，活动的内容与形式又是预先设计的。根据运动生理学原理，科学合理地安排体育游戏活动量和强度，对提高身体素质有积极作用。

3. 促进学生认知水平的发展

体育游戏是在轻松愉快、生动活泼的情境中进行的一种复杂的条件反射过程，它取决于大脑皮层对内、外感受器所产生的各种信号的分析能力。在游戏中，不仅需要学生具有较强的观察力、记忆力和判断力，而且要求学生的视觉、听觉、触觉等感觉灵敏，还需要具备一定的认识问题、分析问题的能力，从而为学生的智力发展提供途径。

4. 促进学生个性社会化的形成

体育教学中的个性，是指学生在体育活动中经常表现出来的比较稳定的带有一定倾向性的个体心理特征。在体育教学中发展学生的个性，一般是指发展学生的个体心理特征。而体育游戏的优势主要有以下两点：（1）在游戏中，学生不受约束，完全沉浸在欢乐中，个性得到充分体现；（2）体育游戏大多是集体活动，学生在游戏活动中都要扮演一定角色，承担一定的责任与义务，这对学生的行为品德既是一种制约，又是一种引导，它是一种加速青少年社会化发展的有效途径。传统的学校体育理论认为，体育教学的主要目标是追求运动技能的规范，增强体力，这样教育出来的儿童、少年都是成人化的——成人

化动作、成人化理论、成人化思想,而促进学生个性的和谐发展是快乐体育思想的根本精神所在。快乐体育与学生的个性发展存在着辩证关系:一方面学生的个性倾向性和个性发展水平在运动项目的选择以及参与运动项目的积极性和主动性上充分表现出来;另一方面快乐体育过程又能促进学生个性的和谐发展,帮助学生更深地挖掘从事运动项目的潜力和参与运动的乐趣。这两方面相辅相成,在增强学生体质的基础上,促进学生在智力、心理素质、美育和能力诸方面都得到发展。在快乐体育的思想指导下,能够培养学生的独立性、自主性、创造性以及热爱美、鉴赏美、表现美的情感和能力,丰富精神生活,促使学生个性的全面发展。

五、体育游戏在体育教学中的价值

1. 促进学生身心的全面发展

游戏是自由的,在游戏中学生可以达到忘我的境界,全部身心融于其中,体验着自由、挑战、胜任带来的愉快,展示着生命的活力与价值,完全没有必要考虑练习失败被人耻笑的滋味和被教师训斥的狼狈;在游戏中学生与客体、他人、环境相互作用,借助于不断发展的语言的中介,自由地进行各种模仿、操作与探索,满足着他们探求外部世界的好奇心与求知欲。因此可以说,游戏也是学生发展的动力,是学生获取社会经验的一种独特方式;在游戏中,学生要与同伴交流、协作,共同完成游戏,并严格遵守游戏规则,不断解除活动的自我中心,学会公正地评价伙伴和自己的行为举止,逐步形成对于周围环境的态度,逐渐建立友谊、公正、负责的观念。

2. 促进学生创新精神和能力的萌发

游戏是一种自主、自由、能动、充满想象的主题性活动,游戏的这些品性正是创新意识、潜能得以滋生的土壤。在游戏,特别是假象游戏中,学生自由驰骋于假象和现实之间。在这一游戏氛围中,易于在一些客体与观念之间形成一些独特的关系和联想,一旦遇上日后现实可能性的催生,就会有所创新。诸多体育项目,如篮球、跨栏、武术等都来源于生活中的游戏,同样体育教学可以恢复它的本来面目。归纳和概括以上游戏方面的内容可知,体育游戏的特征和功能体现了其在体育教学中的价值,符合快乐体育教学模式的要求,这为从体育游戏的角度去研究快乐体育教学模式提供了可能,也为重建快乐体育教学模式提供了一个新的思路。

第三节 快乐体育教学模式的构建

一、体育游戏的趣味性

孔子曰:"知之者不如好之者,好之者不如乐之者。"教学实践也告诉我们,教师在课堂教学中,特别是在设计游戏内容时更要有意识地实施愉快教学,将学生置身于愉快的氛围中,不断激发学生的学习动机,培养学习兴趣。体育游戏拥有游戏理论的基本属性——趣味性,在体育教学的过程中正确运用游戏方法,可以改变传统单一枯燥的教学方式转向快乐体育教学方式,增加教学的趣味性,提高学生的学习积极性。

1. 激发兴趣,营造轻松快乐的教学环境

例如"排头抓排尾"的游戏,即学生排成单行用双手抱住前面一人的腰部。教师鸣笛后,排头要努力去捉排尾的人,而后半部的人要努力帮助排尾,不让排头捉到。该游戏规则为队伍不能被拉断。排头触到排尾时,即换人做排头和排尾,重新开始游戏。

在进行该游戏之前,体育教师借用热身时间提问该游戏的相关内容,包括这个游戏的具体玩法和规则,以及该游戏和"老鹰捉小鸡"游戏的相似点和区别,这样从学生的内心深处可以激发他们的兴趣,而整个过程,体育教师也参与进来,不仅仅是在旁边做裁判,这些对营造轻松快乐的教学氛围起了关键作用。

2. "因材游戏"满足不同层次学生需求

同一年级,进行相同人数的男生30米、女生25米来回接力跑的游戏比赛,哪方先完成任务,哪方就胜利。

在高校低年级,安排"跳山羊"游戏,用人代替山羊。到了高校中高年级,安排绕障碍跑、绕障碍跳绳游戏,分男女组进行,男生组设置10~15个障碍,女生组则设置8~12个障碍。

可以看出,体育教师在安排游戏内容和规则上充分考虑到了学生的年龄特征和性别,以"玩游戏"作为教学手段,以"玩"助学,以"玩"促练,使学生在玩的过程中满足自己的需求。

3. 在激烈竞争的游戏环境中展现自己

类似以上激烈竞争游戏的出现,使得游戏的组织变得合理化,竞赛规则、竞赛目的和内容变得多样化，这可以很好地吊起学生的胃口，满足学生的好胜心理，同时也满足了他们的表现欲望。因此这种追求参与运动的乐趣，体验快乐的过程，确实满足了学生自身的需求，也自然提高了游戏的趣味性。

二、快乐体育教学模式构建的理论依据

1. 体育游戏理论与快乐体育教学模式的共性

从对概念的定义和特征中就能发现两者的共性，因为概念里包含了其功能和特点。对体育游戏的定义的研究中，首先，强调了自主娱乐活动，这和快乐体育教学模式中"以人为本"的教学指导思想不谋而合；其次，两者都注重身心的和谐发展；最后，两者都提倡创造性思维的发展。这几点共性，为从游戏理论的角度去研究快乐体育教学模式奠定了基础。

2. 基于体育游戏理论的快乐体育教学模式存在的问题

体育游戏以其自身的优势，指出了快乐体育教学模式现阶段存在的弊端和误区的原因所在，主要表现在以下几个方面：

第一，体育游戏的学习动机是建立在需要和兴趣的基础上的，对有兴趣、娱乐性的教学内容，参与者会主动去追寻和掌握，这能体现"寓教于乐"的真义，也说明了目前人们对快乐体育教学定义中的"快乐"没有真正理解。当前的"快乐体育课"就应该在这个基础上形成并发展起来。因为"快乐体育"明确地反对传统体育那种压抑学生兴趣，忽视学生心理特点而重视知识技能传授与体力发展的强制、被动的教学活动及指导思想。与传统体育教学观念相比，它强调学生积极参与活动，在指导思想上进了一大步。

第二，快乐体育教学模式存在教学形式和教学内容不统一，这是因为缺乏合作学习的教学组织形式。

第三，当前快乐体育教学模式的实施者仅仅追求"思维的创造"，给技能的教学带来了弊端，这是因为缺乏教学的技巧。体育游戏以其特殊的教学方法，弥补了这一点，即把教学方法隐藏于游戏之中，使学生在"玩"的过程中培养技能，增强自身的身体素质。

总之，体育游戏里运用的一些方法和手段对体育教学的应用研究有很大的价值，这些为我们从游戏理论的角度去研究快乐体育教学模式提供了切入点。

三、传统体育与快乐体育的区别

1. 重视学生主体地位

传统的体育教学论过分强调教师的主体地位、主导作用,认为学生只是一个需要教育的客体,只能被动地接受体育教师的教育培养,这样就导致了学生主体地位的丧失,自觉性、积极性的泯灭。快乐体育理论认为,重视学生的主体地位,激发和维持学生学习的兴趣与动机是提高教学效果的手段。

2. 师生关系和谐

体育教学是双向多边、复杂的活动。和谐的师生关系是教师顺利施教的重要条件,是调动教与学双方积极性的一种内驱力。和谐的师生关系不会使学生产生恐惧、焦虑等心理上的障碍,而是乐于接受教师的教学。传统的体育理论认为师生之间是命令与服从、上级与下级、教与学的关系,教师神情严肃,不容置疑,学生唯唯诺诺,言听计从。快乐体育强调体育教学中师生之间、学生之间都存在着双向信息交流,强调建立和谐的师生、生生关系。

总之,快乐体育教学的本质就是促进学生乐于进行体育学习,学生自发、自主的学习活动成了快乐体育教学的一个非常重要的条件。满足学生的运动欲求就会产生运动的乐趣,这种欲求越强烈,越明确,其满足后获得的喜悦也就越大。因此,体育课不能是带有教师强制性的,而必须能使学生自发、自主地享受运动中的乐趣。当然,丰富多样、生动活泼的教学方法,新颖有趣、逻辑性强的教学内容,可以不断地引发学生新的探究活动,从而激发学生更高水平的求知欲。

四、基于体育游戏的快乐体育教学模式的构建

1. 贯彻"安全""健康"和"娱乐"三者统一的教学指导思想

"安全"问题是体育教学中最先考虑的,这个问题得不到解决会带来严重的后果,这就限制了体育活动的开展,这里寻求的是在安全的活动环境下,学生德、智、体等方面全面发展,即"健康"成长。"健康"是体育教学的追求,而"娱乐"重在配合"健康",在这里把两者并列,是因为"娱乐"是"健康"不可或缺的途径。只有统一三者,才能准确定位快乐体育教学的指导思想。三者合为一体就是一个良好的教学指导思想,三者的关系是相互联系、不可分割的。"安全"是课程完成的基础,是学生的基本保障,其中包含了很多基本的要求。"健康"体育课的根本所在就是提高学生的身体素质,通过锻炼从而达

到"健康"的目的。"娱乐"就是在前两者的基础上通过娱乐身心的方式,在"安全"的基础上来达到"身心健康"的目的,这也是快乐体育所带来的一种教学效果。

2. 创新教学方法,注重因材施教

好的教学方法能更好地来完成教学,有针对性地采用教学方法能够更好地提高教学质量。由于受很多因素的影响,学生的素质表现出明显的个体差异性,因此教师要根据实际情况,因材施教,尽量满足个体的实际需求。新颖的教学方法相对来说还是比较多的,把好的方法运用到学生身上,能够提高教学质量,激发学生的兴趣。

3. 以游戏理论为辅,不断创新

如今的体育课程多以传授基本技术、基本学习方法为主,没有使学生在根本上理解和掌握技术。在教学过程中,教师可以运用多种游戏方法进行教学,以此来提高学生的积极性,让学生在娱乐的过程中学到知识。教师在安排教学内容时要有所突破,体现出新型体育教学模式中的新颖之处:重视娱乐教学,但是不能把体育课程变成根本的游戏课,用游戏的方法和理论去辅助教学,达到良好的教学效果。

4. 重视情感投入

体育教学的过程不仅是体育知识、技能的传递过程,还伴随师生之间的情绪、情感交流,伴随态度和行为方式的相互作用与影响。教师应根据学生的自身需求,激发其兴趣,使其变成学习动机,而学习动机能克服许多传统教学模式中学生所处的被动状态的弊端,能培养学生学习的自主性,也能改善师生关系和生生关系,在活动过程中学生互相学习,共同提高。

第九章 合作学习体育教学模式

第一节 合作学习教学模式概述

一、合作学习教学模式的理论依据

合作学习是一种以学生为中心进行知识构建的教育理论,适用于不同类型、不同层次的教育。它作为一种系统的教学模式,是在一定的教学理论和知识的指导下构建的特定的教学模式,它有很深的理论基础。合作学习教学模式可以从哲学、心理学、教育学、体育学等多学科中得到理论支持。

(一)合作学习教学模式的哲学理论基础

1. 马克思主义认识论基础

列宁在《哲学笔记》中说:"从生动的直观到抽象的思维,并从抽象的思维到实践,这就是认识真理、认识客观实在的辩证的途径。"

辩证唯物主义认识论告诉我们,学习过程是一种认识活动。认知的一般规律是由感性到理性,由具体到抽象,最后再回到实践,实践才是认识的终点。教学既是认识过程,也是实践过程。体育教学实践活动也毫不例外,同样是一个由实践到认知的无限循环直至接近真理的过程。

2. 马列主义关于人的本质的论断

马克思和恩格斯在分析人类生产活动或实践活动时指出:"生命的生产,无论是通过劳动而达到的自己生命的生产,或是通过生育而达到的他人生命的生产,就立即表现为双重关系:一方面是自然关系,另一方面是社会关系,社会关系的含义是指许多个人的合作……""人的本质不是单个人所固有的抽象物，在其现实性上，它是一切社会关系的总和"。马克思主义哲学认为人是自然性和社会性的统一体，人不可能脱离社会和人群而独立存在。人的本质在于人的社会性，这是人区别于动物的本质属性。

社会交往是人类社会得以生存的基本方式。在交往中，人与人之间的相互认同、相互理解得到实现，思想、观念、情感共同性得到显示，个体的能力在集体中得到集中和扩展。学生的合作交往有利于学生整个身心素质的发展，这是合作学习提出的基本哲学依据。

（二）合作学习教学模式的心理学理论基础

1. 群体动力理论

格式塔心理学创始人之一的考夫卡提出：群体是成员之间的互赖性可以变化的动力整体。考夫卡的同事勒温对上述观点做了具体阐述：第一，群体的本质就是导致群体成为一个"动力整体"的成员之间的互赖，这种互赖通常由共同目标而创设，任何成员状态的变化都会引起其他成员的变化；第二，成员之间紧张的内在状态能激励群体达成共同的预期目的。勒温的弟子道奇提出了合作与竞争的理论，这对合作教学的发展产生了直接的影响。道奇认为，"在合作的社会情境下，群体内的个体目标表现为'促进性的相互依赖，而在竞争的社会情境下，群体内的个体目标则体现为'排斥性的相互依赖'"。

2. 选择理论

选择理论原称控制理论。选择理论的创始人哥拉斯指出：控制论是建立在这样的事实基础上的，即我们是被内在动力所推动的，是被我们的各种需要所驱使的，是一种"需要满足理论"。

选择理论认为：人都被潜伏于基因中的四种心理需要所驱使，它们是归属的需要、力量的需要、自由的需要和快乐的需要。部分或全部的需要被满足都会使人感到愉快。美国著名教育家约翰·杜威说过："人类本质里的最深远的驱策力就是希望具有重要性，希望被赞美。"

教育应该包括学会和别人一起学习、工作、生活，学会尊重他人和理解他人，这种民主程序必不可少。可以说只有愿意学才能学得好就是选择理论最为简洁的一种表述。

3. 动机理论

动机理论主要研究的是学生活动的奖励或目标结构。道奇界定了三种目标结构：合作性结构、竞争性结构和个体性结构。在合作性结构中，要求个体要为其他个体目标的实现做贡献，有利于他人目标的达成。合作性结构与竞争性相反，创设了一种只有小组成员共同努力才能达成个人目标的情境。为实现个人目标，合作的小组成员必须尽力互相帮助，特别是鼓励他们为同伴做出最大的努力。在评价小组合作表现的基础上对小组进行奖励，能够产生组中成员相互之间对任务相关行为给予社会强化（如表扬与奖励）的人际奖励结构。这是合作性结构优于竞争性结构和个体性结构的原因所在。约翰逊等人认为，学习动机是借助于人际交往过程而产生的，其本质是一种人际相互作用建立起的积极的彼此依赖关系。激发动机的最有效手段就是在课堂教学中建立起一种"利益共同体"的关系。这种共同体可通过共同学习目标、学习任务分工、学习资源共享、角色扮演与分配、团体奖励和认可来建立。小组成员之间形成一种"休戚相关""荣辱与共""人人为我，我为人人"的关系是动机激发的一个重要标志。从以上分析不难看出动机理论对于合作学习的重要性，它是合作学习教学模式的核心理论之一。

4. 认知理论

第一，发展理论。

苏联著名儿童心理学家维果斯基提出了最近发展区的概念，他将最近发展区界定为"由独立解决问题所决定的实际发展水平，与通过成人的指导或与能力更强的同伴合作解决问题所确定的潜在发展水平之间的距离"。

此概念强调教学不能仅仅依据儿童过去已完成的发展过程，而应依据现在。简而言之，就是教学要在发展的前面引导发展。

第二，认知精制理论。

认知心理学的研究发现：如果要使信息保持在记忆中并与记忆中已有的信息联系，学习者必须对材料进行某种形式的认知重组或精制加工，以此来达到提高记忆效果的目的。

精制认知的有效方式之一是向他人再次呈现、解释材料。合作学习教学为学生之间的互教互学提供了大量的机会，使他们在交互作用中对学习材料进行了一次精加工，同时他们还能从他人身上学习到处理材料的方法。

（三）合作学习教学模式的教育学理论基础

1. 建构主义学习理论

建构主义也被称为结构主义。建构主义学习理论认为：学习过程不是学习者被动地接受知识，而是积极地建构知识的过程；学习不单是知识由外向内的转移和传递，更是学习者主动地建构自己的知识经验的过程。也就是说，学习的结果不是学生接受了知识，而是学生的知识经验得到了改组。学生在教学情境中并不是被动地接受或服从，而是在已有经验的基础上，对来自外部的教学影响的主动建构。知识不仅仅是个体在与物理环境的相互作用中建构起来的，社会性的相互作用同样重要，甚至更加重要。学习环境需要合作与交互的氛围。基于这种对学习的理解，建构主义学习理论非常强调主体与周围环境的交互作用，认为这种交互作用对于学习内容的理解，即对知识意义的建构起着关键性的作用。学生在教师的组织和引导下在小组内一起讨论和交流，共同建立起学习群体并成为其中的一员。在这样的群体中教师和学生共同取长补短，共同分析和评论，共同提高和进步。通过这样的小组合作学习建立真实的学习情境，学生在与学习团体的广泛交往中，学习知识和技能，建立起对自我的广泛的社会认同。

2. 人本主义教学思想

人本主义教育理论认为：教学活动应以学生为中心，教师的主要任务是帮助学生理解经常变化的环境和自己，帮助他们最大限度地挖掘自己的潜能。其代表人物罗杰斯认为：学习和自我的关系十分密切，人的主动性是通过内部控制才得以实现的。合作学习正是要创造这种有利于发挥学生潜能的学习情境，从而使学生自主性学习能力得到充分发展。

3. 课堂教学理论

任何教学活动都是由教师的教和学生的学所组成的一种双边活动，教师在教学中处于"主导"地位，学生则处于"主体"地位。只有全面调动学生的学习积极性，才能充分发挥教师的主导作用，提高教学的质量。

（四）合作学习教学模式的体育学理论基础

学生掌握任何技术动作都需要经历一个由不会到会，由不熟练到熟练，由不巩固到巩固的发展过程。这一过程有自己的发展规律，可分为"泛化""分化""巩固""自动化"四个阶段，但每个阶段并不能严格区分开来，而是相互联系和相互交错的，共同构成一个统一完整的过程，是波浪式的前进、螺旋式的上升。不同阶段的技能学习各有特点，在动作技能教学中，根据动作技能形成的不同阶段而采用不同的教学模式与训练方法，才能收到事半功倍的效果。

二、合作学习教学模式的优势

（一）合作学习教学模式与传统接受式教学模式比较

合作学习教学模式与传统教学中所采用的接受式教学模式有着明显的不同，合作学习着眼于改变学生传统的、被动的、接受式的学习方式，开创积极的、主动的、开放式的学习方式。既保障了教师在教与学的过程中的主导地位，充分发挥了教师的作用；又为学生营造了一个良好的、合作的学习氛围，以促进学生的全面发展，培养学生健全的个性。合作学习教学模式与传统接受式教学模式相比较主要体现出以下优势：

1. 先进的目标观

合作学习其主要的教学目标是在使学生的运动技能得到提高的同时，培养学生的合作精神及社会适应能力，注重学生情感的培养，使学生的知、情、意、行得到全面发展。正如合作学习的研究者所讲的那样："在教学目标上，注重突出教学的情意功能，追求教学在认知、情感和技能目标上的均衡达成。"而传统学习仅仅强调通过运动技术的学习达到掌握知识与运动技能的目的。

2. 丰富的形式观

合作学习采用了班级授课（课堂教学）与小组活动相结合的教学组织方式，兼顾了学生个体性与集体性的双重特征，把个别化与人际互动有机地结合在一起，强调以集体授课为基础，以合作学习小组活动为主体形式，力求体现集体性与个体性的统一。合作学习中的课堂讲授是以合作设计为基础的，讲授过程也力求简要清晰，时短量大，高效低耗，有着较强的研究性、探索性，同时为小组活动留有足够的空间。而传统接受式教学中仅仅采用课堂教学。

3. 特有的情境观

合作学习者认为，组织学生学习的情境主要有竞争性的情境、个体性的情境、合作性的情境三种。在合作性的情境中，学生在既有利于自己又有利于他人的前提下进行学习。在这种"双赢"的情境中，学生会意识到个人目标与小组目标之间是相互依赖的关系，只有在小组其他成员都成功的前提下，自己才能获得成功，小组成员之间是"荣辱与共"的关系。"在一个理想的课堂里，所有的学生都应能学会如何与他人合作，为趣味和快乐而竞争，自主地进行独立学习。……合作学习并不排斥竞争与单干，在适合时宜时，竞争和个体活动能够增益于合作学习。"也就是说，合作学习在突出合作的主导地位的同时，并没有否认竞争与个人活动的价值,而是将之纳入了教学过程之中,使它们兼容互补,相得益彰。合作学习将合作、竞争和个人行为融为一体,并进行优化组合加以利用,符合教学规律和时代的需求,是对传统教学中单一竞争格局和教学情境的重大变革。

4. 合理的评价观

传统的教学评价强调的是常模参照评价,关注个体在整体中的位置,热衷于分数排队,比较强弱胜负,是一种定量评价,仅仅注重结果。合作学习将常模参照评价改为标准参照评价,把个人之间的竞争变为小组之间的竞争,把个人计分改为小组计分,把小组总体成绩作为奖励或认可的依据,形成了"组内成员合作,组间成员竞争"的新格局,使得整个评价的重心由鼓励个人竞争达标转向大家合作达标,做到定量与定性评价相结合,既重结果又重过程。

5. 融洽的气氛观

融洽的学习气氛能增进同学间的感情交流,改善他们的人际关系。在合作学习所营造的特殊的合作、互助氛围中,组内或组间形成双向或多向交流的局面,学生在共同学习与交往中,增进了彼此间的感情交流,培养了彼此间的合作精神与意识。

(二)合作学习教学模式与传统小组学习教学模式比较

传统小组学习,就是指在某一学科或某一学科组的教学中,教师根据教学工作的需要,按一定的标准(如年龄、学习兴趣、学习能力或学科等)简单地把学生编入一定的学习小组里,然后分给每个学生以一定的学习任务,让学生在一起学习。这种教学形式被称为传统小组学习。传统小组学习实际上是一种分组教学,其目的在于以最佳方式为学生提供各种学习与锻炼的机会,使教学达到最优化。

根据合作学习的五要素理论(积极的相互依赖、面对面的促进性相互作用、个体责任、人际交往技能、小组加工)可知传统的小组学习与合作学习有着本质上的区别。把几个学生集中起来,安排在一个教室里让他们学习同一内容,这是小组学习但它并不一定是真正意义上的合作学习。让一些人共同在一起学习,这样的小组也并不一定就是合作学习小组。只有当合作学习的五个要素在小组学习的过程中完全得到贯彻和落实时,有效的合作学习活动才能发生,它的教学效果才能得到充分的体现。可见,合作学习区别于传统小组学习的一个最明显特征就是对决定合作性学习效果的五要素的认真贯彻。

从教师在学习过程中所承担的任务和角色来看，在传统小组学习中，教师作为知识的"权威"而存在，教学的任务和重点是在"教"的过程上，很少对学习的"学"的活动进行观察与干预。而在合作学习中，教师不仅要管"教"，同时还管"导"，既要进行讲授，引发学生的学习兴趣和学习动机，促使每个学生都最大限度地获得发展，又要善于跟学生进行交流，协调各小组的活动，对学生和小组进行认可或奖励。教学的重点转移到学生的"学"这一面，教师指导并介入小组活动使得教师的角色发生重大变化。教师成了"管理者""咨询人"和"活动的参与者"，而不再以"知识权威""知识裁判""知识信使"而自居。

从学习的时间分配来看，在传统小组学习中，学习的全部时间是用在学习具体的材料和内容上，教师和学生没有安排必要的时间来对学习结果的绩效高低和学习方法的好坏进行评议。而在合作学习活动中，教师为学生安排了必要的活动和时间用于学生开展小组评议，通过评议，分析小组是否发挥了良好的作用，各个成员是否运用了协作技能来促进学习及维持组内良好的合作关系。

从以上的比较中，我们可知，合作学习与传统的小组学习有着非常明显的差异。我国学者盛群力认为合作学习有十大特征：①组内异质，组间同质；②目标依赖，利益一致；③责任明确，义务感强；④参与度大，沟通面广；⑤集体奖励，共享成功；⑥公平竞争，合理比较；⑦角色轮换，分享领导；⑧既有"帮助"，又有"协同"；⑨过程评议，注重实效；⑩学生自主，教师促进。

这两种学习模式也有很多共同的地方，第一，学习活动都是以小组的形式来展开的，它们以一定的标准来把学生编成一定的学习小组来组织学生进行学习活动，其目的都在于以最佳的方式为学生提供各种学习机会，使教学效果达到最优化。第二，它们都强调发挥学习者在教学活动中的主体性作用，都具有自主学习、探究学习的特征。第三，这两种学习都采用集体教学与个别教学相结合的方式，在一定程度上是对班级授课制的变革与创新。

第二节　合作学习教学模式在体育中的应用

一、构建以大学生为主体的学习共同体

所谓学习共同体是为完成真实任务/问题,学习者与其他人相互依赖、探究、交流和协作的一种学习方式。在高校体育教学中构建学习共同体，就是要突出

大学生的学习主体性，促进大学生主体、大学教师主体等各类主体之间相互依赖，通过交流与协作完成教学目标，实现大学生的发展。

（一）高校体育教学中学生的主体地位

要改变高校体育教学中的问题，必须突出大学生在体育锻炼中的主体地位，提升大学生的学习主体性，增强大学生参与体育活动的主体意识和创新能力，使其主动地、创造性地获取运动经验。

当代大学生中有一部分人参与体育锻炼的主体意识非常淡薄，这类人群包括部分女大学生和运动能力差的学生。因此，要增强大学生体育运动的主体性，首先就要激发他们主体意识的形成，使他们形成参与体育活动的内驱力，在相应的活动内表现出一种稳定的心理倾向，让体育活动、体育锻炼成为他们生命的存在形式，成为他们稳定的内在需求。当所有的大学生都自觉自愿地组织并参与多彩的体育活动时，当体育锻炼成为大学生文化的必要组成时，高校体育教学的使命才能真正完成。

（二）高校体育教学中教师的主导地位

在高校体育教学中发挥学生的主体地位，并不是意味着教师地位的降低，而是将教师的主体性转变为主导性，建立一种以教师为"主导"，以学生为"主体"的教学模式。大学阶段是大学生人生中的重要转折阶段，大学教师对于引导大学生一生的发展都有着不可忽视的作用。如果没有体育教师的参与和引导，大学生的体育活动就没有明确的方向性、不能保证大学生掌握体育基础知识和基本技能、不能打通大学生的知识世界与生活世界、不能保证大学生的合作能力和创新能力等多种能力的健康发展。由于大学生的年龄特点，大学生的各项学习和活动的开展仍需要得到大学教师的监督，如学习主动性和积极性的激发。然而，大学教师的主导地位绝不意味着教师在教学过程中是"给予者""决定者"等角色，而是"激发者""促进者""协调者""辅导者"等角色。

（三）促进高校体育教学中主体间的交往与合作

将高校体育教学置于主体间的范畴下探讨具有时代意义。主体间教育指在教育、教学活动中，和谐共处的教育主体共同作用于教育客体而构建的主体间的关系属性。在高校体育教学中建构主体间的关系，主要指的是学生与教师主体间、学生与学生主体间的交往与合作。一方面，体育活动的顺利进行并非取决于运动项目本身的特点，而是取决于活动主体之间的关系。在体育课堂上、在课外体育活动中，只有教师与学生都主动地进行交流与合作，通过良好的交往与合作，才能达成共识、增进理解、促进融合。另一方面，体育活动中师生之间的交往建立在传递基础知识和基本技能的基础上，但同时教师还应帮助主体间建立情感、信念、意志、道德等方面的共识。

（四）高校体育教学由课堂内向课堂外延伸

高校体育教学不仅包括体育课堂内的活动，而且也包括大学生在大学校园生活中自觉、自发、自愿地组织和参与的各类体育活动。这实际上是终身体育理念的一个组成部分，即促使大学生的学习由课堂内的知识世界转向课堂外的生活世界。要通过这种延伸实现两种目标：心理健康目标和社会适应目标。心理健康目标包括：大学生能根据自己的能力设置体育学习目标；自觉通过体育活动改善心理状态、克服心理障碍，养成积极乐观的生活态度；运用适宜的方法调节自己的情绪；在运动中体验运动的乐趣和成功的感觉。社会适应目标包括：表现出良好的体育道德和合作精神；正确处理竞争与合作的关系。

二、基于活动的合作学习方式

合作活动学习就是以合作为学习生命的存在形式、以活动为学习生命的优化形式的多样合作与多样活动融合创新的教学实施方式。在高校体育教学中实施合作活动学习，就是要建立一个完整的教学过程，形成一种新的教学实施形式，包括学习目标具体化、学习内容结构化、学习过程协作化、学习环境生态化和学习结果反馈化五个方面。其操作体系以学生交往的内外活动为主。

（一）学习目标具体化——设定合作基调

学习目标具体化，是指在学习活动开始前就应预设并明确活动结束时可能产生的结果或行为。而在体育教学的合作活动学习中，体育教师和大学生这两类主体应该在活动开始前，设计明确的知识目标、技能目标、情感目标等教学目标，且要明确设定体育活动的合作基调。体育教学的过程和结果与普通文化课的教学有很大区别，体现在教学环节的连续性、课堂活动的主体参与性以及教学效果的实时反馈化方面。

高校体育教学要承担两种任务，即促进大学生的身体发展和促进其心理发展的双重任务。在此基础上，编制高校体育教学中的五领域学习目标。

运动参与目标：积极参与各种体育活动并基本形成自觉锻炼的习惯，基本形成终身体育的意识，能够编制可行的个人锻炼计划，具有一定的体育文化欣赏能力。无论是课堂内的体育活动，还是课堂外以学生为主体组织的各类体

育活动，除了要实现上述基本目标之外，还应使学有余力的学生和有某些运动特长的学生的锻炼习惯、健身运动计划、体育文化素养和观赏水平进一步得到提升。

在运动参与目标的指导下，课堂内外的各项活动均应围绕着培养和激发大学生的参与意识和主体意识来展开，而且这类活动要以主动参与合作型的集体活动为基调。因此，应突出参与合作活动的目标并加以详细说明，形成体育教学活动化、合作化的模式。

运动技能目标：熟练掌握两项以上健身运动的基本方法和技能；能科学地进行体育锻炼，提高自己的运动能力；掌握常见运动创伤的处置方法。在此基础上，同样要使学有余力的学生和有某些运动特长的学生积极提高其运动技术水平、发展运动才能、参加有挑战性的体育活动如野外拓展活动、运动竞赛等。

要使大学生明确运动技能的形成并不能只靠自己来完成，而是要通过与其他主体的交流、互动与密切合作才能实现。运动的魅力来自其主体之间、主体与客体之间的交往。因此，高校体育教学的运动技能目标中应突出通过合作发展运动技能的特点。

身体健康目标：能测试和评价体质健康状况，掌握有效提高身体素质、全面发展体能的知识与方法；能合理选择人体需要的健康营养食品；养成良好的行为习惯，形成健康的生活方式；具有健康的体魄。

心理健康目标：根据自己的能力设置体育学习目标；自觉通过体育活动改善心理状态、克服心理障碍，养成积极乐观的生活态度；运用适宜的方法调节自己的情绪；在运动中体验运动的乐趣和成功的感觉。

体育活动、体育锻炼除了能够提高人的身体素质外，最重要的贡献在于其对人的心理因素的影响。高校体育教师有责任引导大学生提高其对运动的热爱，使大学生形成对生活的积极乐观的态度，培养大学生不畏困难险阻的顽强意志品质，通过运动来释放和调节自身的各种压力，通过彼此之间的交流与合作提升大学生对社会群体生活的适应能力，让大学生体验到运动的魅力并养成自觉自愿地锻炼的习惯，使之成为其生命的组成部分和存在形式。

社会适应目标：表现出良好的体育道德和合作精神；正确处理竞争与合作的关系。

大学生在结束学习生涯之后所面对的社会生活，充满着激烈的竞争，而同时也只有良好的主体间合作才能使结果最优化、利益最大化。因此，通过体育活动，让大学生明白竞争是活动的重要形式，它可以激发各主体的主动性，调动各自的积极性和强烈的求胜欲望，有利于最大限度地激发主体的潜能、提高学习与工作的效率，有利于促使主体在竞争与比较中客观地进行自我评价，发现自己的局限性并加以改进和提升。而合作是活动的基本形态，只有各主体间发生良性的合作，才能使得活动整体呈现出良好的态势，促使团队集体价值的实现。

总之，教学目标决定着教学内容的选择和各个内容模块的分量，决定着教学评价的方式。

（二）学习内容结构化——以任务为导向

以任务为导向，即在体育教学中建立问题解决模式，使学生从做中学，保证大学生拥有与利用丰富的学习机会，真正获得学习经验。问题解决模式是多种具体教学方式的集合体，包含着"以问题为定向、以探究为过程、以解决为目的"的共同特征。

以任务为导向的学习还包括学生走出课堂、走出教学场域、走向校园、走向社会、回归生活世界。通过同伴活动、社区活动等其他社会活动，主动建构认知结构，提高大学生的心理适应能力和心理健康水平，塑造整体人格。

未来，高校体育教学的重要转变就在于改变大学生的学习内容和学习方式，真正使大学生的体育锻炼以活动为主要形式、以任务/问题解决为主要内容。结构化指的是课堂内和课堂外均要形成大学生解决问题的活动方式和内容。

（三）学习过程协作化——掌握合作技能

要使整个学习过程在基于活动的合作中进行，建立高校体育学习共同体。教师是体育活动的"观察者""激发者""促进者""协调者""辅导者"，而学生是学习的主人，可以决定学习的内容、学习的方式、学习的环境等，师生之间是民主、平等和合作的关系。通过师生之间、同学之间建立良好的合作，大学生不断发展其运动参与性、运动技能、身体素质、心理健康和社会适应性。

（四）学习环境生态化——走向生活世界

合作活动学习要为高校体育学习共同体创设一个生态化的体育学习环境。在这个生态化的学习环境中，要为大学生提供足够的"学习化"的课程资源。在高校体育活动中，大学生的学习面临着两种基本的关系：与自身的内在关系和与社会的外在关系。与自身的内在关系是指大学生应对内建构独特的自我经验，与社会的外在关系是指大学生在合作活动中建构社会经验。因此合作活动学习的生态化环境就有两种相互关联的基本形式：内生的自我环境和外在的文化环境。自我环境包括神经生理基础和心理人格结构与特质，外在的文化环境包括作为"个"与"类"的人以及作为文化的物。

（五）学习结果反馈化——提高活动质量

在合作活动学习中，教师担负着"观察者"的职责，在学生的合作活动中仔细观察、适时介入、整体监控，以帮助学生实现顺畅的交流与合作。体育教师应随时发现大学生在活动中的困难和问题，并指导他们找到相关信息，减轻或消除活动中的消极因素，展示要完成的任务范例，示范怎样实现小组目标。

第三节 合作学习体育教学模式的评价

要构建高校体育教学的合作活动学习评价体系，笔者从评价主体、评价标准、评价过程和评价内容几个方面展开论述。

一、体育教学评价主体的多元化

高校体育教学的评价主体有专家评价、教师同行评价、教师自评和学生评价等。一般而言，体育教学评价活动可以采用一种评价方式，也可以是几种形式的组合，其中传统的体育教学以教师自评为主。但在合作活动学习中，评价主体不再只是教师，而是从传统教授式课堂中教师主体向学生主体的转移。实行学生主体参与合作活动学习的评价，包括两个方面：一是学生参与评价标准的制定与确立，即体现创新性的合作性的活动目标；二是开展自我评价与同伴评价，主要评价同伴在活动过程中是否学会学习、学会合作。由外部的教师评价转向内部的自身评价，学生脱离了对外部反馈的依赖性，变得更为独立、更有责任感。

二、体育教学评价标准的整合性

从评价标准上讲，高校体育教学中的合作活动学习应坚持评价标准的整合性，即以学生的群体表现为基础，群体表现与个人表现相结合，运动能力与合作技巧相统一。

由于每个学生的运动技能水平和优势运动项目存在差异，对个人表现进行评价要求评价标准也相应实现差异性和个别化。同样地，不同群体是由不同的独特的个体所组成的，也有其差异性和独特性。因此，对每个合作的群体表现和个体表现进行评价时，应选取一个合适的标准。最近发展区的理念可以成为我们的指导理念。学生的发展有两种水平：一是现有水平，二是通过活动可能达到的发展水平,即潜力。当通过创设一定的教学活动情境和内容,学生可以很顺畅地达到这一发展水平值时,那么,把这一可能的发展水平值与现有水平值之间的这个区域叫作最近发展区。因此在体育教学中,应该着眼于第一位大学生运动水平的最近发展区,为他们提供有一定挑战和难度的任务和内容,充分调动大学生的积极性、挖掘其潜能,在实现了一个最近发展区之后再向下一个最近发展区发起挑战。

三、体育教学评价过程的多元化

合作活动学习坚持多化的评价方式,即依据评价目的、评价标准和学习情境开展形成性与总结性评价相结合、过程性和终结性评价相结合的评价方式。而其根本价值偏向则是形成性和过程性评估占据主导地位。高校体育教学应明确教学的目标绝不仅仅是学生基础知识和运动技能的获得,也绝不仅仅是在每次课结束时或者学期结束时,对学生的最终表现进行打分。而是要考查学生在整个运动过程中是否能积极参与,是否能主动地自觉自愿地发起并组织体育活动,是否能在活动过程中与其他主体间进行良好的沟通与合作,是否能对自己和他人的活动水平和活动方式进行良好的监控和指导,是否体验到运动带给他们的快乐和成功。因此,在高校体育教学评价活动中,应偏向于采用形成性评价和过程性评价,考察每一位大学生的个性化的发展和变化。

四、体育教学评价内容的多元化

高校体育教学评价应从以下几个方面对大学生的体育活动表现进行全面的评价,即运动参与度、运动技能的提升、身体健康的改善、心理健康的发展和社会适应程度,应重视包括体能与运动技能、认知、学习态度与行为、交往与合作精神、情意表现等方面的评价。评价中应淡化甄别、选拔功能,强化激励、发展功能,把学生的进步幅度纳入评价内容。

第十章 俱乐部体育教学模式

第一节 体育教学俱乐部理论

一、体育教学俱乐部概述

（一）体育教学俱乐部概念界定

俱乐部一词源于欧美，亦称总会，为社会团体及公共娱乐场所的总称。在我国一般将各种文化娱乐、体育活动等场所称为俱乐部。

体育俱乐部是一种社会组织，是"人的集合"，是从事体育活动的社会组织，是自发的社会体育组织，是一种由社会兴办的开展体育活动的基层组织。体育管理部门将体育俱乐部界定为：体育俱乐部是指由企事业单位、社会团体和公民个人利用非政府财政拨款举办的，以开展体育活动为主要内容的基层体育组织。由于体育俱乐部的多样性和复杂性，明晰体育俱乐部的概念显得更加重要。体育俱乐部大体上可分为业余、职业和商业三大类。业余体育俱乐部是一个非营利性的、业余的、自愿的、自治的群众性体育组织。

学校作为一个非营利的实体，应归到业余体育俱乐部这一类别中。我们的体育课程既要突出课堂教学，又要服务于课外活动。学校体育的主要形式是体育教学，以体育俱乐部形式进行教学，应该遵循教学的规律，即在教师指导下，自由选择项目、教师、上课时间。具有共同体育锻炼爱好的大学生基于生理、心理、社会和自我完善等需要，以素质教育、健康教育为目标，以学校体育场馆为依托，围绕着某一运动项目，从大课程观出发，把体育教学、课外体育活动、群体竞赛、运动训练四者有机地融为一体并纳入课程之中，成为一种综合的体育教学形式，我们将其界定为体育教学俱乐部。

（二）体育教学俱乐部的发展依据

20世纪90年代中期，在我国一些大城市的高校相继出现了以体育俱乐部为形式的改革实践，经过近几年的发展，取得了一定成果，给高校体育注入了新的活力，对促进高校体育发展具有重要的推动作用。

高校应不断地进行理论探索和反复试验，努力借鉴发达国家的课程改革经验，同时结合自身的实际情况，不断地完善体育教学俱乐部，使体育课程逐渐具备人性化、乐趣化、完整化、个性化等特点，使学生从课内走向课外，实现体育课程课内外一体化。21世纪的高校体育应着重培养学生的体育创新能力，贯彻素质教育和终身教育思想，把体育和健康教育融为一体，以"终身体育""求知创新"和"健康第一"为指导思想，以体育课程整体改革为中心，以课内外一体化为基础。实施体育教学俱乐部是社会发展的趋势，也是学校体育改革的重要手段之一。体育教学俱乐部是在普通高校体育教育改革深入开展的条件下开展起来的，也是体育教学改革的必然产物。这种新型的教学模式既吸取了国外一些发达国家的做法，又结合了中国自己的国情，已被当代大学生所接受和认可，备受学生的喜爱。它既是高校体育教学规律自身发展的必然趋势，也是实施素质教育、"健康第一"指导思想和终身体育教育的途径和方法，不仅有利于增强大学生的体育意识，保持体育教学和课余体育锻炼的连贯性，把大学生的体育教育过程延伸到高等教育全过程，还有利于提高大学生的运动技术水平。

（三）体育教学俱乐部的特点

1. 明确的培养目标和指导思想

高校体育教学俱乐部以终身教育为目标，要求每一个学生要学会进行自我锻炼、自我诊断、自我评价。体育教学俱乐部模式结合高校体育教学实用性、多样性、社会性、娱乐性的特点，以终身体育为指导，把增强学生体育锻炼意识，掌握体育锻炼技能、方法，养成锻炼习惯，提高身心健康水平及社会适应能力作为教学的出发点和归宿。立足"课内增知，课外强身"的指导思想，体现"以人为本"的教育思想，围绕运动参与目标、运动技能目标、身心健康目标、心理健康目标和社会适应目标开展体育活动。

2. 新颖的教学组织形式

体育教学俱乐部打破了年级、专业限制，按学生需求和水平分层教学，教师按项目分A、B、C三个级别进行教学，这样既发挥了教师的专项特长，又有利于学生获得最佳的情感体验,符合因材施教的原则,是对学生最适宜的教学组织形式。

3. 会员制度

会员制度要求学生在交纳一定的会费的情况下才能加入俱乐部,享受会员待遇,并以此来维持俱乐部日常的正常运转,这在一定程度上也引导大学生的体育消费价值观的转变,使学生逐步形成"花钱买健康、花钱买娱乐"的习惯。通过会员制度更有利于教学和管理,提高教学质量。

4. 体育教师的专业特长得到了充分发挥

在传统的体育课中,体育教师要根据教学大纲中的内容,上不同类型、不同项目的体育课,在实际教学中有些教师感觉到难以胜任,既保证不了教学质量,也影响了体育教师在教学中的主导地位的发挥。通过俱乐部进行教学,体育教师能充分发挥自身专项特长,在学生中建立了良好的形象,发挥了教师在教学中的主导地位,提高了教学质量。调查发现,课外单项体育俱乐部或一些体育协会的指导教师都是各个专项中最具说服力的教师,这些教师在学生的心目中具有较高的威信,教师的人格魅力也在吸引着学生参加俱乐部的活动。另外,教师之间也充满竞争性。从选课、择师到择教的机制看,学生的选课、择师完全是动态的,学生对教师的择教也是随机的,学生对教师的满意度是教师考核的主要依据,这样教师不仅要成为某一项目的专家和权威,还要掌握几种体育运动技能。

5. 学生参与教学与组织管理

体育教学俱乐部把学生的兴趣爱好放在第一位,在强调教师主导地位的同时,更加注重学生主体地位的发挥。把组织、管理、活动等权力交到学生手中,提高了学生学习的积极性,增加了学生学习的主动性。在进行体育教学时让学生参与其中,不仅培养了部分体育骨干,更重要的是让学生掌握了体育锻炼的方法,养成了体育锻炼的习惯,让他们的能力得到了锻炼。他们用课堂上所掌握的体育锻炼的手段、方法去指导课外体育锻炼,在体育教学中实现了有形效果和无形效果的统一,实现了教育的短期效应和长期效应的统一。

6. 课内外一体化,拓展体育时空

体育教学俱乐部模式以传授理论知识、培养兴趣、增强体育意识、掌握运动技能为主,是实现体育课程目标的有效方式。对学生而言,课内学习运动知识和技能,课外通过课内所学知识去指导课外实践,并在教师、体育专业高年

级学生或体育骨干的帮助下,通过参与俱乐部组织的各种锻炼以及形式多样的校内外群体竞赛活动,获得体育运动的乐趣,提高运动技能,养成锻炼习惯,实现课内外一体化,拓展体育时空,最终形成以"热爱体育、参与体育、享受体育"为主旋律的校园体育文化。

二、国内外高校体育教学俱乐部的比较

中国与美国、德国、日本虽然在社会制度、物质基础、文化背景等方面差异很大,但在教育理念、学校体育教学研究中所关注的热点和遇到的问题上仍有相同之处。高校体育仍是以健康教育为首要目的,教学仍是以学生为中心,从培养学生的锻炼习惯和锻炼意识为目的。不过也正是由于各个国家的政治、经济、文化背景的不同,在具体实施体育教学俱乐部的过程中必然存在差异性,在教材选用的时候,学校就可以根据学生的兴趣,开设各种俱乐部来进行教学。课程设置的类型不同,其课程目标以及教学内容也会不同。从中我们也可以得出,我国在不断地借鉴国外先进的教学理念以及教学方法,不断地探索适合我国发展的课程模式。当然我国在进行高校改革的同时,不可能照搬外国的课程模式,需要考虑把这种模式放在中国这样一个地域辽阔、传统文化背景浓厚的特定环境下能否适用,能否真正让学生喜欢体育课,并能掌握一、两项来指导课外活动,能否为以后从事终身体育打下基础,这才是高校体育课程改革的关键。所以根据体育本质的功能,"增强体质"是体育教学应遵循的主要目标,并体现它的"多功能"特点。教材内容的选择,要根据学校实际情况,有条件地去开展,从而构建具有中国特色的新型体育教学俱乐部课程模式。

第二节 体育教学俱乐部模式现状

一、高校体育教学俱乐部模式实施的背景

(一)体育政策背景

1994年6月,中共中央国务院召开了第二次全国教育工作会议,全面部署和动员实施了《中国教育改革和发展纲要》。国家教委体育卫生与艺术教育司为贯彻落实《中国教育改革和发展纲要》的要求,重点加强了学校卫生工作,开展了"到阳光下,到操场上,到大自然中去陶冶身心"等活动。1995年6月20日,国务院颁布了《全民健身计划纲要》(简称《纲要》)。《纲要》以全

国人民为实施对象,以青少年为重点,是与实现社会主义现代化目标相配套的社会系统工程和跨世纪的发展战略规划。同年7月2日国家教委《贯彻〈全民健身计划纲要〉的意见》,强调"青少年学生的体育锻炼是全民健身活动的基础,加强学校体育卫生工作是使学生科学、持久地参加体育锻炼的根本保证。要求各地教育行政部门和各级各类学校切实重视和加强学校体育卫生工作"。中共中央国务院于1999年6月13日做出的《关于深化教育改革全面推进素质教育的决定》中指出,健康体魄是青少年为祖国和人民服务的前提,学校教育要树立健康第一的指导思想,切实加强体育工作。体育课程是学校体育课程体系的重要组成部分,是高校体育工作的中心环节,也是高校完成体育工作任务的主要途径,应充分发挥其独特作用,把"健康第一"的思想贯穿于体育教学的整个过程。2002年,教育部、国家体育总局印发了《学生体质健康标准(试行方案)》及《〈学生体质健康标准(试行方案)〉实施办法》的通知,它是学校教育要树立健康第一的指导思想,切实加强学校体育工作的有力措施,是促进、激励学生积极从事体质锻炼并检验体育锻炼成果的科学依据。2002年教育部下发的《全国普通高等学校体育课程教学指导纲要》中指出,"体育课程是大学生以身体练习为主要手段,以达到增进健康和提高体育素养为主要目的公共必修课程;是学校课程体系的重要组成部分;是高等学校体育工作的中心环节;是实施素质教育和培养全面发展人才的重要途径"。该纲要确立了体育课程在高等教育中的重要地位和作用,是各高校体育课程设置的指导思想和依据。2004年8月,教育部颁布了《普通高等学校体育场馆设施、器材配备目录》(简称《目录》),《目录》中将体育场馆设施建设及体育场馆的基本要求分门别类,这一文件的颁布是保证体育教学、课外体育活动和课余体育训练、竞赛正常进行必不可少的物质条件,是高校体育教学全面贯彻"健康第一"的指导思想的物质载体。以上体育政策的颁布、实施为体育教学俱乐部的顺利实施提供了基本政策背景。

(二)经济背景

我国实行的是社会主义市场经济体制,国家总体经济实力有了很大的提高,为增加教育投入创造了条件。因此,为了适应市场经济发展的需求,应加大改革力度,将高校体育推向市场,不断积累资金,改善体育设施、场馆条件,建立稳定的教师队伍,为高校建立体育教学俱乐部提供物质基础。

近几年来,我国的国民经济保持着良好的发展势头,经济总量迈上了新的台阶。国内生产总值被认为是衡量国民经济发展情况最重要的一个指标。人均国内生产总值是一个地区人均新创造的价值,是代表一个地区经济水平的人均指标。如果说国内生产总值反映的是国家经济实力和市场规模,那么人均国内生产总值反映的就是国民的富裕程度和生活水平。随着经济水平的提高,相应地国家对教育投入的资金也会增加,体育经费也会增加,这为体育教学俱乐部提供了经济支柱,能更好地促进高校体育课程改革。

(三)文化背景

近百年来,我国的学校体育一直照搬欧美体育和苏联体育的结构、内容等,由于受传统文化的影响,体育课程在不同国情的中国,实施起来也产生了不同的效果。中华传统文化博大精深,中国体育课程从思想、制度到内容、方法都潜移默化地受着儒家思想的制约。体育这门课程其实是文化历史发展到一定阶段的产物,它是文化的载体。中国体育课程产生于东方文化的土壤,所以它处处体现着东方文化思想的要素,它的价值取向始终没有偏离"和谐全面"。我们要把东方文化这种特有的文化底蕴贯穿到体育教学中,构建出属于自己的文化。

(四)人口背景

中国是一个多民族、多语言的国家,各民族在长期的发展过程中形成了各自独特而丰富多彩的文化,人们对某一事物的看法也会表现出明显的差异性。学生对健康的重视以及体育的需求,教师对体育课的管理方式以及领导对体育课的重视都在很大程度上制约了高校体育教学俱乐部的开展。对于学生来说,学生的体育意识是影响高校体育课程发展的核心要素。在与学生的交谈中,很多学生对参与体育活动缺乏正确的认识和理解,在高校中有很大一部分学生把时间用在学习自己的专业上,一进学校在学习本专业的相关知识时,又修了第二学历。这样学生锻炼的次数越来越少,体质弱,那是必然的结果,当然我们也不排除当中喜欢体育的学生。由于学生的民族、性别、年龄、身体和智力特点的不同,造成了各学校在体育教学过程中出现了差异性。

有相当多的学生有时间也不愿参与体育锻炼,这是高校体育发展最难逾越的障碍。另外,高校中领导的体育意识以及他们对体育工作的重视程度也直接影响到高校体育的发展。根据有关报告,"凡是体育工作做得好的地方,各级学校领导、教师对体育工作都比较重视,而学校领导、教师比较重视的,又往往是体育工作做得好的"。高校体育领导的体育意识也是影响高校体育课程发展的重要因素。从以上阐述可以得出,学生的运动水平、对体育的态度;教师的年龄、学历及教学水平；学校师资以及学校领导的观念等都会影响学校对体育教学俱乐部的实施。所以高校在实施体育教学俱乐部模式时，要做到从本校的实际出发，在学校现有资源条件下，发展符合自己学校实际的路子。因为，只有不断地尝试，不断地改革，才能不断地完善。

（五）自然环境

中国是拥有960万平方公里土地的大国，其地形复杂多样，气候变化显著。体育活动离不开平原、山地、丘陵、盆地、高原等地势条件，各个地区的地理位置不同，地势地貌各有不同，环境状况也各有不同，开展的体育活动也多种多样。东北北部气候寒冷干燥，夏季高温。东南地区冬季温和少雨，夏季高温多雨。华南沿海冬季也不冷，雨水比较少，夏季高温多雨，降水季节差异性大。西北内陆属温带大陆性气候，终年少雨，夏季高温，冬季寒冷。青藏高原地区属高山气候，降水少，终年寒冷干燥，可利用其气候特点开设民族传统体育活动。有效地选择、创造和利用地形与地势开展体育活动，无疑会给体育活动者带来许多的健康利益和安全利益。要遵循保证学校四季都能上课的原则，如南方夏季可以开游泳课，北方冬季可以开设冰上、雪上运动等。深圳、大连是水资源较为丰富的城市，可在水上开展体育竞赛和利用水资源来开展体育活动，如横渡、赛艇、划船、龙舟等活动。如华侨大学，充分利用学校地处闽东南金三角区，背靠清源山，面朝崇武半岛海湾的优越自然条件，开设了野外生存和定向越野课程及相关课外体育活动，不仅有效利用了地理资源，而且通过这类课程和活动，学生沐浴在大自然中，接受人文、历史、地理的熏陶，增强了团结协作的意识，提高了适应社会和人际交往的能力，对扩大学校知名度也是有益的。

（六）校园体育文化环境背景

校园体育文化是校园文化中与体育文化有直接或间接关系的校园文化的一部分。校园体育文化是影响校园内群体参与、关注体育的一种导向性文化。它形成的动因，主要来自校园内学校体育开展的状况、学校体育发展的硬件建设、体育竞赛的水平、参与竞赛的人数、参加者的积极程度等。它能够提高学生对体育的深层次的认识，从而牵引行动上养成体育锻炼的习惯，对学生终身体育锻炼行为的养成起到积极的促进作用。

校园体育文化建设与体育教学俱乐部有着密切的关系。校园体育文化的涵盖面广，远远超过体育课堂教学、课外体育活动。学生在体育课堂上完成体育知识的学习，在课外活动中得到身体锻炼。如华侨大学高薪聘请厦门大学的篮球教练，成立自己的高水平篮球队，并多次在中国大学生篮球联赛（CUBA）上取得优异的成绩，从而丰富了自己的校园体育文化，极大地促进了学校体育文化环境的改善，促进了学校体育工作的开展，形成了学生积极参加体育锻炼的氛围。可以说学校因体育竞赛成绩优异而成名，学生因关注学校竞技体育发展而更加热爱体育，并在长期的热爱中受到良好的体育教育。可见，高校体育教学俱乐部的开展带动了学校体育活动的开展，丰富了学生平时的文化业余生活，最重要的是对学生体育习惯及终身体育意识的养成起到了不可磨灭的作用。

二、高校体育教学俱乐部存在的问题

（一）领导重视程度不够

事情成功与否的一个很重要的原因在于该主管领导对此事情的重视程度，高校开展体育教学俱乐部也是如此。在任何学校中体育课都是作为一门必修课而开设的，而体育教学在各级学校中并没有得到实际上的重视，领导因素占了很大一部分，领导重视，学校的硬件设施就能保证，各种条件也就慢慢成熟。笔者在与部分教师的座谈中了解到，有关领导的认识程度与体育教学俱乐部的开展有着密切的联系。体育教学俱乐部开展得好的高校，普遍反映得力于有关领导的大力支持，积极地协助体育教研室创造条件，争取开展更多种类的俱乐部体育课。部分体育教师反映：尽管体育场地、器材、师资和学生基础差等因素对体育教学俱乐部的开展影响较大，但只要有关领导支持，这些困难是可以克服和解决的。由此看来，有关领导对高校开展体育教学俱乐部的认识和支持程度是影响高校开展体育教学俱乐部的一个重要因素。

（二）场地、器材匮乏

体育教学俱乐部要求有充足的场地和器材，虽然有70%的教师认为场地器材基本能够满足学校正常的体育教学和课外活动，但仍有30%的教师认为不能满足。场地、器材不足，制约了教师专项水平的发挥，限制了某些项目的开设，制约了俱乐部的开展和学生学习体育的热情和体育兴趣的培养。对于一些热门项目，由于场地限制，未能满足学生的需求，造成"僧多粥少"的局面，影响了学生学习的兴趣和选择，因而违背了体育教学俱乐部的精神和宗旨。

（三）体育经费缺乏

从高校体育教学俱乐部经费来源渠道可以看出，资金投入实行的是以财政拨款为主、自我融资为辅的相对单一模式。受国家经济发展水平的制约，教育经费毕竟是有限的，不可能随心所欲地拿出巨大的资金投入高校体育这一项工作中来推动其迅速发展。俱乐部资金是体育教学俱乐部的财力来源，没有一定的资金投入，高校体育教学俱乐部就难以得到应有的发展。经济发展水平高的学校可以依靠学校的投入来维持俱乐部的发展，而经济发展水平低、城市化进程较慢的省份，学校体育如果仅仅依赖学校的教育投入，只靠学校单一的行政拨款就很难满足体育教学俱乐部发展的需要。随着体育课程改革的不断深入以及学生体育消费意识的增强，此时积极主动地筹措资金就显得很有必要。

（四）目标定位不清，教学大纲过于细化

大学体育中无论是体育教学还是课外体育，学生都会经历从不能独立，到逐步独立，再过渡到完全独立的过程。年级越高学生独立进行体育活动的能力越强。学校在教学大纲中对基本目标、发展目标都有说明，而在具体的目标中则没有体现。为此，体育教学俱乐部在具体目标方面更应突出运动技能的掌握和态度、习惯的养成两个方面。另外，教学大纲灵活性较差，且过于细化，各项目学习时数与学习内容规定过死，无形中约束了教与学双方在教学过程中的灵活性与创新精神，使教师成为机械执行大纲的教学机器。制订教学大纲的指导思想必须转变，不必规定太多的必修项和严格的时数分配。学校体育受时间、空间及主、客观实际的限制，过于细化的教学大纲既限制了教师设计课程的主动性，也忽略了学生学习基础的区别性和学习进度的可变性。因此，在大纲中提倡在总框架下的适度的自主，在教学过程中发现问题，及时调整，让教师和学生有较大的空间对各个项目进行合理搭配。

（五）选项受限制，教学内容竞技化

体育教学俱乐部是对场地、器材、师资等要求极高的课程模式，这就在很大程度上导致了体育教学俱乐部模式项目开设的种类不多，造成有相当部分学生选不到自己喜欢的项目，或由于某一项目人数过多而被迫改项。另外，对技术要求较精细复杂的竞技项目占大多数，而且没有进行适当的简化、改造，理论教材部分内容过于枯燥，缺乏实用性与针对性。这一点在田径项目上体现得比较明显。如跨栏，过于精细的技术动作使不少学生望而却步。尽管学校已经做出努力，但选择田径的学生是越来越少。这不仅仅是学生的喜好问题，关键是教材内容能不能与社会体育接轨，能否与终身体育衔接。

(六) 教学组织形式单一、教学方法陈旧

调查发现，有的学校的教师在进行教学时，虽然是打破年级、专业限制，采用的是混班上课，但分层教学在教学过程中并不能真正满足学生不同层次、不同水平、不同兴趣的需要。教学方法仍然是传授式，学生的主体作用得不到充分发挥。因此，教师在教学时要针对学生的不同差异进行教学，采用多种多样的教学方法，注重学生主体地位的发挥，提高学生对体育的兴趣。

(七) 评价体系滞后

评价内容基本上局限于体能和运动技能的评定，忽视了对学生的学习态度、习惯养成、情感等方面的评定，也忽视了由于个体差异而表现出运动水平的不同。评价内容单一造成评价与课程目标脱节，过于强调体能与运动技能，只体现对部分课程目标的评价，其他目标未能在评价中体现，从而使有些课程目标形同虚设。在调查中，评价方式大多采用百分制的形式，评价方法单一，主要采用一般标准评价、教师评价、终结性评价等传统评价方法，以统一的标准衡量学生，忽视了学生的个体差异，缺乏学生的自我评价及相互评价。对学生的评价缺乏一套成熟的、客观的、科学的评价体系。评价学生对项目掌握的熟练程度及运用能力，并不只能看学生对运动技能的掌握程度，更重要的是注重过程评价，注重学生体育兴趣的培养和社会适应能力的培养，可以说，没有哪门课程会像体育课这样可以培养学生多方面的能力。

(八) 师资力量不足，结构不合理

大部分教师在以前所受的教育中大多只接受一项或两项体育特长的教育，专业业务不够广。师资力量的不足严重限制了学生选项的要求，不能满足学生的体育爱好和需求是一个非常严峻的问题。随着一些休闲化项目的不断兴起以及学生对体育的需求不断增大，体育教师的专业知识显得有些薄弱。

教师的性别、年龄、专业都会影响俱乐部的开展效果。开展较好的学校应该是教师的性别比例合理，年龄结构合理，专业基本对口。男女教师的性别比例不合理，可以说在某种程度上限制了一些项目的开展和降低了学生对选课的需求。另外，一些学生反映，他们一般都比较喜欢年轻体育教师的教学。另外，有些教师现在所教专项和大学或研究生期间所学的专项不一致。可见，加强师资队伍建设，优化教师队伍结构，是目前体育教学俱乐部的关键问题之一。

（九）学生对体育的态度及体育基础水平参差不齐

学生对体育的态度直接影响体育教学俱乐部的成功开展。学生既无体育锻炼的意识，也无体育锻炼的行为，又谈何对体育锻炼的兴趣。很多参加俱乐部的学生对体育锻炼抱着可有可无的态度，他们不曾考虑，通过体育锻炼，不仅可以提高身体各器官的机能，更多的是在体育锻炼的过程中自身各方面的能力都得到了不同程度的锻炼和提高。学生的体育基础对俱乐部的发展也很重要。如果学生只停留在初级水平，那么俱乐部也就没有了存在的意义。学生在大学前的教育过程中，对体育的重视程度不够，学生很少或没有机会接触到体育运动，从而导致运动能力低和锻炼意识淡薄，这种大学和大学前体育教育的脱节，给学校体育教育尤其是体育教学俱乐部教育造成了很大的困难。

（十）体育教学俱乐部缺乏文化支撑

在调查中，很多俱乐部的教师只是为了教学而教学，没有将文化这一核心层面贯穿到教学中。一个成功的体育教学俱乐部，不能没有自己的俱乐部文化和相对完善的理念。我们所说的体育教学俱乐部并不是大家所说的那样：与原有的体育教学模式一样，只是换了一个比较优雅的称呼而已，也不过是将学生聚集在一起来锻炼某一种技能罢了。每个俱乐部都应有属于自己的体育文化，有自己的理念，并要宣扬这种理念，传播它的文化，从而引申出更多技能以外的东西。这就要求我们的教师在教学时不仅要把运动技能教授给学生，而且要把这一运动项目的文化贯穿到体育教学的全过程。另外，我们不能盲目模仿其他学校的做法，要结合本校的优势和特点，把握其文化特征，寻求文化支撑，构建自己的俱乐部文化。在此建议一些高校可以开设民族体育选项课程。各高校可以根据目前的条件，适当地选择踩高跷、舞龙等中国传统体育项目和当今世界流行的飞镖、跆拳道以及本地区具有民族特色的民族体育作为其教学内容。因为民族体育是最原生态的体育，这些运动项目引申出对非物质遗产的传承，从而发挥俱乐部的文化传承作用。

第三节　体育教学俱乐部模式的构建

我国高校公共体育教学改革应树立整体改革的观念，首先要确立"健康第一""终身体育"的思想，把增进学生身心健康，培养学生的健身意识和健康的体育生活方式作为主要目标，促进学生的全面发展。自 2002 年教育部颁布

《全国普通高等学校体育课程教学指导纲要》到现在已有十几年光景，每个学校都在尝试寻找适合自身发展的体育课程模式，经过这几年的经验积累和专家的论证，体育教学俱乐部是当今国际体育课程发展的一大趋势，它是随着体育目标的更新、体育课程改革的不断深入而产生的一种全新的模式。但由于我国地域幅员辽阔，地区间社会发展不平衡，经济、文化、教育、体育等发展存在着较大差异，以及由于文化的差异造成不同地区的人对学校体育的认识和重视程度不一，场地、器材设施、师资的数量、学校所处的位置以及气候条件等都对学校体育有一定的影响，体育教学俱乐部开展的程度也存在着较大的差距。根据以上对体育教学俱乐部实施模式的现状研究，针对我国国情，根据大课程观及当前公共体育课程改革的发展趋势，我国在原有体育教学俱乐部模式的基础上对课程模式进行了重新梳理，提出了新的发展思路，即弹性体育教学俱乐部模式。

弹性体育教学俱乐部模式吸收了国外体育教学俱乐部课程模式的优点，以"健康第一"和"终生体育"为目标，有针对性地解决了体育教学俱乐部在实施中遇到的问题，更好地适应了体育课程改革的需要。这种课程模式是动态的，并且有可伸缩的区间，以使体育教学俱乐部在实施中更具适应性和可操作性。

一、弹性体育教学俱乐部模式的构建

基础现实差异、教育理论和课程政策构成了弹性体育教学俱乐部模式构建的主要基础。

（一）现实差异基础

中国与国外在社会环境、经济状况、文化背景、教育条件和水平上存在着明显的差异性、特殊性和不平衡性。而把体育教学俱乐部放在我国这样一个地域辽阔、民族众多的环境下，各个地区的社会环境、经济状况、文化背景、教育条件和水平同样具有差异性、特殊性和不平衡性。正是这些差异性、特殊性和不平衡性对体育课程提出了不同要求。因此，弹性体育教学俱乐部模式的构建，必须在各个地区现实的基础上进行认真研究，以切实增强体育课程对地区的适应性。我国不同地区的差异进一步导致了学校之间的差异，甚至同一地区的学校也可能存在着差异，这些差异主要体现在培养目标、师资构成、场地器材、教学条件和学生的体育基础上。因此，弹性体育教学俱乐部模式的构建，必须考虑到学校的差异，以增强体育课程对学校的适应性。

弹性体育教学俱乐部模式的构建是一种对象性的实践活动，其最终目的是促进学生健康发展及体育习惯、终身体育的养成。教育的对象是学生,由于学生的体育态度、体育基础、身体素质、对体育学习的动因等存在着严重的差异。尤其是进入大学以后,学生的心理逐步成熟,逐渐形成了稳定的爱好和兴趣,并能够选择一、两项运动项目作为终身锻炼的基础。因此,学生差异是弹性体育教学俱乐部模式构建的主要基础。

（二）教育理论基础

21世纪科学人文主义教育观以科学主义为基础,以人文主义为价值取向,是一种信奉科学,崇尚人道的教育观,这种教育观念反映在教学实践上,必然是把"学会做人"和"学会做事"结合起来。在科学人文主义教育观指导下,体育课程模式的指导思想应该面向全体学生,立足"健康第一";教学目标应该坚持阶段目标与长期目标相结合,并着眼于长期目标;管理体制上应向学生自主、自觉锻炼转变,由学校、教师统一管理过渡到学生自主管理;内容上应体现实用性、可行性、娱乐性、健身性等特点,立足于全民健身、兴趣培养、终身体育的需要。

当今时代,世界各国课程改革的一个共同趋势就是谋求科学世界向生活世界回归,实现科学世界与生活世界的融合。当这种时代精神具体渗透到体育教育领域的时候,就意味着大学体育应把确立"主体教育观"作为改革的一个重要使命。"主体教育观"有两个基本内涵,首先,人是主体,教育应当尊重并提升人的主体性,培养具有主体性的人,人与人的关系是主体与主体之间的关系——"交互主体的关系"。教育中,教师和学生这两类主体通过交往而形成共同体,教师与学生之间自然也是交互主体的关系,通过师生持续交往而培养具有主体性的人,这是教育的直接目的和内在价值。其次,教育要回归生活世界,回归了生活世界的教育在社会中具有主体地位。对弹性体育教学俱乐部模式,应贯彻"主体教育观"理念,从课程设置、教学内容、教学方法及评价体系上体现"以人为本",真正做到让学生成为学习的主人。

（三）课程政策基础

教育部颁发的《学校体育工作条例》指出:"体育课教学应当遵循学生身心发展的规律,教学内容应当符合教学大纲的要求,符合学生年龄、性别特点和所在地区地理、气候条件,体育课的教学形式应当灵活多样。"教育部关于印发的《全国普通高等学校体育课程教学指导纲要》指出:"学校应根据学生的特点以及地域、气候、场馆设施等不同情况确定课程内容,课程内容应力求

丰富多彩，为学生提供较大的选择空间。要注意课程内容对促进学生健康发展的实效性，并注意与中学体育课程内容的衔接。""教学内容应与学科发展相适应，反映本学科的新进展、新成果。要以人为本，遵循大学生的身心发展规律和兴趣爱好，既要考虑主动适应学生个性发展的需要，也要考虑主动适应社会发展的需要，为学生所用，便于学生课外自学、自练。""弘扬我国民族传统体育，汲取世界优秀体育文化，体现时代性、发展性、民族性和中国特色。""各校应根据本纲要和学校的实际情况制订教学大纲，自主选择教学内容，有的放矢地进行教学改革和试验，加强教学过程控制。""要把有目的、有计划、有组织的校内体育锻炼、校外（社会、野外）活动、运动训练等纳入体育课程，形成课内外、校内外有机联系的课程结构，更提出应面向全体学生开设多种类型的体育课程，打破原有系别、班级建制，满足各种类型学生需要。"学生实行"三自主"，可自主选择课程内容，自主选择任课教师，自主选择上课时间，所有这些课程政策，为我国弹性体育课程的构建指明了方向、创造了契机、奠定了基础、提供了保障。

二、体育教学俱乐部弹性化的含义

体育教学俱乐部是高校课程改革的一大趋势，而体育教学俱乐部弹性化则是当前课程发展的新趋势，它是多种因素交互作用、协调融合的结果，是复杂的体育教育现象，需要从多个向度揭示其丰富的内涵。在这里，从体育教学俱乐部的发展向度、体育教学俱乐部的项目向度、体育教学俱乐部的对象向度对体育教学俱乐部弹性化的含义做出分析。

（一）体育教学俱乐部的发展向度

这是从宏观上对体育教学俱乐部弹性化做出整体性的分析。体育教学俱乐部弹性化作为体育课程发展的一种运动过程，从宏观上体现了体育教学俱乐部课程模式不断完善和发展的动态过程。

（二）体育教学俱乐部的项目向度

这是从体育课程编制具体项目角度对体育教学俱乐部弹性化做出局部性的分析。

1. 体育教学俱乐部管理弹性化

体育教学俱乐部管理弹性化，打破了原有体育课程模式由学校统一统筹规划的单一管理模式，促进了体育教学俱乐部课程管理的灵活性，促进了体育教学俱乐部课程决策的民主性，有利于积极推进体育教学俱乐部课程的多级管理体制。

2. 体育教学俱乐部目标弹性化

大学公共体育课程，应充分考虑社会发展对人才需求的多样性、地区间经济文化的差异、不同办学模式学校的特点、学生的个体差异，所有这些都决定了体育教学俱乐部课程不能对所有地区、所有学校、所有学生提出完全相同的目标，而应综合考虑地区、学校和学生的具体差异，提出弹性课程目标。

3. 体育教学俱乐部内容弹性化

在学校条件允许的情况下，不同地区可根据本地的经济水平、文化背景、教育状况来选择适合本地的体育教学俱乐部课程内容；不同模式、不同层次的学校可根据本校的办学目标、教学条件、师资情况、学生身体素质，选择相应的课程内容；学生可根据自己的兴趣、爱好选择适合自己的课程内容。

4. 体育教学俱乐部实施弹性化

体育教学俱乐部实施弹性化在一定程度上可以理解为体育教学的弹性化，即教师依据学校办学方针、场地设施条件，并结合自己的专项，针对学生的具体情况，针对性地选择教学内容，创造性地设计教学活动，灵活性地处理教学过程。

5. 体育教学俱乐部评价弹性化

体育教学俱乐部弹性化主要包括以下几点：一是评价主体多元化，即评价的主体不再局限于教师的评价，学生也是评价的主体，如学生的自我评价和对他人的评价；二是评价内容多样化，即评价不再唯一指向学生运动技能的学习，也指向体育教学俱乐部课程本身和教师教学，还包括学生的出勤率、学习态度、学习能力等；三是评价方式多样化，如评价学生的体育成绩，除掌握基本运动技能以外，学生自编动作、交流讨论等都可作为学习的评价方式。

（三）体育教学俱乐部的对象向度

体育教学俱乐部模式的构建是一种对象性的实践活动，对不同体育课程对象而言，体育教学俱乐部弹性化的内涵也不同。

1. 地区

对地区而言，体育教学俱乐部弹性化是指各地区在《全国普通高等学校体

育课程教学指导纲要》的基本要求下，结合本地经济水平、文化背景、体育教育水平，选择具有地方特色的体育项目，形成与学校传统和文化相融合的体育教学特色。

2. 学校

对学校而言，体育教学俱乐部弹性化是指学校在《全国普通高等学校体育课程教学指导纲要》的指导下，根据学校的办学方针、师资情况、体育场地设施情况等来制定学校的体育课程整体目标和阶段目标；充分利用学校的人、财、物资源，开设尽可能多的运动项目，向学生展示出体育的丰富多彩和愉悦身心的魅力。

3. 教师

对教师而言，体育教学俱乐部弹性化在一定程度上等同于体育教师教学活动的创造性。如采用合分班授课、分层教学、分组教学或个别教授的形式顾及学生体育学习的差异；根据学生体育学习水平的层次差异，安排不同程度的体育活动；对学生进行课外辅导，以增强学生体育学习的兴趣。

4. 学生

对学生而言，体育教学俱乐部弹性化是指学生根据自己的能力、需求、兴趣、爱好及已有的知识基础来选择不同的体育课程项目，以适应自身发展的需要。

三、弹性体育教学俱乐部模式的发展思路

在对现状调查的基础上以及现有体育教学俱乐部模式的成功经验上，以上述理论基础为依据，本着整体、系统、综合的设计原则，从管理机制、决策机制、教学机制和具体运作方式四个方面来发展与创新高校体育教学俱乐部模式。

（一）弹性体育教学俱乐部模式的管理机制

建立一个给体育活动一定伸缩性的管理制度。

1. 外部管理

制定管理制度涉及学校的方方面面，所以仅靠学校的体育部门去管理是不能解决众多问题和矛盾的，需要学校的各部门共同支持与配合。学校应制定大学生体育教学俱乐部管理条例，这是最基本的管理，在管理条例中要明确体育教学俱乐部的管理方针，加强学校对体育教学俱乐部的宏观管理，同时要寻求校团委、体育部（室）、大学生体育运动委员会、学生工作部等部门参与到体

育教学俱乐部的管理中,形成齐抓共管的局面。

对于经济发达地区的学校而言,其管理体制相对比较健全,各项规则制度相对也比较健全、完善。因此,要继续强化体育教学俱乐部的管理体制,让学生能够在俱乐部活动中得到锻炼和提高,真正实现"学生积极参与,学校尽力配合"的管理功能。在管理方面真正做到走"自我管理、自我发展、自主运作"的发展道路。对于相对落后地区的高校,应加强学校的管理功能,因为现行体育教学俱乐部的运作起初主要由学校来推行,今后的俱乐部管理工作应该逐步放给学生,让学生进行全方位的管理,这有利于学生适应能力、管理能力、组织能力的培养,促进其综合素质的提高。

2. 内部管理

由于参加体育教学俱乐部的学生身体素质及运动水平参差不齐,所以建立健全俱乐部内部的规章制度,加强内部管理是非常必要的。但在具体的实施中不能完全依靠学校的管理,要具有一定的灵活性,真正让学生的主体地位在体育教学中得到发挥。但就目前而言,现在还没有一套健全、成熟的管理体制,各高校应按照自己对俱乐部的理解,并结合学校的实际情况制定自己的管理办法。我们不能照搬国外的管理模式,因为国外的俱乐部管理都是松散的,在中国这种体制下要想完全实现则是很困难的,如若实施弹性管理,则能充分发挥教和学的积极性,提高教学质量,这绝不会加大教学的随意性,相反,对教师提出了更为严格的要求。

体育教学俱乐部要建立有效的弹性内部管理机制,制定俱乐部长期有效的管理制度,在规章制度规定的范围内进行俱乐部教学、运动训练和运动竞赛。为抓好俱乐部的内部管理,可从以下三方面着手:一是制定切实可行的弹性管理目标;二是加强人力资源管理;三是完善激励和约束机制。

第一,制定切实可行的弹性管理目标。

体育教学俱乐部要制定管理目标,而这个目标是由管理者和会员共同制定的。俱乐部的管理目标要与本地区和本校的实际情况相符合,与学生的实际相符合,目标应具有实用性、可操作性和合理性,同时要具体化。

第二,加强人力资源管理。

体育教学俱乐部的参与者是学生,各种措施都是围绕提高学生对体育的参与性,充分发挥学生的个性和才能,特别是学生骨干作用的发挥,给学生一个展现自我和发挥的平台,这有利于俱乐部的顺利开展。如在比赛中让学生担任裁判等。

第三，完善激励和约束机制。

激励的目的是培养人锐意进取，而约束则是培养人循规蹈矩。在遵循以人为本的理念下，引用竞争机制，制定科学的管理制度和措施，奖勤罚懒，奖优罚劣，从而调动学生学习的积极性。对于在不同级别的比赛中取得名次的学生，给予适当的奖励，如一定的物质奖励、课时等考核可适当放宽，只要达到学校规定的考核要求即可；对于参加校队训练的学生，也可放松对其必修课时的限制。例如，某一俱乐部的某位学生参加大学生运动会比赛，获得前六名的成绩，其体育课成绩的基数可为90分，而对于那些参加训练的，但没取得名次的，其体育课成绩的基数可为75分。但对于在俱乐部活动中表现极差的学生会员，要及时地批评和教育；对于屡教不改的学生会员要给予相应的纪律处分，并做其思想工作。

（二）弹性体育教学俱乐部模式的决策机制

1. 经费筹集

俱乐部要正常运作，必须有一定的资金作为保障。而学生作为消费群体，不能让他们来承担俱乐部运作的所有费用。为实现教学俱乐部的正常运作，根据各地区高校开展的情况，提出弹性体育教学俱乐部经费筹措办法：

第一，政府拨款。

不管俱乐部开展的程度如何，在现阶段，我国的国情还没能允许目前的高校像国外高校那样，俱乐部有完全意义上的自主权，他们拥有自主经营、自负盈亏的权利。在中国的这个国情下，依靠政府投资办学仍是体育教学俱乐部运作的最主要渠道。高校经费主要来源于国家财政收入，财政收入又与经济发展水平高度相关。因此经济发展水平越高，就越有可能投入更多的教育经费。对于经济发展水平较高的省份，用于高校的经费投入相对越多，学校要寻求政府的支持，各级政府应适当增加财政预算，加大对高校体育经费的投入力度。

第二，筹措体育发展基金。

每年学生入学都会交纳一定数量的资金（根据各高校实际情况而定，成立俱乐部发展基金），各俱乐部可利用这部分经费进行日常的开支，当学生大四毕业离校时，再将这部分资金如数返还给学生。如新生入学时交纳100元的会费作为俱乐部的周转资金，毕业时再退还给他们。如以平均每年招新生5000名计，4年可收取活动周转资金200万元，除去学生大四毕业时退还的50万元本金外，可实际用于周转的资金为150万元。这样就大大减少了学校对体育这方面的开支，同时又为俱乐部自身的发展提供了物质保障。

第三，争取社会赞助。

在俱乐部运作过程中，鼓励各俱乐部自己外出拉赞助或参加各种比赛、表演，在扩大学校知名度的同时，积极为企业做广告宣传，这样利用名牌效应也可以使更多的企业投资于俱乐部。同时，还应积极争取校办企业和校外企业的赞助。企业赞助为高校体育的收入开辟了生路，如密歇根大学和耐克公司之间签订的一项为期 7 年的协议，赞助资金达 700 万美元；麦当劳公司与佐治亚工程学院则签订了 550 万美元的合同。各俱乐部可以经常代表学校参加各种比赛，对于赞助及比赛奖励所获得的资金，一部分可以用于自己俱乐部的日常开支，另一部分上交学校，成为发展基金。

第四，获取个人捐赠。

捐赠主要是争取校友会、个人、公司和基金会等社会各界的支持。特别是校友捐赠，许多学校的毕业生会根据自己的财力情况慷慨解囊，及时回报母校，为学校的体育事业贡献自己的力量，这占据着不小的比例。高校体育俱乐部接受捐赠的形式多样化，可以是现金捐赠，也可以是实物捐赠。捐赠能够在一定程度上成为与政府投入并列的重要的经费来源，有效地缓解了体育经费的紧张局面。

第五，充分利用学校的场馆、器材。

在周末、体育节、体育周、假期期间，向社会开放学校的体育场馆，积极开拓社会市场，收取的部分费用可用来对俱乐部的场馆、器材进行维修、建设。

第六，创办经济实体。

体育教学俱乐部主要立足学校，但开展得较好的学校可面向社会，创办经济实体，开发体育产业。如为本校师生提供体育器材、服装等，这样既能满足校内广大师生的需求，又可为俱乐部的发展增加收入。

第七，自我融资渠道。

学校可合理利用体育场馆设施、体育师资力量等条件，积极兴办各类经营性健身娱乐俱乐部，承接企事业单位、社会团体的各种体育竞赛和文艺演出等活动，促进顾客市场的发展，提高自我融资能力，增加俱乐部收入。

2. 场地、器材

体育教学俱乐部模式是对场地、器材要求较高的一种课程模式，它的数量、规模和人均比例直接决定学生进行体育锻炼的情况。对于一些条件较好的学校，体育器材相对多而全，而对于体育场馆、运动器材设备不健全的高校，又要开

展比较受学生欢迎的项目如形体、网球、羽毛球等，则会因为场地、器材的不足，难以满足学生学习的需要，造成"僧多粥少"的局面，影响了学生的体育兴趣及运动习惯的养成。

对于以上的问题，应从下面两个方面着手：

一是高校应从场地器材的循环利用及可持续发展考虑，学校领导应多考虑一下场馆、器材建设的重要意义，尽可能地新建场馆和购买器材，为体育教学俱乐部的顺利开展提供条件。

二是学校应在现有条件基础上，加强对体育教学俱乐部场地、器材的建设和管理，挖掘潜力，合理安排利用，结合自身的实际情况，因地制宜，充分发挥场地、器材的作用。修建新场地需要足够的资金和一定的时间，经济比较发达的地区可以修建场地，但对于经济不发达的地区只能利用现有的资源，采用"一馆多用""一场多用""一物多用"的办法，提高现有场地的利用率，如篮球场既可作排球场也可作羽毛球场，栏架可以用来跨栏，也可以用作足球射门，还可以用作钻越的障碍等。另外，在选择项目上，可以选择一些对场地要求不高的项目，如毽球只要有一块空地就可以了，羽毛球只要不是有风季节，在平地便可上课。

3. 教师队伍建设

体育教学俱乐部模式的弹性化，在一定程度上等同于教师教学的创造性。为了适应俱乐部体育教学的需要，必须有计划、有步骤地搞好俱乐部教师的继续教育工作，体育教师要不断地进修学习，丰富自己的教学内容和教学方法，积极利用各种信息渠道，吸取新的知识、理论，学习与体育俱乐部有关的知识，以保证体育教学俱乐部在高校的顺利实施。为此，为更好地搞好俱乐部的教师队伍建设，体育部门可从以下方面着手：加强教师对体育教学俱乐部的认识；完善师资配置；强化教师的职后教育。

第一，加强教师对体育教学俱乐部的认识。

高素质的教师队伍是高校体育实施体育教学俱乐部的重要保证，这支队伍要对体育教学俱乐部有着深刻的认识与理解，还要有强烈的敬业精神和过硬的专业技术。笔者经过调查发现，部分体育教师对体育教学俱乐部知之甚少，已开展的体育俱乐部本质上仍是传统的体育课程模式，只是换了一个优雅的名称罢了，这显然阻碍了高校体育教学改革进程。这就要求通过对体育教师的职后培训，提高他们对体育教学俱乐部的认识，转变其教学思想和理念，以顺应时代的发展和学生的体育需求。可见，体育教学俱乐部对教师提出的要求越来越高，体育教师要一专多能，不但要对自己最擅长的运动项目颇有研究，还要对专项外两个以上的项目，也应得心应手，从而满足学校体育教学和学生课外体育锻炼的需要。

第二，完善师资配置。

体育教学俱乐部在引进人才的过程中一定要注意数量和质量的有效结合，在年龄结构、职称结构、学位结构、专业结构上要较为合理，使俱乐部的教师在数量上能满足教学的需要，同时教师在知识和能力方面也要完全具备体育教学俱乐部的资格。从调查中笔者发现，教师的年龄、学历、职称、专业等都存在着不平衡。

因此，各地区高校应根据自己学校的实际情况，不断地完善体育师资配置，特别要重视对在职人员的考核，引用竞争机制，实行动态管理，同时要满足学校各项体育工作的需要。体育教师的师资一般呈梯次、互补、实用型的复合结构。

①体育教师数量要满足体育教学俱乐部课程教学的需要。

体育教学俱乐部课程教学不仅仅是课堂教学，还包括学生的课外体育锻炼、运动训练和竞赛。特别是业余训练要由专门从事该项活动的体育教练来担任。在课堂教学师资的配备上，一位高校体育教师的上课课时一般为每周12节课左右。以这个标准计算，如果该校有在校生10000人，有5000人上体育课，按30人一个教学班，则有167个班，需要配备28名左右的体育教师。

在课外体育锻炼和运动竞赛的配备上，可充分利用体育课堂教学的教师资源，督促这些体育教师担任业余指导。

在运动训练教师的配备上，一般一个学校有3～5个训练队，配备教练时，田径和游泳项目的教练通常需要4个左右，其他项目1～2人。一个训练队每周训练3～6次，每次2个课时。按此计算，一个学校训练队的教练员配备应该在6～10人。按以上结果计算，在校学生10000人，体育教师应该至少维持在35～45人，考虑到学校实际，在编人员不会那么充足，那么可以外聘教师来满足体育教学和课外训练的需要。这部分外聘的教师可以是退休的专业教练，也可以是优秀运动员，让这些人参与到专项俱乐部中可以弥补教师数量的不足。

②体育教师结构要满足体育教学俱乐部课程教学的需要。

在年龄结构中，教师队伍中有老、中、青年，年龄呈梯队。青年教师可以凭借年轻力壮多做事、多实践，中老年教师可向年轻教师传授教学经验，指导他们工作。在学历结构中，硕士及以上学位的体育教师的数量应增多。在项目结构中，教师队伍有多个体育项目。如传统体育项目武术、篮球、排球、乒乓球、足球、田径等，时尚体育项目健美操、体育舞蹈、健身运动、网球、跆拳道、防身术等，新兴体育项目定向越野、户外运动、蹦极、攀岩等。在知识结构中，教师毕业于不同的院校，其知识结构呈互补型。各个体育大学或体育学院，由于培养方向不同、课程设置不同、学习背景不同、教学方法各异，在知识结构上也有差异。同一学科来自不同院校的毕业生带来不同的信息，可以优势互补，各取所长，相得益彰。在职称结构中，教师队伍中具有助教、讲师、副教师、教授等多种职称人才，要合理搭配。在性别结构中，教师队伍中性别比例应与上课学生性别比例基本相等。

第三，强化教师的职后教育。

强化教师的职后教育，是快速提高师资队伍整体素质的有效途径。在实行体育教学俱乐部的过程中，教师应不断地学习、进修，不断地提高自身的业务水平（包括课堂教学能力、组织活动能力、业余训练能力、科研能力等），逐步提高自身的学历水平，从而提高俱乐部教师的整体水平，以更好地促进体育教学俱乐部的发展。对于教师的培训工作，无论从时间安排或资金扶持方面，学校均应给予实质上的帮助。同时，学校也要从制度上使教师在业务上求新求变，不断进取。

①体育教学俱乐部教师职后教育的形式。

对于教师的职后教育的形式，岗前培训、研究生学历补偿教育、高级研修班、高级研讨班等可以成为体育教学俱乐部教师培训的主要形式。

②体育教学俱乐部教师职后教育的方法。

学校要落实教师继续教育制度，对于俱乐部教师职后教育的方法：一是在职培训，可以通过参加各种俱乐部进修班、短训班，参加俱乐部岗前培训、助教班，参加高级研讨班、中青年学科带头人研修班来实现。二是脱产进修培训，送教师到高校攻读硕士或博士学位，提高学历层次。三是加强对中青年教师进行教学业务指导，以老带新，组织青年教师参加岗前培训。四是个人自修学习。教师可在工作中选定体育科学研究方向进行定向研究。这是体育教师自修学习的一种方式。

学校要加大对年轻教师的培训力度，努力挖掘年轻教师的教学与科研潜力，新教师进来后，即着手进行培养，指定富有经验的老教师帮助其尽快适应工作环境，熟悉工作特点，过好教学关，从备课能力、专项技能、授课技巧等方面予以培养。在有经验教师的带动和鼓励下，让年轻教师在不断发展的高校体育事业中积累经验，逐渐成长并成熟，使之在教学与科研上逐步起到主导作用。

（三）弹性体育教学俱乐部的教学机制

1. 指导思想

第一，宏观指导思想。

以邓小平理论和"三个代表"重要思想以及科学发展观为指导，全面贯彻党的教育方针，把《全国普通高等学校体育教学指导纲要》和《学生体质健康标准》落到实处。要遵循体育学科自身的特点和大学生身心发展规律，突出素质教育，以学生的健康发展为中心，以体育教学和群体活动为基础，全面推进体育工作。体育教学俱乐部要确立全面育人、"健康第一"、终身体育和身心协调发展的指导思想，追求体育教育的综合性和终身性。

第二，具体指导思想。

大学体育课程应包括体育课堂教学、课外体育活动和校园体育文化氛围三部分。将大学体育教育延伸到高等教育的全过程，就要将体育课堂教学显性课程与课外体育隐性课程作为整体来考虑。以体育教学俱乐部为中心和主线，同时将课外体育活动纳入教学俱乐部之中，鼓励学生参加体育活动，在体育实践中增强体质，掌握1～2项运动技能，体验运动的乐趣，培养自我锻炼的能力，养成锻炼的习惯，为终身体育打下良好的基础。

2. 目标体系

第一，课程总目标。

根据教育部印发的《全国普通高等学校体育课程教学指导纲要》的通知，结合我国各个地区普通高校的教学实际，确定了体育教学俱乐部的课程总目标，目标有"弹性区间"，这既是为了顾及地区间经济水平、教育水平、学生之间存在的巨大差异，不同学校培养目标、师资力量和教学设备的区别，以及学生在体育知识、技能、身体素质上存在的差异，也考虑到期望目标与实际结果之间可能出现的差异。

第二，基本目标。

基本目标是根据大多数学生的基本要求而确定的，反映了体育目标的强制性。基本目标具体表述如下：

①运动参与目标。

积极参与各种体育活动，每周2～3次，基本形成自觉锻炼的习惯和终身体育意识，能够编制可行的个人锻炼计划，具有一定的体育文化欣赏能力。

②运动技能目标。

熟练掌握1～2项健身运动的基本方法和技能，形成专项运动特长；能科学地进行体育锻炼，提高自己的运动能力；能简单处理常见的运动损伤。

③身体健康目标。

能简单测试和评价体质健康各项指标，掌握有效的锻炼方法；养成健康习惯；合理选择营养食物；具有健康的体魄。

④心理健康目标。

自觉通过体育活动改善心理状况，形成健全的人格，养成积极乐观的生活态度；运用适宜的方法调节自己的情绪；体验运动中的乐趣。

⑤社会适应目标。

表现出良好的体育道德和合作精神；培养适应各类竞争的能力；培养适应自我身心变化的能力。

第三，发展目标。

发展目标是针对部分学有所长和学有余力的学生而确定的，也可作为大多数学生的努力目标，分为五个领域目标。

①运动参与目标。

形成主动锻炼的习惯；能独立制定适合自身的健身运动处方；具有较高的体育文化素养。

②运动技能目标。

科学主动地提高运动技术水平，在某个运动项目上达到或相当于国家等级运动员水平；能够进行该项运动的竞赛组织工作；能参加有挑战性的野外活动。

③身体健康目标。

能选择适宜运动的环境，全面发展体能，掌握评价自身健康状况的方法，并能针对性地进行自我监督。

④心理健康目标。

在具有挑战性的运动环境中表现出勇敢顽强的意志品质，掌握评价自我心理状况的方法，并能进行针对性的调整和养护。

⑤社会适应目标。

形成良好的行为习惯，主动关心他人，能够根据不同的环境变化进行调整，以维护身心健康。

第四，阶段目标。

体育教学的最终目标是"教，是为了不教"。大学体育中无论是体育教学还是课外体育活动，学生都会经历从不能独立到逐步独立再到完全独立的过程，年级越高，学生独立进行体育活动的能力越强，而教师的作用则在慢慢地弱化。体育教学俱乐部的阶段目标应该包括近期目标和长远目标两个方面，即掌握运动技能，培养体育态度，强化终身体育意识，使学生完成"要我健身"——"我要健身"——"我会健身"的转变。

3. 教学大纲

教学大纲的弹性化，是各实施体育教学俱乐部的普通高校在全国统一教学大纲的指导下，结合学校的培养方向、学生和学校的发展需求以及学校的具体条件和实际特点，如学校情况、学生情况、体育教学条件（包括场地、设备、器材等物资环境）、校园文化背景和体育氛围以及学生的生源背景，包括学生来源和不同学生的职业准备等特点，每个项目设置高级、中级、初级三个级别，编制每个级别的教学大纲。另外，还要充分认识高校体育与中学体育的衔接问题，以及为学生终身体育打基础这一实际需要等问题。要使课程目标真正体现"健康第一"和终身体育思想，笔者建议各高校在这些体育教学俱乐部的大纲的制定上依据指导性文件的同时又要以课程教学的基本要求为依据，结合本校和本专业的特点，自行拟订适合本校发展的教学大纲，从而使教学大纲在不失权威性的同时，又使体育教学俱乐部的大纲具有统一性、针对性、适用性和灵活性的特点。

4. 教学内容

教学内容弹性化，不同地区可根据本地的经济水平、文化背景、教育状况选择适合本地的体育课程内容，不同模式、办学层次的学校可根据本校的办学方针、教学设备条件、师资情况、学生特点等建立适合本校发展的体育课程内容体系。在原来"三自主"的选课模式上，实行"适度弹性选授课"制度，即教师可以根据学生的实际需求，在不违背教学指导纲要原则的前提下，只要能完成规定的教学任务，只要场地、器材条件允许，教师可以穿插安排一些学生喜闻乐见、乐于参与的趣味性活动内容。

要从根本上扭转以往以重复运动技术传授为中心的旧的内容体系，为此在今后的俱乐部教学中，体育教学内容应从"以运动技术为中心"向"以体育方法、体育动机、体育经验为中心"转移，建立以淡化竞技、注重健身、增强体育意识、发展学生个性、培养体育能力、养成锻炼习惯为中心的新的内容体系。其具体的教学内容将根据社会的发展、学生个体的需要及学校的教学条件进行大幅度的调整，竞技运动教材化，改进非竞技运动项目，增加有关趣味性、娱乐性、健身性、健康性、集体性教材的比重和基础知识的教学内容。学校可利用的资源比较充分,这样可以充分挖掘自己的资源,利用本校的软硬件设施,并不断修订教学大纲,删减不切实际、实用性不强的内容,选择学生感兴趣的、有利于今后能自我进行锻炼的、对终生增强体质有实用价值的、易于开展的项目,如健身气功、太极拳、长拳、健美操、体育舞蹈、羽毛球、乒乓球、篮球、排球、足球等。另外,课外除开设与课内教学有关的项目,还可以选择一些休闲类、娱乐类的项目,作为课内体育的拓展,如定向越野、野外生存训练等。适当加大民族传统体育项目和学校传统体育的比重以提高学生的体育文化素养,继承和弘扬中华民族的传统文化。

5. 教学组织形式

教学组织形式的弹性化,在于它能够根据学生的水平、差异等特点来安排体育教学。教学组织形式运用合理,既有利于提高教学质量,也有利于学生个性和情感的培养。

第一,年级班组问题。

对于体育教学俱乐部的课堂教学组织形式,学术界也是争论不一,大部分专家比较倾向于分年级上课。不同年级间学生在身体、心理方面都有一定的差别,如果打破年级班组上课,教师在安排教学内容和运用教学方法时会有一定的困难,另外教师的能力有限,上课的时间有限,教师不可能对每个学生的指导都面面俱到,对教学质量会造成一定程度的影响。不过不分年级进行教学也有很多的优越性,由于学生身体、心理和接受知识的能力不同,学习动作相对快一些的学生,自然就会起到表率的作用,可以帮助低年级中学习动作相对较慢的学生,有利于教师培养体育骨干。当然,低年级学生为了缩小差距,也会努力提高自身素质,形成一种互帮互学的学习气氛。

第二,男女生合分班问题。

关于男女生合班还是分班上课的问题,学术界仍在争论,他们各有各的说法。男女生合班与分班各有利弊,就合班而言,从社会学角度看还是利大于弊的,使得体育教学更加人性化。可根据运动项目特点的不同,有些项目采取男女合班上课,如体育舞蹈(本来就是男女搭配进行的项目)、野外生存等,通过男女生之间的交往,有利于调动他们的主观能动性,另外再加上教师的合理组织与安排,教学效果比较明显。有些要考虑性别差异、体质强弱的项目,应该采取男女分班上课,如球类项目、田径等。对于这些技术性、身体素质要求较高的项目而言,教师必须花费更多的时间来照顾女生,否则会影响男生学习的积极性。因此,采取合班上课,还是分班上课,要根据各高校的实际情况、运动项目特点来实行。

第三，分层教学问题。

由于遗传、家庭及社会环境等因素的影响，学生在发展过程中存在着不同的生理、心理及个体差异，这种差异性是客观存在的。分层教学是引导学生选择适合本人特点的课程，能够进一步在体育课程中实现因材施教，提高课程的实际效果。

所谓分层教学是指根据学生的认知能力和掌握能力，教师在安排课堂教学内容，运用教学手段、教学方法时根据学生实际学习的可能性，分层讲授、分层指导、分层评价，使每个学生都能在原有的基础上得到完善和提高。这样可以使学生在不同层次中求发展，使全体学生都能在原有"基础"上，充分发挥自己的潜能而达到最大的发展。

各高校体育教学俱乐部应根据自己本校实际适时地采用分层教学。其具体操作可按以下方式进行：各教学俱乐部课程分为高级、中级、初级班三个层次。高级班目标高，要求高，内容多，进度快。这一层次主要针对有一定体育实践能力和身体素质好的学生。中级班目标适当，内容适中。这一层次主要针对有一定体育基础，身体素质较好的学生。初级班进度慢，重基础，多重复，常反馈。这一层次主要针对体育基础差的学生。每一级教学层次都有相应的教学大纲、教学要求和教师自己特定的课堂教学模式。在教学内容上，三个层次之间不应是相关知识的简单地拼凑，而应根据不同层次学生运动水平的要求，设计出不同层次的教学目标与要求。在具体的实施的过程中可采用升降级制，如果学生在该层次上已经达到了要求，可随时到更高级别的俱乐部进行学习，但如果学生在该级别上学习越来越困难，则将其退到原有的层次上，这样教师在组织教学时，就可以从内容和要求水准方面有所区分，从而引导和激励学生在原有的水平上有更大程度的提高。

第四，身体异常和病、残、弱学生体育教学组织形式问题。

身体异常和病、残、弱学生属于高校中的特殊群体，这些有身体练习障碍的学生他们的身体条件、心理特征及对体育的要求都不同于正常学生。因此，这些特殊群体的体育教学在高校体育教育中面临了新的问题，教师不光要讲授一些保健知识，还要针对不同情况讲授有利于身体康复的知识和他们感兴趣的体育知识，并进行一些娱乐性和健身性的运动，建议开设调适性体育课程，可以根据学生的特殊身体情况，允许弹性修学。

6. 评价体系

我国大多数高校受传统教学思维模式的影响严重，只注重在校期间学生的运动技术掌握和达标情况，而忽视了学生体育锻炼习惯的养成和能力的培养，只注重课程的显性评价，忽略了课程的隐性评价。原有的教学评价方法没有充分体现学生的努力程度和进步幅度等因素。因此，要想避免传统课程评价标准的弊端，就要针对不同地区、不同学校、不同评价对象的特殊情况，确立不同的发展目标和评价标准，使课程评价标准弹性化，成绩考评标准应该全面化，既要客观准确地体现学生的个体差异，又要反映学生通过体育课学习所取得的进步。

在俱乐部的教学评价指标上建议实行绝对评价指标和弹性评价指标相结合的评分方法。对学习效果进行绝对评价，要求标准要制定得比较客观，能够反映学习效果与客观标准直接的差距。弹性评价指标是指以考试内容要求、标准为基点，根据学生的个体差异，就某个项目的起点等进行成绩进步幅度评价。弹性评价指标能反映出学生的个体差异、个人的努力程度及进步状况。

在俱乐部教学的评价方法上，应该重视原有基础与学习过程采用多维评价。建立标准评价模式和参照评价模式的评价指标体系进行多维评价，能够反映学生体育学习的过程和结果。在掌握基本运动技能的基础上，适当增加学生出勤率、学习态度、学习能力及自评、同学互评等内容，各高校可根据本校的实际情况弹性地安排各个指标所占的比例。针对在高级俱乐部学习的学生，相当于校级代表队，还可以采用"以赛代教"考核模式。如以参加俱乐部联赛的形式进行考核，其成绩评分标准是俱乐部联赛成绩的50%。由于采用比赛的模式进行评价，所以实践部分就可以不进行技术考核，采用学生自评、学生间互评各占20%和教师评价占30%的综合评价体系。这样评价操作起来就具有一定的弹性。

（四）弹性体育教学俱乐部模式具体运作方式

1. 弹性体育教学俱乐部模式的教学与辅导

第一，项目设置。

体育课程项目的设置应从学生身心特点出发，强调课程内容的多样性和弹性化，加大教材选择的余地，加强体育教学内容与社会和生活的紧密联系，灵活性要强。同时应注重体育课程内容的乡土化和民族化，地方性和民族性的体育项目在体育教学内容中应占有一定的比例。项目设置应根据学生对体育锻炼的需要而编制,要力求贴近学生未来的职业生活,以适应社会发展的需要。其体系应从健身、娱乐休闲等角度加以考虑,多选择一些难度小、易开展、趣味性强、融健康娱乐休闲于一身的项目。大学体育理论课程的设置要与大学生的心理特点、知识结构和智能发展相适应,应注重向学生传授人体科学、人体保健、康复知识、体育欣赏、体育心理、运动处方设计、运动锻炼效果的评价及运动医务监督等内容。

第二,实践课上课形式。

体育教学俱乐部是以学生自己练习为主,以教师指导为辅的教学形式,教师由原来的传授者变成了组织者和辅导者。教学的基本形式有:教师依据学期教学计划,根据学生的实际情况,制订以"教学模块"为单元的教学计划,灵活地实施教学进程。一般地,学生除必须参加体育课的辅导学习外,每周还应至少参加俱乐部活动1~2次。在教学过程中教师应采取集中教学、分组教学以及个别辅导相结合的教学形式,并可采用"以赛代练""以赛促练"的方式进行,以不断提高和巩固学生对该项目的兴趣,促进他们对运动技术和技能的掌握,实现课内外一体化。教学的基本组织形式由各个学校根据本校的实际情况来定。

第三,理论课上课形式。

在理论课的上课形式上,大学体育理论教学多采用"教师满堂灌,学生被动听"的课堂教授形式,这样就压抑了学生的学习热情,调动不了学生学习体育科学知识的积极性和主动性。因此,要重视体育理论教育,突出对学生终身受益的体育科学知识的传授和体育锻炼意识的培养,注重理论与实践结合。建议开设与专项相关的讲座课;在校园体育网页中开辟体育理论教学专栏,充分利用现代教学手段,实现体育网络教学。在网站中设置各运动项目的技战术录像片和高水平比赛录像片,以利于学生根据爱好和需要随意选择收看,培养学生的体育欣赏能力和审美能力。同时,注重提高学生的自学能力,让学生通过查阅资料(报纸、杂志、网络及体育教材和参考书)自学。通过对学生体育锻炼兴趣的培养,让他们积极主动地参加体育锻炼,提高学习效果。

2. 弹性化课外体育锻炼管理

将弹性管理这一管理方式运用在课外体育锻炼中去,使学生在统一要求下,有更多的空间进行选择和管理,更好地发挥课外体育锻炼的实效性。高校课外体育的开展就是满足学生对体育的多方面的需求,它是体育教学俱乐部的补充和延伸,是体育教学俱乐部的重要组成部分。但我国大部分学校体育都存在着课内外脱节、教与学分离的现象。通过对学生业余时间的调查，大部分学生把业余时间花在了上网、睡觉、听音乐上，很少学生用在体育锻炼上，体育意识十分淡薄。如何将学生组织起来参与课外体育锻炼？经过查阅资料，笔者结合我国各地区高校的实际情况，尝试性地就课外体育活动形式问题做如下探讨。

第一，课外体育活动开展方式。

课外体育俱乐部是课堂教学的延续，要想真正提高体育教学质量和学生的身体素质，仅仅抓好课堂教学是远远不够的。根据体育课内外相结合的原则，组织课外体育活动开设与课内体育教学俱乐部相对应的各单项体育俱乐部，体育俱乐部教练必须由专职体育教师担任，除正常教学外，还要抽出一定时间对课外俱乐部进行弹性辅导（每周固定时间，进行2～3次弹性辅导）。

第二，课外体育锻炼课程的内容。

课外锻炼内容包括自主性锻炼、单项俱乐部、体育竞赛三个部分，在自主性练习中学生的选择空间极大，完全根据自身的现状来自主选择与调整进行课外体育锻炼的时间与活动内容；各单项俱乐部是体育课堂内容的延伸，根据学生课堂上所选的项目，课下通过选择相应的俱乐部来实现；体育竞赛可通过不同时期安排各种体育竞赛活动。

3. 课外体育锻炼课程的评价

对学生参加课外活动的评价，是将学生参加课外体育活动的次数和活动的时间作为评价依据的。学生可自主选择上述各种形式的活动，参加活动的形式不限，但次数可以累计计算，且每天只计算一次，每次需在30分钟以上。要求学生在有体育课的学期至少完成36次课外体育锻炼，无体育课学期至少完成72次课外体育锻炼，将锻炼次数与体育学分的获得和学生评优、获奖等密切联系。另外，学生参加课外体育活动的自由是有一定限制的自由，即学生可以自主进行课外体育活动锻炼，但是必须保证一周内除体育教学外，参加俱乐部教学相关的课外体育俱乐部至少1次，每次不少于60分钟。参加课外体育活动的次数的限定是体育课成绩的一部分，为了有效控制学生的锻炼情况，可以采取一卡通，学生在每次课外体育锻炼之前刷一次卡，锻炼结束时再刷一次卡，卡上就会自动记录学生参加课外体育活动的日期和运动时间（30分钟以内记录成绩为零，30分钟以上才可以记录成绩）。学期末锻炼卡上交大学生体育部，用计算机进行统计并计入体育课总成绩中。学生学期体育成绩因课外体育锻炼未达标而不合格者，该生可以在下一学期补上课外体育锻炼的时间，但补上的锻炼时间不计为该学期的体育成绩。对于下学期补的锻炼时间可适当地减少，也可以通过体育训练、竞赛来实现。如参加比赛，那么可以拿比赛前的训练来抵消课外锻炼的时间和次数限制。对于课外体育锻炼的方式还可以通过辅导员负责制来实现，在辅导员的带领与监督下，保证了锻炼次数，当然锻炼时间也会上去，学生锻炼的习惯也会慢慢地养成。这样就充分发挥了体育教学俱乐部的功能和作用，保证了学生能够真正做到四年体育锻炼不断线。

参考文献

[1] 刘明，张可，刘洋．普通高校体育教学发展与改革探究 [M]．北京：中国纺织出版社，2018．

[2] 王国亮．翻转课堂引入普通高校公共体育教学的研究 [M]．北京：北京体育大学出版社，2018．

[3] 包娅，刘洋．高校体育文化教育研究 [M]．北京：中国纺织出版社，2018．

[4] 罗琳．学校体育教学的多维度分析与阐释 [M]．北京：中国纺织出版社，2018．

[5] 高峰．现代高校篮球运动及其教学实践分析 [M]．北京：中国纺织出版社，2018．

[6] 杨旭东，于天博，谷凡．科学化视阈下网球运动教学实践阐析 [M]．北京：中国纺织出版社，2018．

[7] 冯涛．足球教学设计与训练实践研究 [M]．长春：吉林大学出版社，2018．

[8] 曹爱斌．砂板乒乓球运动 [M]．北京：中国书籍出版社，2018．

[9] 尹树来，蒋宏伟．网球运动理论与实践指导 [M]．北京：中国书籍出版社，2018．

[10] 刘志国．拓展训练的基础理论和实践 [M]．长春：东北师范大学出版社，2018．

[11] 苏俊玲，徐扬．体育专业英语 [M]．上海：华东师范大学出版社，2018．

[12] 武博．校园啦啦操 [M]．北京：中国水利水电出版社，2018．

[13] 曾黎，邹斌平，王金稳．气排球基础教程 [M]．成都：西南交通大学出版社，2018．

[14] 茅勇，黄永良. 海浪救生 [M]. 北京：海洋出版社，2018.

[15] 牛美惠，青汉泽. 大学体育 [M]. 北京：石油工业出版社，2018.

[16] 刘海军，刘刚，裴钢辉. 基于素质教育导向的高校体育教学方法、模式改革理论与实践 [M]. 北京：中国纺织出版社，2019.

[17] 李薛，韩剑云，孙静. 现代教育技术革新下高校体育教学研究 [M]. 北京：中国纺织出版社，2019.

[18] 直尚电竞. 电子竞技赛事管理 [M]. 北京：高等教育出版社，2019.

[19] 王磊. 当代篮球教学理论与科学化训练研究 [M]. 北京：新华出版社，2019.